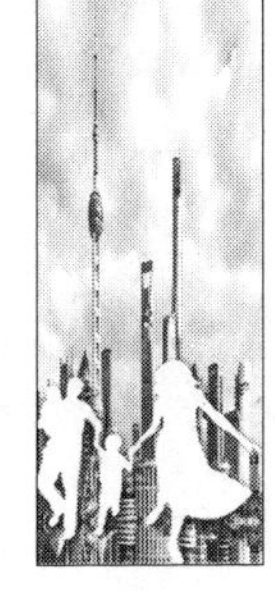

中南财经政法大学
经济学院博导论丛

性别、家庭代际与经济发展问题研究

XINGBIE JIATING DAIJI
YU JINGJI FAZHAN WENTI YANJIU

王爱君 著

中国财经出版传媒集团
经济科学出版社
Economic Science Press

图书在版编目（CIP）数据

性别、家庭代际与经济发展问题研究/王爱君著．
—北京：经济科学出版社，2020.1
（中南财经政法大学经济学院博导论丛）
ISBN 978 -7 -5218 -1203 -9

Ⅰ.①性…　Ⅱ.①王…　Ⅲ.①发展经济学 - 研究
Ⅳ.①F061.3

中国版本图书馆 CIP 数据核字（2020）第 021158 号

责任编辑：周秀霞
责任校对：王苗苗
责任印制：李　鹏

性别、家庭代际与经济发展问题研究
王爱君　著
经济科学出版社出版、发行　新华书店经销
社址：北京市海淀区阜成路甲 28 号　邮编：100142
总编部电话：010 -88191217　发行部电话：010 -88191522
网址：www.esp.com.cn
电子邮件：esp@esp.com.cn
天猫网店：经济科学出版社旗舰店
网址：http://jjkxcbs.tmall.com
北京季蜂印刷有限公司印装
710×1000　16 开　10.5 印张　200000 字
2020 年 1 月第 1 版　2020 年 1 月第 1 次印刷
ISBN 978 -7 -5218 -1203 -9　定价：48.00 元
（图书出现印装问题，本社负责调换。电话：010 -88191510）

目　录

性别差异与经济发展关系研究前沿*

根据女性主义理论观点，妇女的禀赋、机会和能动性对下一代、对国家未来发展具有直接的影响，赋予女性权力使之在政治和社会事务中发挥积极性作用，可以改变政府的政策选择，使各种国家制度能够反映更多人的呼声，具有更广泛的代表性和包容性。传统社会习俗、惯例使女性无法完成更多教育，阻碍她们从事某些职业，或获得与男性同样报酬等，表面上看是女性自身利益受到损失，但最终却使国家整体经济利益受到损害，甚至削弱国家参与国际竞争的能力，影响国际地位和国家形象。在经济日益全球化、对外开放的时代，减少性别不平等，尤其是减少在中/高等教育及经济参与方面的性别不平等，有助于提高国家的劳动生产率和总产出，优化经济发展中的其他成果，包括社会政策、制度质量以及下一代的发展，提升国家在全球博弈中的竞争优势。西方学者从性别差异视角研究教育与就业，贫困、收入与增长，全球化与发展等诸多问题，有助于经济发展政策具有“性别智慧”（gender-smart），正在吸引越来越多经济学者的重视和关注，本文试图梳理评介近些年来这方面的研究前沿和理论动态。

一、教育的性别差异依然存在

近 20 多年来，在消除初、中和高等教育的性别差异方面，全球绝大多数国家都取得了持续稳定的进展，有 2/3 的国家已经实现了初等教育入学率男女持平，有 1/3 以上的国家，接受中等教育的女生人数超过男生，有些国家在高等教育方面甚至出现了反向性别差异，即女生人数多于男生，这表明全球性的教育性别差异有了显著改善。但不容忽视的事实是：教育性别差异在很多地区特别是极端贫困地区仍然比较严重，贫困妇女和极端贫困地区的妇女普遍无法享受到更多

* 基金项目：教育部人文社会科学研究规划基金项目“市场经济转型对中国农村女性贫困的影响和作用”（10YJA790177），国家社会科学基金一般项目“经济转型对农村妇女减贫脱贫的影响研究”（12BJY090）。

教育，有 1/3 的国家初等教育存在明显性别差异，中、高等教育的女生入学率低依旧是一个世界性现象。

（一）男女生教育评价差异依然存在

按照经济学投入—产出模型，即使发达国家女性与男性获得同样的教育机会，女性的教育收益也低于男性，发展中国家则更低。这一现象使得某些发展中国家的父母认为女孩教育投资效率不如男孩，在资源约束下减少对女孩的教育投入是正确、合理的选择。Chisamya（2012）对孟加拉国和马拉维两国乡村社区、学校教学的调查发现，不管是学生本人还是学校教育工作者或社区群众，都强烈地认为女生在智力、品格和未来发展方面都不如男生，即使女生的考试成绩与男生一样，学校对女生的学业评价却低于男生，家庭和社区对女生的学业期望值也较男生低很多，甚至还会压制女生本人渴求教育的激情和愿望。因此，教师、父母和女性群体都认为女生学习能力差，女性拥有土地的权利理所当然受到限制，劳动力市场女性不能获取与男性同等工资，婚姻内女性遭受家庭暴力的发生率高，女户主家庭具有较高贫困发生率等等。类似的性别不平等意识和性别歧视现象，常常贯穿于该地区女性的整个生命周期。Hannum（2009）对中国西北农村地区 9 ~ 12 岁孩子的基础教育进行了一次长达 7 年（2000 ~ 2007 年间）的跟踪调查，发现了相似的现象，在义务教育阶段女孩的成绩一般比男孩好，但父母对男孩的评价和期望值仍然高于女孩。在 Alderman & Gertler（1997）看来，对女生学业评价低与传统“重男轻女”思想有关。在资源和信贷市场约束下，低收入地区父母对儿子的投资期望值大于女儿，这种对子女期望值的性别差异，反过来又强化了父母的性别歧视，人为地压低了对女孩的教育投入，进而降低了女性的劳动边际产出和工资所得，而在父母看来，女性较低的工资收入就是教育投资收益存在性别差距的明证，女孩的教育投入由此陷入“低水平恶性循环”。

女孩教育投资收益低于男孩的观点遭到其他学者的批评与反对。Morley（2005）宣称，大学是许多优秀理论家平等“过招”的综合性社会机构，是创造社会流动和机会的平台，缺乏机会进入高等学府是对女性群体的社会排斥和歧视。Ghari（2008），Dehnavi（2008），Yousefy（2011）对此持相同见解，主张女性在职场的管理职位与其教育水平相关，接受更多的高等教育能够帮助她们找个好工作并获得良好的薪水，有利于她们取得要职和职位晋升或进入上层社会。Strauss & Thomas（1995）直接反对以劳动力市场工资差距评价男性与女性的教育投资效率，他认为女性接受更多教育不仅可以提升她们有酬劳动产出，更能够促进她们在非市场劳动中的产出效率，比如提升幼儿存活率和营养健康等，对部分女性而言，有酬劳动的时间机会成本远远大于其工资所得。Alderman & King（1998）坦言，女性因怀孕、生育、照看幼儿而远离劳动力市场，中断了与男性同时获取连贯性职业经验的积累机会，雇主的性别歧视不仅使女性工资低于男性，而且更不容易获得理想工作和高报酬，女性重返职场后的报酬和晋升机会明显低于那些获得同等教育的其他男性，因此，以投入—产出模型评判女性教育投资是低效率的，这种逻辑推理非常狭隘。

（二）教育的性别平等任重道远

Filmer（2005）对人均 GNP 低于 5000 美元的 44 个国家进行比较分析的结果显示，在南亚、北非、西非和中部非洲地区，相对于男孩而言，女孩的教育状态极为堪忧。这些地区 6～14 岁男童入学率比女童高 35% 以上，有的国家女童入学率仅为 20.8%，属全球最低值；15～19 岁男生毕业率平均是女生的 2.93 倍，女生初等教育毕业率最低的国家仅有 9.5%。该地区无论是贫穷家庭还是富裕家庭，都存在显著的教育性别不平等，且贫困家庭的教育性别不平等大于富裕家庭。如马里 15～19 岁中等教育的毕业统计中，来自贫穷家庭的女生毕业率仅为 5.4%，来自富裕家庭的女生毕业率是 31.2%；尼日尔 1998 年富裕家庭的女童入学率仅为 29.6%，初等教育女生毕业率只有 28.1%。在这些国家或地区，教育差距与财富差距具有明显的同向变动关系，财富不平等加剧了男女教育的不平等。总体来看，虽然全球在基础教育性别平等方面有了长足进步，但并没有彻底消除性别差异，贫困地区女童依然无法获得与男童同等的入学机会和评价。

在考察性别差异与教育、减贫、经济增长、可持续发展之间的关系时，人们常以基础教育而不是高等教育为考察对象，高等教育性别平等并没有成为全球消除贫困、性别差距的首要目标。英国国际发展部的国际发展目标（DFID's International Development Targets，1998）提出："在 2005 年以前消除初等和中等教育中两性不均等现象，在 2015 年前所有国家基础教育全民普及。"《联合国千年宣言》（2000）提出："在 2015 年底以前，使世界各地的儿童，不论男女，都能上完小学全部课程，男女儿童都享有平等的机会，接受所有各级教育。"根据《世界发展报告 2012》，2011 年撒哈拉以南非洲女生高等教育的入学率不足 16%，南亚女生高等教育入学率不超过 18%。Morley（2005）认为，一些非洲国家为了适应经济全球化带来的结构调整，偏重基础教育而降低高等教育投资，高等教育被视为教育市场终端的"奢侈品"。在性别歧视严重地区，女生基本不具有接受高等教育的通道。

略微不同的是，Yamauchi & Tiongco（2013）对菲律宾 1999～2000 年、2004～2005 年、2005～2006 年间三个时段的数据分析显示，妇女在教育领域比男性更为积极、更具优势，女性的平均受教育程度高于男性，但在劳动力市场女性处境依然劣于男性，女性工资水平明显低于男性。作者推断，菲律宾女性高教育—低收入的情形源自家庭代际支持体系，菲律宾家庭特别是贫困家庭主要依赖女儿而非儿子在成人后对父母的帮助、照顾、赡养，但土地等资产继承权属于儿子而非女儿。为了期望女儿成年后能带来更大回报，父母把对女孩投入更多教育资源作为一种补偿，以实现家庭资源最优均衡配置。但与其他国家类似，家庭照顾责任弱化了菲律宾女性在劳动力市场的参与度和工资所得，为了在劳动力市场获得相当于男性的报酬，女孩们渴望更多教育的动机更加强烈。但当贫困家庭收入提升后，父母对女儿帮扶依赖感趋弱时，对女儿的教育投资可能会趋减。

根据“达卡行动纲领”（UNESCO，2000）与“千年发展目标”（UNDP，2000），教育的性别平等包含两个目标：一是性别均等目标（gender parity goals），同龄的女孩与男孩有相同人口比例进入不同阶段教育；二是性别平等目标（gender equality goals），即教育机会、教育过程、教育结果的性别平等，性别均等是实现性别平等目标的第一步。性别均等指数（gender parity index）包括入学率和吸纳率、小学高年级巩固率、失学率、复读率、平均受教育年限、小升初比率、女教师比率、文盲率等。《2010 全球教育概览》指出，2008 年，在 161 个有数据的国家中，65 个国家未达到两性均等，教育性别均等程度存在明显的地区差异，南亚和撒哈拉以南非洲地区性别不均等程度最为突出。而在高等教育阶段，97 个有数据国家中，76 个国家女生毕业率高于男生，但女性晋升为一名研究者的通道非常狭小。2008 年全球女性研究者约 29%，女性研究者多于男性的国家仅占 8%，女性研究者不足该国研究人员总数 1/3 的国家占 37%，亚洲地区女性研究者所占比例仅为 18%。尽管国际理论界、女性主义者对性别平等与高等教育的研究日益繁荣，但这些研究人员本人则大部分来自高收入国家，总体而言，低收入国家的女性在更高层次的发展是受到阻碍的，她们追求权利、文化、平等进步的声音被湮没了（Morley，2005）。

性别均等指数是数量指标，比较容易获得，性别平等目标的测评则更复杂艰巨。性别均等指数只反映了教育机会平等，教育过程平等应该包括受教育者的选择权、学习成果、师生比、课堂中性别平衡、教师的资历、教师受训级别、学生健康营养状态、学生参与家庭事务等，教育结果的性别平等体现为不同教育阶段男女毕业生的就业状态、工资差异和政治参与等（Subrahmanian，2005）。由此，不论是发达国家还是发展中国家，通过实施国家政策来实现教育性别均等的目标相对指日可待，但性别平等目标则是一个复杂的、漫长过程，它不仅关乎学校的教学状态，更需考量劳动力市场、经济活动空间中的性别隔离等问题。

二、经济活动空间与性别与差异

经验研究常以教育形成的人力资本来解释工资的性别差异，但 Meulders &

Sissoko（2002），Vartiainen（2001），Karamessini & Ioakimoglou（2002）等对欧盟成员国的研究却证明，教育在缩小工资性别差距方面发挥的作用非常有限，其影响力不足工资差距的5%，大幅度地缩小教育性别差距不可能带来工资性别差距的同比变动，职业特征、职位级别、兼职工作或临时性工作等所形成的薪资结构及其相对应的经济活动空间，是形成工资性别差距的重要因素。具体来说，主要有如下两方面。

（一）职位、职场的性别差异

妇女在职场中除了遭受低工资收入、雇主性别歧视、价值评价偏低、职业培训机会少及其他福利待遇差等之外，同时也很少获得管理职位或能够掌控资源。Brown（2005）对2003年美国6个州1688位药剂师的工资、从业资历、年龄、性别、职位、最终学位等数据进行分析发现，影响工资差异的主要因子不是性别，而是管理职位，作为管理人员的药剂师工资收入明显高于普通药剂师。然而，管理职位的药剂师大多数是男性，并且女性药剂师的工资普遍低于男性。Delmar & Davidsson（2000），Reynolds et al（2004），Arenius & Minniti（2005），Bosma & Harding（2007），Parker（2009）等发现，尽管在过去的几十年间，性别差距在劳动力市场已经缩小，但许多国家女性从事高收益的风险性创造、创新活动比男性少得多。Lerner，Brush & Hisrich（1997）认为这是因为女性掌握的社会资源较男性少，缺乏获得成功的重要条件，而资源的差异可能是源自不同的角色期望与相关职业经历、职业地位。

Beggs & Hurlbert（1997），Stoloff（1999），Ruiter & Graaf（2009）等发现志愿者协会的会员资格能够提升妇女进入劳动力市场的机会，获得更好的工作和更高的职位，但大多数国家妇女的会员资格数量偏少，她们都处于进入社会网络通道的劣势，集中于相对不利的社会经济位置。尽管如此，Agassi（1982），Clark（1997），Crosby（1982），Donohue & Heywood（2004），Konrad（2000）等人的研究却表明，妇女对工作的满意度普遍高于男性，这是因为男性对工作满意度的评价取决于高收入、责任感、晋升机会，而妇女对工作满意度的评价来自有友好同事、好管理者和帮助他人的机会等。虽然男女两性对职业的满意度评价不同，但不论在西方发达国家还是东方发展中国家，相对于男性，女性即使获得了比较高的工作职位，但工作—生活质量（word-life quality）及社会化程度仍然比男性低，亚洲地区这种性别差异更为突出（Singhapakdi，2013）。

职场环境变动对性别工资差异同样具有影响，男性和女性以跳槽方式改变工作场景，被视为形成性别工资差距的一个因素。Topel & Ward（1992）指出，年轻人在刚入职场的第一个十年，频繁的工作变动可以使工资上升40%，初入职场的年轻男性与女性在就业率上基本持平，但随着年龄增长，跳槽频率增多，工资的性别差距也在快速加大，这一观点被 Bono（2011）称为“性别流动性差距”（gender mobility gap）。Bono（2011）比较分析意大利 1985 ~ 1998 年间女性/男性工资率发现，在进入职场的第一个十年中，女性平均每小时工资相当于男性的 94.8%，随后下降到 84.9%。Bono（2011）认为跳槽是工资性别差异的最好解释，因为男性跳槽对工资增长的贡献率为 32.9%，而女性跳槽的贡献率只有 8.3%。当女性跳槽到一家更大的企业任职，其工资增长幅度低于男性，原因在于：一是女性讨价还价的动机弱于男性；二是大企业雇主聘用职员时存在性别歧视，对女性的工作评价低于男性；三是大企业管理制度严格，女性缺乏更多的自主能动空间，使女性的工作满意度低于男性，而男性却能够在大企业里获得比小企业更高的工作满意度。因此，工资议价能力和职场环境造就了工作流动性乃至工资的性别差距。

（二）工作、家庭劳动参与的性别差异

在 1950 ~ 1990 年间，发展中国家女性职业参与率上升速度大大快于发达国家，Tzannatos（1999）和 Standing（1999）把此视为妇女地位提升、有偿工作女性化的一种进步。但 Zohir（1998）并不赞同该观点，他认为劳动参与率不同于劳动力市场参与率，应该区分劳动参与率的性别差异与劳动力市场参与率的性别差异。即使妇女在城镇、正式部门、制造业等部门的就业率不断上升，但女性每周的劳动总工时始终比男性总工时长，妇女不仅从事有偿工作而且还得兼顾家庭无偿劳动。Tarkowska（2002）分析了 1989 年后波兰的贫困女性化（feminization of poverty）特征，得出与 Zohir（1998）一致的结论。即使妇女掌管着家庭财政权力，但限于家庭资源匮乏，她们既要合理适度分配家庭日常生活支出，操劳耗时无酬家庭事务，还要努力外出赚钱补贴家用。艰难谋生和多重家庭责任等威胁着妇女健康，她们是真正的“贫困经理人”（poverty managers）。

关于妇女如何参与到劳动力市场及协调工作与家庭关系，McLanahan（2004），Heuveline & Weinshenker（2008），Moller & Nielsen（2009）提出，可以从妇女就业率、单亲家庭比例、政府转移支付和税收减免政策等方面进行考察。而依照 Misra（2007）的观点，降低妇女的贫困风险不仅仅依靠国家资助，还可以通过扶持政策帮助妇女在劳动力市场就业。因此，需要重点探讨外出工作和在家照料孩子的“工作—家庭”政策（work-family policies），因为它决定了妇女被劳动力市场雇用的概率和机会成本。比如，家庭津贴（family allowances）可以帮助妇女特别是单亲母亲减缓贫困但不能降低贫困风险，公共机构照料婴幼儿的保育制度有助于单亲母亲外出谋生，外出就业政策能够保证妇女在劳动力市场占有一席之地，特别是经济衰退时期对女性远离贫困尤为重要。对于单亲母亲家庭的贫困问题，Cancian & Danziger（2009）的看法似乎更传统，认为教育和婚姻是比较好的

解决途径，拥有高人力资本的家庭能够获得更好的工作和更高的工资，双亲家庭、孩子数量少的家庭遭遇贫困的可能性相对较小。但 Rubery（2005）不赞同此说，他指出，欧洲女性已经极大地缩小了与男性在教育、职业经验上的差距，劳动力市场的参与率也比较高，但她们主要集中在劳动力市场的某些特定部门，如低级别工作、服务性工作和一些兼职性工作。这些工种主要按职位等级、合同类型、行业部门等执行薪酬标准，其薪资政策自然具有性别差异特点。

Folbre（1994）指出，劳动力市场运行机制无法直面“谁为孩子的成长买单?”这一问题，但也无法回避必须有部分人为此买单的事实，而这部分买单人正是妇女，妇女在劳动力市场的收入/职位被家庭责任和家庭再生产严重削弱，劳动力市场是社会性别不平等的一副强化剂。在 Elson（1999）看来，参与劳动力市场并不会自动赋予妇女权利，妇女的就业更多集中在非正式部门，许多工作都是临时性的，缺乏安全保障，缺乏养老金权利和其他福利。当不存在制度变迁时，对妇女的歧视在劳动力市场是会持续存在的。Wanjala（2009）对肯尼亚劳动力市场的分析也证实了这一观点。因此，要缩小工资的性别差异，单靠缩小教育差距和参与劳动力市场是远远不够的，必须采取一种更强大的发展政策，按照社会性别主流化思路调整劳动力市场的工资结构和薪酬制度，比如服务业不再是低工资标准或兼职/临时性工作，给予妇女全职性工作并保证她们足以养家糊口等。相对于其他国家而言，瑞典妇女陷入贫困的概率之所以较低，Misra（2007）认为不只因为瑞典有较好的收入分配制度和福利制度，更是因为它鼓励妇女从事全职性高薪工作。

三、全球化、对外开放与性别差异

经济全球化、对外贸易、FDI 溢出效应所引发的经济变迁，改变着性别之间的传统均衡状态。以 Becker（1971）为代表的新古典理论认为全球化有利于性别平等，对外开放加大了企业的国际竞争压力，有性别歧视的企业，其生存能力、利润空间会受到全球竞争的挤压，以致该企业无法长久存活，无性别歧视的企业反而更能发展壮大。Ozler（2000），Standing（1999）认为在要素禀赋论为主流的世界分工格局下，低技能、劳动密集型产业向发展中国家聚集，一些企业通过以低廉女性劳动替换男性，实现产业内和产业间的结构转换。妇女以廉价劳动大量涌入劳动力市场，特别是外资、外向型企业，增加了低收入国家妇女的就业机会和赚钱方式，对缩小性别工资差距有积极作用。但 Seguino（2005）却认为，全球化推动的技术创新、产业竞争压力，使无技能、低技能的妇女无法获取稳定性就业，只能从事临时性的、低报酬工作，现代产业部门在向高层次升级时更愿意雇佣高劳动生产率的男性工人，某些以科技为主导的行业，性别工资差距却有扩大趋势。全球化、对外开放对性别差距、性别平等的影响不是单一的而是复杂的，对推进性别平等是否具有明显作用，学者们展开了不同论证。

（一）贸易自由化、对外开放对缩小性别差异的影响不明显

贸易自由化是扩大还是缩小男女工资差距，Korinek（2005）认为现有研究从理论和经验上都不能确定，从全球不同国家看，两者似乎都有。贸易自由化为妇女在出口导向型部门创造了有酬工作岗位，把全世界数万亿妇女整合到全球生产体系中，提升了妇女在家庭中的资源控制权、经济社会地位，但性别歧视、低劳动技能和资源获取的性别不平等，阻碍着妇女从贸易扩张中获得更多的收益。

Fussell（2000），Artecona & Cunningham（2002）对墨西哥的研究均显示，全球化、自由贸易强化了性别不平等。由于男性工人技术熟练程度高于女性，产业技术升级增加了对男性熟练劳动力的需求，跨国组装厂则雇用低人力资本的女性员工，20 世纪 80 年代的贸易自由化扩大了墨西哥制造业的性别工资差距。虽然对印度的考察中，Munshi & Rosenzweig（2006）发现，经济全球化给印度女孩/妇女获得良好英语教育、就业机会，女孩的英语学习能力强于男孩，她们在软件业、服务业等国际化行业可以找到比男孩更好的职位。但 Menon & Rodgers（2009）对 1983 ~2004 年间印度制造业分析却表明，贸易自由化扩大了女性与男性的工资差距。这一时期，印度纺织、电子、烟草、食品等行业，对女性劳动力的雇用数量虽然是持续上升，但在开放背景下各产业同时面临国际、国内双重竞争，而女性缺乏对工资制度的谈判技巧、操纵能力，企业在面临竞争压力需要削减成本时，女工的工资成本往往成为被削减的首选对象。这些研究反映出在全球化潮流下，印度性别工资差距在某些行业是缩小的，但某些行业却在扩大。

根据 2004 年中国统计局普查数据和 2006 年《中国经济普查年鉴》，Chen Zhihong（2013）分析了 517 万个法人企业的 2.126 亿劳动力的人员构成，52.1% 的女工在出口部门，其中制造业女工占 35.4%，她们主要集中在纺织服装、皮革皮草、文具教育、体育用品、电子电器和电信等行业，技术构成偏低的企业更偏好于雇用女工。与内向型企业相比，外资企业低成本化、本土化运行策略更有利于企业所在地的妇女就业，缩小当地的男女工资差距，但由于女工的劳动生产率、技能水平普遍低于男性，外向型产业内部的性别工资差距比内向型企业更大，出口行业更愿意把高工资支付给那些高素质、高效率的男性。笔者（2013）对中国出口行业的分析中指出，某些企业偏好女工并不是企业在批判或反对性别歧视，给予女性与男性同等的权利、尊严和发展天赋，而是资本在利润最大化、成本最小化的“理性”决策中，不会受到“性别”等其他非成本因素的影响。

Oostendorp（2009）通过对 1983 ~1999 年间世界上 161 种职业的比较分析得

出相似结论，随着经济的发展、人均 GDP 的上升，性别工资差距是在缩小，但并非始终如此。贸易和 FDI 净流入使富国的低技能型、高技能型职业的性别工资差距都在缩小，但穷国低技能型职业的性别工资差距在缩小而高技能型职业的性别工资差距在扩大。在 Fontana & Wood（2000）可计算一般均衡模型里，外国投资和出口制造业的扩张缩小了孟加拉国的性别工资差距，而 Berik et al（2004）对韩国、我国台湾地区的分析中，对外贸易竞争的加剧扩大了集中性行业（concentrated industries）内的工资性别差距。与男性相比，发展中国家女性在全球化进程中更多地加入就业队伍，并不意味着妇女地位或福利的改进。

（二）全球化对性别平等的积极作用非常突出

与 Korinek 等关于全球化推动性别平等作用不大的观点相反，Schultz（2007），Gray（2006），Richards & Gelleny（2007），Neumayer & De Soyas（2011）等用实证方法证明，全球化对所有妇女都是有好处的。Schultz（2007）比较分析了 70 个国家 1960～1980 年间的关税、配额、汇率与教育、健康、儿童存活率、预期寿命等，特别是针对女性的相关数据，发现贸易自由化推动了人力资本积累和性别平等。Gray（2006）表达了相同的看法，他对 180 个国家 1975～2000 年间数据分析显示，经济全球化为妇女带来就业机会的同时，以预期寿命、识字率、经济参与率、议会参与率测量妇女生活品质的指标都在改进。除此之外，制度、观念和价值的更新也是体现性别平等的关键指标，当国内文化向国际开放，国际性规则、制度对国内妇女文化带来改革压力，全球化在激励着国内性别平等思想的传播和更新，有利于妇女地位的提高和改善。全球化不仅仅意味着贸易开放、FDI 流动，还意味着更快捷、更实惠的国际性交通旅行与跨国文化交流，越是对外开放的国家，妇女拥有的经济权利越好。

Potrafke & Ursprung（2012），Richards & Gelleny（2007）等使用指数方法得出与 Schultz（2007）相似的论点。Potrafke & Ursprung（2012）使用 OECD 的社会制度与性别指数（Social Institutions and Gender Index，SIGI），比较分析了 120 个发展中国家 1970～2000 年的性别平等状态，发现政治、经济、社会的全球化有利于社会性别平等，特别是有利于低收入国家的妇女。Richards & Gelleny（2007）使用 130 个国家 1982～2003 年间的数据，以性别发展指数（Gender Development Index，GDI）、性别赋权指数（Gender Empowerment Measure，GEM）、辛格纳利—理查兹人权数据库（Cingranelli－Richards，CIRI）中的妇女经济权利指标、妇女政治权利指标和妇女社会权利指标等五个指标，分析了经济全球化对女性地位的影响，表明贸易开放程度对妇女地位有非常积极的正面作用，越是开放的国家妇女地位改善得越好。同样，Neumayer & De Soyas（2011）只选取辛格纳利—理查兹人权数据库中的妇女经济权利、妇女社会权利两个指标进行分析，结论是相同的：1981~2007年间处于不同发展阶段国家的妇女权利都在变化，对外开放程度越高的国家，妇女劳动权利保障越完善；贸易具有提升中、高收入国家妇女经济和社会权利的溢出效应，但对低收入国家的效应不显著，FDI溢出效应明显改善中等收入国家妇女经济地位。Neumayer（2011）还指出，当所有其他产生妇女歧视的因素，如教育水平、技能禀赋保持不变时，所谓工资的性别差距只是一个相对较好、更直接测度妇女歧视的工具，除了工资之外，测度妇女歧视还应包括具体工作环境、雇佣和晋职的歧视、选择职业的自由等。Neumayer（2011）的这一观点与Bono（2011）不谋而合。

Apodaca（1998）和Sweeney（2004）分别研究了1976~1990年、1980~2003年间妇女权利与经济发展之间的关系，也得到了同样的结论：妇女不仅从一个越来越大的经济蛋糕中受益，而且随着蛋糕增大妇女的受益比例增多，全球化推动妇女走向更平等。同时，收入增长只是全球化的一部分，经济全球化也是一种文化传播，是规则、信念和价值观的变迁，这种变迁提升了妇女在政治、社会中的角色地位（Inglehart & Norris，2003）。

换句话说，全球化、对外开放是否有利于性别平等，批判性否定与积极乐观两种观点还在激烈辩论中，但无疑揭示出这样一个事实：对某些女性而言，对外开放并没有为她们带来总体福利的改善，但对另一部分女性来说，是有利于其政治、经济地位提升的。

四、性别不平等与宏观经济增长

性别不平等与经济增长的关系可追溯至斯密的《国富论》：在国民财富的增长过程中，性别不平等因素渐趋减弱。斯密论点在新古典主义继承和发展下，产生了大量与之相关的研究文献。比如，新增长理论证明，性别平等与人均收入增长强正相关，但与人口出生率负相关。Lagerlof（1999，2003）认为社会性别平等发展越快的国家，其经济发展速度越快。Klasen（1999）指出性别不平等所形成的贫困陷阱减缓了经济增长和发展的速度，这种负面效应在发展中国家比发达国家更为严重。女性主义者则认为，性别是一个能够影响经济增长与经济发展的重要宏观经济变量。世界银行、联合国等国际机构以及许多国家政府组织都在致力于通过推进性别平等促进不发达地区的经济增长。理论探讨总是在不断争论之中进行。

（一）教育性别差异有利于经济增长吗？

Barro（1997）和Sala-i-Martin（1995）认为教育的性别不平等能够促进

经济增长的观点遭到许多学者的否定。Wolfensohn（1995），Galor & Well（1996），Forbes（2000），Seguina（2000），World Bank（2001），Yamarik & Ghosh（2003），Cavalcanti & Tavares（2007）等证明：教育能够提高女性的劳动能力和收入；提升女性的教育水平能够促进家庭劳动生产率和家庭健康、儿童存活率及孩子的人力资本投资，延长人口平均寿命，降低生育率和创造人口红利等；缩小受教育的性别差距有利于社会福祉增加和国民经济增长，增强人口密集—出口导向型国家的国际竞争力。Bucciarelli（2007，2011）指出，教育的性别不平等对诸如减少生育、儿童死亡和营养不良等发展目标有巨大负面影响，最终会阻碍经济增长。Thomas（1997），Dollar & Gatti（1999），Swamy（2001），Klasen（2002），Stotsky（2006），Blackden et al（2007），Porter（2008）等强调对女性的教育投入不足，人为地抑制了智力人才库特别是高素质女性的发展，教育性别不平等降低了平均人力资本，影响到经济绩效和经济增长；对女性而言，教育有助于她们在劳动力市场上的工资晋级，增强她们在借贷市场上的偿还能力和家庭事务决策能力；女性较男性更不易在职场上腐败和玩忽职守，对妇女的教育投资是促进国民收入增长的良好政策。

Klasen & Lamanna（2009）通过使用国际劳工组织（International Labour Organization）1960～2000 年间的跨国面板数据，对各地区每隔 10 年的 GDP 增长、教育、劳动力和非收入的福利指标（non-income indicators of well-being）进行国际比较发现，教育性别不平等危害长期经济增长，这种现象在南亚、北非和中东地区显得更加突出。1960 年世界大多数地区都存在非常明显的教育性别不平等，撒哈拉南部非洲和南亚地区女性受教育程度只相当于男性一半，甚至更低。但是，在 2000 年，大多数地区的教育性别差距被缩小，男性平均受教育年限比 1960 年增加 1.8 年，女性平均增长 4.4 年，东亚和太平洋地区教育性别差距缩小最快，但撒哈拉南部非洲、南亚基本维持在 40 年前状态，该地区妇女同时承受教育和经济参与的双重歧视。Klasen 等认为教育性别不平等通过投资率、总人口增长率、工资—劳动增长率等间接阻碍着经济增长，对妇女的教育歧视虽然看起来伤害的是妇女自身，实际上却是整个社会为之付出成本。Hill & King（1995），Knowles（2002）等使用索洛增长模型证明，教育性别不平等对 GDP 有非常显著的负效应，Barro（1994）的所谓正效应经不起缜密的计量检验。

（二）工资性别不平等是否促进经济增长？

Deyo（1989）和 Hsiung（1996）对亚洲新兴市场的研究发现，工资的性别不平等刺激了这些出口导向型国家出口行业的增长，如果提高出口部门女工相对薪资水平，出口竞争力将出现下滑，以致延缓国民经济增长速度。Seguino（2000）类似观点的论文《性别不平等与经济增长：一个跨国分析》发表后，引起学术界对性别不平等的激烈讨论。Seguino 对 20 个出口导向型—半工业化国家 1975～1995 年间面板数据回归分析发现，出口制造业支付女性劳动者较低工资，其所形成的低工资成本、高预期利润有利于放松企业的预算约束，刺激投资增加，促升技术创新、产业升级和全球国际竞争力。不管是国家之间横向比较还是国内纵向比较，工资的性别差距与 GDP 增长呈正向关系，因此，Seguino 认为，在经济转型中劳动力市场工资的性别不平等有利于国民经济增长，但 Segunio 也对出口导向型发展中国家的政策表示质疑："社会性别不平等只是影响样本组国家投资和经济增长的一个偶然因素（casual factor）"，"社会性别与增长之间的关系还受制于历史、经济结构和性别机制（gender system）"。

B. H. Mitra－Kahn & T. Mitra－Kahn（2008）认同 Seguino 的观点，称其为增长促进型的女性歧视，但 Seguino 的结论与经济学、女性主义和国际机构的主流思想相背离，许多学者不赞同 Seguino 这一观点。Klasen（2009）和 Esteve－Volart（2009）分别指出，与东亚地区快速发展相比，妇女劳动力市场参与程度低使北非和中东地区经济发展付出了代价；晋升管理职位的性别差异，扭曲了印度的人才资源最优配置而阻滞其经济增长，Osterreich（2002）使用与 Seguino（2000）同样的样本数据却得出不同的结论：即使工资性别不平等能够为半工业化国家带来比较竞争优势，但是，较低妇女工资成本构成的产品最终价格也是偏低的，在与北方工业化国家进行贸易时，却不得不为此遭受较低的或恶化的贸易条件。Schober & Winer－Ebmer（2011）同样选择 1975～1995 年间的数据，把 Seguino（2000）样本中的 16 个半工业化国家作为 A 组，该组国家出口对 GDP 的平均贡献率达 34.2%，制造业占出口的 44.5%，另外补充 11 个国家样本作为 B 组（出口对 GDP 平均贡献率 21.5%，制造业占出口的 32.5%），C 组是工资数据信息可得的另外 27 个国家（包括发达国家和个别发展中国家），对三组不同国家数据分析的结果都否定了 Seguino（2000）关于高性别歧视带来高经济增长的论点。

（三）经济增长能否缩小性别差距？

根据 Upadhyay（2000）对印度 1991 年"新经济政策"的分析，印度经济改革激励了快速城市化，为受过较好教育的男性熟练工人、中高层管理人员提供更多的就业机会，但正式部门提供给妇女的工作机会却更少，许多流入到城市的妇女只能在非正式部门寻找工作，部分妇女因城市商业化成为性工作者和艾滋病感染者，对妇女而言经济改革反而使贫困程度加重，性别不平等在经济增长中被拉大。Wanjala（2009）指出，1993 年以来的肯尼亚市场化改革未能重视缩小性别差距，即使政府加大对贸易、农业、制造业和服务业等支柱产业的投资，创造了大量的就业机会，但妇女从事的是非正式部门、低报酬、临时性工作，妇女享受到的经济增长成果大大低于男性。

类似情况同样出现在中国。Klasen（2003）发现，中国“消失妇女”（missing women）人口比例由20世纪80年代末期的0.4%上升到2000年的6.7%，贡献了当时全球“消失妇女”绝对增加量的80%。中国妇联与国家统计局联合发布的《第三期中国妇女社会地位调查主要数据报告》（2011）中，2010年农村年均劳动收入性别差距比1990年扩大25.4个百分点，《2011中国农村贫困监测报告》显示，贫困县女性外出务工者与男性工资水平的绝对差距比往年更大。Ding（2009）比较中国1988～1995年与1995～2002年两个阶段的城市家庭收入变动趋势发现，在第一个阶段，国有部门为城市就业妇女提供比较高的劳动参与率和基本保障，在职夫妻双方的收入差距不显著。在第二个阶段，国有企业为了提高劳动效率，大幅度裁减职员特别是女性员工，城市女性的就业率出现萎缩，男/女性别工资差距在经济快速增长中被扩大。上述研究结果表明，经济增长并不始终如一地促进性别平等，在某些时段或地区，甚至会加大性别差距。宏观经济政策具有强化性别不平等或推进性别平等的双重作用，政策制定者和执行者在设计减贫扶贫项目时需要持有性别平等意识，笔者（2013）在分析中国经济转型对农村妇女贫困影响时得出了相似的结论。

这些争论性探索在理论上进一步厘清了性别不平等与经济增长的相互作用，依照世界银行（2012）的表述，“性别平等对发展非常重要”，“性别平等是聪明的经济学”。第一，消除女性获得与男性同等教育、经济机会及生产投入品的障碍，可以带来生产率的提高，这在竞争加剧、全球化发展的环境中格外重要；第二，改善妇女的绝对地位和相对地位有利于其他发展目标的实现，包括可以使其子女有更好的未来；第三，建立公平竞争环境，使妇女和男性拥有同样参与社会和政治事务、做出决定、影响政策的机会，可以使发展制度和政策选择更具代表性、包容性，从而走上更佳的发展路径。

五、性别差异的社会根源

Schultz（1964，1994），Becker（1964）的人力资本理论证明了教育对经济增长和发展具有积极作用，增加女孩的教育投入对家庭、社会和国民具有更高的边际效用，但教育存在性别差异的显著事实，是否表明政治精英、社会势力或其他力量抑制着对女性的投资呢？有两条研究思路回答了此疑问。

（一）宗教的力量

根据Brown（2004）比较105个高收入和低收入国家1960～1990年间的数

据，以及 Beer（2009）对 179 个高收入和低收入国家 1960 ~2004 年的数据对比，独裁政权和民主国家不在教育机会方面歧视女孩，政治体制、民主政治对教育性别差异没有影响。Cooray & Potrafke（2011）使用《世界地理百科全书》（*Encyclopaedia of World Geography*，1994）、美国《中央情报局世界概况》（*CIA World Factbook*，2010）中 1991 ~2006 年间 157 个国家的横截面数据，按照世界银行发展指标以女/男童小学、初中、高中三级教育的入学比率为被解释变量，以民主独裁、地区宗教、殖民文化、GDP、对外开放、政府支出、人口、从事农业生产妇女比例等作为解释变量，使用 OLS 方法计算它们与教育性别不平等之间的强弱关系，同时按照主要宗教信仰对各个国家进行分类，Cooray 分析出与 Brown 相似的结论：影响教育性别不平等的主要因素不是 GDP、政治体制，而是宗教和文化。Norton & Tomal（2009）对 97 个高收入和低收入国家的分析同样证实，宗教力量显著影响着女性受教育程度，某些宗教信仰国家女孩受教育年限大大低于男孩，Becker & Woessmann（2008）的研究也支持了此观点，特别是在基础教育阶段。

与 Cooray，Norton，Becker 等人的研究相似，Seguino（2011）认为宗教态度强烈地影响着社会性别不平等，他使用“世界价值观调查”（World Values Survey）1981 ~2008 年间的跨国数据，运用 OLS、TSLS 和 3SLS 回归分析揭示出，宗教虔诚度通过两个传递机制影响到人们的日常生活态度、经济行为与产出，包括劳动力市场、家庭资源配置和政府支出等方面。一个传递机制是微观层面的，不同的宗教信仰对性别不平等的认识不同，而个人对宗教的虔诚度也有所不同，性别不平等思想成为一个非常“隐形”的因素，影响着雇主招聘何种员工解聘何种员工，影响着家庭决策者安排谁外出工作谁在家；另一传递机制是宏观层面的，宗教态度影响着政府对资源的分配方案，对包括反歧视法、借贷法规、继承法和资产所有权等在内的规则和法律的制定与执行。如果一个国家的主流宗教是提倡性别不平等的，那么就会通过政府渠道加剧经济产出中的性别不平等。

上述研究在证明宗教对性别不平等的巨大作用时，也包含另一涵义，从国家层面而言，教育的性别差异能够阻碍一国的经济发展，使其处于经济缓慢增长的不发达状态，但反过来，贫困并不是产生教育性别差异的关键，GDP 总量低或收入水平低下不构成女孩辍学、退学、停学的托辞或借口。《世界发展报告 2012》指出，收入的提高对减少性别差异的作用不大。那么使更多女孩上学、完成更高阶段教育的手段，不应该只依赖促进经济增长的经济政策，而是需要采取具有针对性的政策措施才能产生真正的效果。

（二）腐败的作用

Dollar & Gatti（2001），Goetz（2007），Rivas（2008）的研究表明，与男性

相比，女性更富有爱心、善心，具有更好的道德伦理情怀，更遵守承诺和坚守信用，如果一个国家赋予女性在政治、经济生活中更大的表达权利或掌控权，可以大大降低贪污腐败。Swamy（2001）甚至把腐败称为“衡量性别歧视的天平”，一个国家越是腐败，对妇女的歧视就越严重，因为该国更偏向于男性控制权力。当一个社会支持性别平等，就会有更多的人性自由和个体自治，有更宽容的价值观去影响政治改革和民主机制。对女性的公民自由限制，不利于她们的良善行为扩散到公共领域，Sung（2003）呼吁建立平等、公正、多元和宽容的自由民主机制来扩大妇女的政治参与。

腐败与性别不平等之间的关系被 Branisa & Klasen（2013）进一步论证。男性和女性的权力资源分配涉及家庭、市场、社会和政治领域，与性别不等相关的社会制度（social institution related to gender inequality）塑造着人们生活的方方面面，也塑造了男人和女人在经济社会中的自主决策、生存法则和生活价值取向等。Branisa & Klasen（2013）构造了一个社会制度与性别指数（social institutions and gender index，SIGI），用以测度与性别不平等相关的社会制度对经济产出的作用，该指数包含五个维度指标，分别是：（1）家族代码（family code），测量女性在家庭事务的决策权，其变量包括：父母权威、继承、早婚、一夫多妻；（2）公民自由（Civil liberties），包括妇女在公共事务的自由参与、运动自由、服饰自由；（3）身体完整性，指针对妇女身体的暴力行为；（4）儿子偏好，指重男轻女和女性/女童的死亡率；（5）资产所有权，包括妇女获得土地、获得银行贷款和获得除了土地之外的财产。Branisa（2013）选择世界银行 2008、2009 年数据库中 124 个国家（不含 OECD）的相关数据（其中 102 个国家有完整数据，22 个国家数据不完整）研究发现，具有高度性别不平等的社会制度限制了女性获得中等教育的机会，女性/女童死亡率和婴儿出生率高，且该国家的腐败程度更高。由此，除了地理、政治体制、经济发展水平以外，与性别不平等相关的社会制度对一个国家的产出有非常重要的影响。

六、简评

社会性别（gender，亦称性别），区别于以人的生物特征为标志的“生理性别”，是在社会文化的制约中形成、以社会性方式构建出来的社会身份，而非生理决定的，它包括与女性和男性分别相关的社会、行为、文化属性、预期和规范等，是一种社会产物。在世界每一个角落，性别具有社会、文化、政治和经济含义。总体而言，经济增长和发展有利于性别平等，但增长和发展过程不会自动地促进所有方面的性别平等，正式或非正式制度往往只反映那些拥有权力和影响力的群体的利益，那些区别对待男女两性的市场、制度和社会规范，在长期的共同作用中不仅强化了性别不平等，而且使改善性别平等成为一项艰巨任务。

1995 年第四届世界妇女大会提出把“社会性别主流化”（gender main streaming）作为促进社会性别平等的全球战略，要求各国将社会性别平等作为一项重要的政策目标，将社会性别观点纳入社会发展各领域的主流。2010 年“千年发展目标”首脑会议呼吁采取行动，通过社会性别在发展政策制定过程中的主流化，确保教育、健康、经济机会和决策方面的性别平等。该战略的基本原则是：为监督过程建立充分的责任体系，甄选出性别差异是一切工作部门的首要事宜；应该开展性别分析，而不是把从两性平等角度出发的事宜和问题都判断为中立的；在各个层次的决策制定中都要努力拓宽妇女的参与面。与“妇女”一词相比，“社会性别”涵盖了两性的角色、需求、地位及相互关系，更有利于帮助妇女摆脱贫困、扭转妇女经济社会地位边缘化状态。目前，已有 136 个国家在宪法中明确保障所有公民的平等，不得进行性别歧视，越来越多的国家从法律上保障妇女拥有财产、继承财产和婚姻方面与男性平等的权利。这些反映出国际社会已经认识到性别平等和妇女赋权本身就是发展目标，同时也是实现其他发展目标、减少贫困、提高经济效率的重要渠道。

但是，性别差异充斥于教育、收入、政治、经济安全和暴力等诸多方面，男性与女性之间的各种差异如何度量核算，是目前性别差异分析的棘手问题，除了教育年限、工资收入、劳动时间以及与之相关的数据之外，很多关于性别不平等的数据，如家庭内部资产分配、家务劳动时间分配等，都不易获取。传统的贫困测度方法（指数）都不是按照社会性别分类统计核算的，根据这些方法设计的减贫脱贫战略无法直接反映出妇女贫困程度和贫困状态。2005 年世界经济论坛（World Economic Forum）发起性别差异研究，构建了一个包括经济参与及经济机会、教育、健康、政治权利四个维度 14 个指标的性别差距指数（Global Gender Gap Index），随后对 134 个国家的性别差异进行了年度报告，被视为理论研究的一大进步。中国国家统计局在近年贫困监测年度报告中纳入“男女平等”“性别平等”指标，虽然指标构成略微粗糙但也在向性别主流化战略迈开了步伐。《人类发展报告（2010）》新增了“性别不平等指数”，弥补了人类发展指数忽视男女两性在发展过程中存在的性别差异，成为目前全球性别平等测量的一项重大进展。这些指数的构建加快了性别平等研究的步伐，但寻找和甄别性别差异的研究依然任重而道远。

性别不平等长存于家庭和国家之中，对性别差异的深邃思考是探索隐藏于社会制度之中的两性关系的“人文”关注，是启动“性别智慧”摆脱人类贫困、实现和谐发展的重要工具。设计良好的公共政策可以推动性别平等，但政策的选择和实施是与国家制度、社会文化和政治环境相协调的，实现性别平等的路径和模式因国别差异可以多种多样。

参考文献

[1] Alderman, H. & E. M. King (1998), "Gender differences in parental investment in education", *Structural Change and Economic Dynamics* 9 (4): 453 - 468.

[2] Barro, R. J. & J. W. Lee (1993), "International comparisons of educational attainment", *Journal of Monetary Economics* 32 (3): 363 - 394.

[3] Barro, R. J. (2000), "Education and economic growth", Working Paper, Harvard University.

[4] Bono, E. D. & D. Vuri (2011), "Job mobility and the gender wage gap in Italy", *Labour Economics* 18 (1): 130 - 142.

[5] Branisa, B. et al (2013), "Gender inequality in social institutions and gendered development outcomes", *World Development* 45 (3): 252 - 268.

[6] Brown, L. M. et al (2006), "Examining gender salary disparities: An analysis of the 2003 multistate salary survey", *Research in Social and Administrative Pharmacy* 2 (3): 370 - 387.

[7] Chen, Zhihong et al (2013), "Globalization and gender wage inequality in China", *World Development* 44 (3): 256 - 266.

[8] Chisamya, G. et al (2012), "Gender and education for all: Progress and problems in achieving gender equity", *International Journal of Educational Development* 32 (6): 743 - 755.

[9] Cooray, A. & N. Potrafke (2011), "Gender inequality in education: Political institutions or culture and religion?", *European Journal of Political Economy* 27 (2): 268 - 280.

[10] Ding, Sai, Xiao-yuan Dong & Shi Li (2009), "Women's employment and family income inequality during China's economic transition", *Feminist Economics* 15 (3): 163 - 190.

[11] Djurfeldt, A. A. et al (2013), "Geography of gender gaps: Regional patterns of income and farm-nonfarm interaction among male-and female-headed households in eight African countries", *World Development* 48 (3): 32 - 47.

[12] Dollar, D. & R. Gatti (1999), "Gender inequality, income and growth", Mimeograph, World Bank, Washington, DC.

[13] Dong, Xiao-yuan & Liqin Zhang (2009), "Economic transition and gender differentials in wages and productivity: Evidence from Chinese manufacturing enterprises", *Journal of Development Economics* 88 (1): 144 - 156.

[14] Elson, D. (1999), "Labor markets as gendered institutions", *World Development* 27 (3): 611 - 627.

[15] Filmer, D. (2005), "Gender and wealth disparities in schooling: Evidence from 44 countries", *International Journal of Educational Research* 43 (6): 351 - 369.

[16] Hannum, E. (2009), "Family sources of educational gender inequality in rural China: A critical assessment", *International Journal of Educational Development* 29 (5): 474 - 486.

[17] Hill, M. A. & E. M. King (1995), "Women's education and economic well-being",

Feminist Economics 1 (2): 1 - 26.

[18] Klasen, S. & C. Wink (2003), " 'Missingwomen': Revisiting the debate", *Feminist Economics* 9 (2 - 3): 263 - 299.

[19] Klasen, S. & F. Lamanna (2009), "The impact of gender inequality in education and employment on economic growth: New evidence for a panel of countries", *Feminist Economics* 15 (3): 91 - 132.

[20] Klasen, S. (1999), "Does gender inequality reduce growth and development? Evidence from cross-country regressions", Policy Research Report on Gender and Development Working Paper Series, No. 7, Washington, DC: World Bank.

[21] Knowles, S., P. K. Lorgelly & P. D. Owen (2002), "Are educational gender gaps a brake on economic development? Some cross-country empirical evidence", *Oxford Economic Papets* 54 (1): 118 - 149.

[22] Korinek, J. (2005), "Trade and gender: Issue and interactions", OECD Trade Policy Working Paper No. 24.

[23] MacDonald, M. (1995), "Feminist economics: From theory to research", *Canadian Journal of Economics Association* 28 (1): 159 - 176.

[24] Menon, N. et al (2009), "International trade and the gender wage gap: New evidence from India's manufacturing sector", *World Development* 37 (5): 965 - 981.

[25] Misra, J. et al (2012), "Family policies, employment and poverty among partnered and single mothers", *Research in Social Stratification and Mobility* 30 (1): 113 - 128.

[26] Morley, L. (2005), "Gender equity in commonwealth higher education", *Women's Studies International Forum* 28 (2 - 3): 209 - 221.

[27] Neumayer, E. & I. de Soysa (2011), "Globalization and the empowerment of women", *World Development* 39 (7): 1065 - 1075.

[28] Oostendorp, R. H. (2009), "Globalization and the gender wage gap", *World Bank Economic Review* 23 (1): 141 - 161.

[29] Potrafke, N. & H. W. Ursprung (2012), "Globalization and gender equality in the course of development", *European Journal of Polltical Economy* 28 (4): 399 - 413.

[30] Rendall, M. (2013), "Structural change in developing countries: Has it decreased gender inequality?", *World Development* 45 (3): 1 - 16.

[31] Rubery, J., D. Grimshaw & H. Figueiredo (2005), "How to close the gender pay gap in Europe", *Industrial Relations Journal* 36 (3): 184 - 213.

[32] Schober, T. & R. Winer - Ebmer (2011), "Gender wage inequality and economic growth", *World Development* 39 (8): 1476 - 1484.

[33] Schultz, P. T. (2007), "Does the liberalization of trade advance gender equality in schooling and health?", in: E. Zedillo (ed.), *The Future of Globalization*, London: Taylor and Franeis.

[34] Seguino, S. (2000), "Gender inequality and economic growth: A cross-country analysis", *World Development* 28 (7): 1211 - 1230.

[35] Seguino, S. (2011), "Help or hindrance? Religion's impact on gender inequality in attitudes and outcomes", *World Development* 39 (8): 1308 – 1321.

[36] Strauss, J. & D. Thomas (1995), "Human resources: Empirical modeling of household and family decisions", in: J. Behrman & T. N. Srinivasan (eds.), *Handbook of Development Economics*, Vol. 3A., North Holland.

[37] Tarkowska, E. (2002), "Intra-household gender inequality: Hidden dimensions of poverty among Polish women", *Communist and Post – Communist Studies* 35 (4): 411 – 432.

[38] UNESCO (2010), "Global education digest 2010: Comparing education statistics across the world", http://www.uis.unesco.org.

[39] Upadhyay, U. D. (2000), "India's new economic policy of 1991 and its impact on women's poverty and AIDS", *Feminist Economics* 6 (3): 105 – 122.

[40] Wanjala, B. M. & M. Were (2009), "Gender disparities and economic growth in Kenya", *Feminist Economics* 15 (3): 227 – 251.

[41] Weichselbaumer, D. & R. Winter – Ebmer (2005), "A meta-analysis of the international gender wage gap", *Journal of Economic Surveys* 19 (3): 479 – 511.

[42] World Bank (1996), *World Development Report*, Oxford University Press.

[43] World Bank (2012), "World development report 2012: Gender equality and development", http://siteresources.worldbank.org.

[44] Yamauehi, F. & M. Tiongeo (2013), "Why women are progressive in education? Gender disparities in human capital, labor markets and family arrangement in the Philippines", *Economics of Education Review* 32 (1): 196 – 206.

（原载《经济学动态》2014 年第 6 期）

基于社会性别视角的农村贫困测度解读*

经济转型使一部分农村妇女留守乡村继续从事农业生产和维持农村经济的发展，在完成农业生产女性化的历史变革时，她们成为农村社会最穷苦贫困的群体。与男性相比，农村妇女的社会地位、收入水平并没有随着劳强度的增强及家庭贡献的加大而同比上升。农村妇女无论是在农村劳作或在城市打工，都普遍处于收入和生活水平低，就业难度大，文化程度低，营养健康状况不良，家务劳动繁重，社会权利缺失，政治参与程度低等状况。经济现实对社会性别的不敏感，浸透着贫困理论研究中“女性面孔”是似有若无的，农村贫困识别与测度和农村扶贫减贫的理论探讨把女性贫困和男性贫困视同一致的做法，存在着明显的社会性别缺失，弱化了农村扶贫减贫绩效，延缓了农村妇女的脱贫进程。

一、无社会性别的贫困识别

使用最为广泛及最基本的贫困识别指标是货币收入，包括人均收入、人均GDP和人均可支配收入等。与国际上“1.25美元/天”和“2美元/天”的贫困识别方法不同，我国是按照食物贫困线和非食物贫困线之和来确定最终贫困线的。首先，根据每人每天2100卡路里必需的营养标准调整食品消费量，再乘以对应的价格并求和得到食物贫困线。然后，确定非食物贫困线。从1995年开始，我国根据食品消费支出函数回归模型来客观计算低收入群体的非食物消费支出。同时考虑不同地区人们的消费习惯、家庭结构和生产结构等因素对居民消费支出和食品支出的影响，最后，把两者加总构成贫困标准，以后各年随着经济发展水平的提高适当调整贫困线。这种识别贫困的方法是按照家户为计量单位的，假定家户中每个男性和女性的受益水平/消费支出都是相等的，因而掩盖了家庭内部男性和女性成员在资源所得、食物分配、资产所有、健康支出和个人消费方面的

* 基金项目：国家社会科学基金一般项目（12BJY090）；教育部人文社会科学研究规划基金项目（10YJA790177）。

性别差异。2100卡路里是一个“一般的”男性所需要的生物学标准，没有体现出男女两性的营养需求特点和差异。其他关于测度贫困程度的指标，如农村贫困人口数量、农村人均收入、农民土地征收、流动农民工数量等，也都是一般意义上的宏观总量数据，而不是按照性别分类进行统计的，总体上看，农村贫困数据资料的统计工作中，社会性别意识普遍比较淡漠。

1997年《人类发展报告》以“人类贫困”替代“收入贫困”，用生命（最欠发达国家中超过30%的人不能活到40岁以上）、基础教育（以成年人的文盲数量衡量）和全部经济供应（由没有得到健康服务和安全饮用水的人口比例加上5岁以下体重不足的儿童的比例衡量）三个指标共同识别贫困群体。但它同样对贫困的社会性别差异缺乏敏感性，把男女视为寿命（健康）相同，文盲数量相等，获取公共服务都一样的社会群体。2010年《人类发展报告》[1]中使用10个多维指标识别贫困：财产、屋内地面、电、饮用水、厕所、做饭用燃料、儿童入学率、受教育年限、儿童死亡率、营养等。这里包含了儿童，但没有显示出男女两性在各个指标中是否存在差异。该报告新增“性别不平等指数”，成为目前全球性别平等测量的一个重大进展，包括三个维度五个指标：劳动力市场的参与（劳动参与率），赋权（受教育程度、议会席位中女性代表的比例），生殖健康（未成年人死亡率、孕产妇死亡率）。继“性别发展指数”和“性别权力指数”之后，弥补了人类发展指数忽视男女两性在发展过程中存在的性别差异化。

国内对农村贫困的研究基本借鉴了联合国的分类识别方法，如胡鞍钢等[2]以文盲人口数/文盲率、小学人口数/小学人口比例考察了青海省1978～2007年的教育贫困状况；陈立中[3]在测度1990～2003年间中国的贫困状态时使用收入（实际人均GDP）、知识（成人识字率）和健康（出生时预期寿命）三个统计指标；王小林[4]选择了住房、饮用水、卫生设施、电、资产、土地、教育和健康保险8个指标评估中国城市和农村家庭的贫困状态；郭建宇等[5]选择受教育程度、儿童失学、营养不良或健康状况、儿童死亡、财产、住房、电消费、清洁饮用水、卫生设施、生活燃料等10个统计指标，测量山西省8个贫困县农户的贫困强度；徐月宾等[6]以家庭全职劳动力数量，未成年人数，在校学生，65岁以上老人数量，家庭成员是否有残疾，家庭成员最高教育水平，家庭劳动力负担系数来区分农村贫困家庭的特征；杨俊等[7]直接使用人均收入、贫困人口比率分析农村金融发展与农村贫困发生率、贫困深度和贫困强度之间的关系；韩林芝等[8]选择人均粮食消费量、恩格尔系数、人均纯收入和贫困发生率等比较农村义务教育、人均水资源、耕地面积、自然灾害、农业机械化、财政支农等对农村贫困的贡献大小。李小云等[9]确定3类8个指标作为贫困村的统计指标，虽然指标中涉及妇女群体，但仅仅是在卫生教育方面，在生活状况指标（人均年粮食产量、人均年现金收入、不安全住房农户的比重），生产和生活条件指标中（人畜饮水条件、通电率、自然村通路率），基本都是按照人均核算。2004 年《中国农村贫困监测报告》[10] 中，农村贫困状况的统计指标是：贫困人口规模与分布、收入和消费、生产经营和家庭财产、劳动力就业与儿童入学、社区环境等共计 9 大类指标。

总体看，目前选择的贫困统计指标及相关数据大都是按照家庭（户）或人均水平而不是按照男女性别分类赋值，是假定家庭内部资源性别分配均等，贫困分布均等，贫困人口是均质的，假定家庭成员间不存在等级、优次之分，不考察家庭内个体成员的实际可支配收入（包括资源）是高于贫困线还是低于贫困线，体现为理想化的所谓“男女都一样”的平等精神，无视家庭内的男女两性的贫困差异。

二、无社会性别的贫困测度方法

理论上测度贫困的方法很多，比较常用的几种方法包括贫困发生率、洛伦茨曲线、森贫困指数、SST 指数、FGT 贫困指数等。贫困发生率是指收入水平低于贫困线标准的人口数量占总人口的比率。这个比率只需要用一般性的收入数据就可以非常直观地描述总人口中处于贫困状态的人口比重，是测度贫困时被广泛使用的一种计算方法，被世界上大多数国家和联合国机构采用。中国农村贫困人口从 1978 年的 2.5 亿减少到 2010 年的 2688 万，贫困发生率从 30.7% 下降到 2.8%[11]，这一巨大变化反映了市场经济改革的成功，但这 2688 万人口中大部分是女性，她们长期处于极度贫困状态，未能分享到充足的经济改革成果和扶贫资助。

另一个比较简单易行的贫困测度方法是洛伦茨曲线，如，Dwayne Benjamin 等[12] 分别使用洛伦茨曲线测度 1985 ~ 2003 年、1995 ~ 2003 年、1986 ~ 2005 年间的中国农村贫困，把农村居民按照纯收入水平分组，以人口百分比和收入百分比进行累计，计算收入分组数据的各组均值得到估计的洛伦茨曲线点，经济增长在增加农民收入的同时，也由于受农村居民收入不平等的加剧使部分扶贫减贫绩效被挤压抵消；万广华等[13] 结合洛伦茨曲线对农村贫困进行要素分解，认为贫困发生率的变化可分解为要素的水平变化引起或由要素的不均等分配变化引起，农村贫困主要产生于要素不均等分配。洛伦茨曲线上的点是由人口百分比和收入百分比两个百分比值构成，人口百分比是在某种收入水平状态下的人口数量占总人口的比重，收入百分比也是类似的含义，这两个值显然是对人口总量或收入总量的统计，并不区分在各种收入水平下的人口数是属于男性还是女性或男女比例，它们对性别的模糊程度类同于贫困线。

鉴于贫困发生率测度贫困时的粗糙性和分布不敏感性，Sen[14] 通过设置量度公理构造了一个旨在概括各种贫困信息的综合指数。1995 年 Shorrocks[15] 提出了一个被称为“森指数修正版”的贫困指数（SST 指数）：

$$P = \frac{1}{n^2}\sum_{i=1}^{q}(2n-2i+1)\frac{z-y_i}{z}$$

该指数的权数是收入水平的逆次序，这种次序不是按照穷人数量而是按照总人口数 n 排列，式中：n 为总人口；q 为贫困人口；z、y_i 分别为贫困线和第 i 个人的收入；$z-y_i$ 为收入低于贫困线的第 i 个人的贫困差距。包含了贫困率、穷人的平均贫困差距率及贫困差距率三个指数，相比森指数在理解和使用上更加简化，但对于等量且等距的收入转移所导致的收入分布的变化，SST 指数无法给出精确的鉴别[16]。后来，人们更多地使用 FGT 指数测度贫困。标准的 FGT 指数公式是：

$$P_\partial = \frac{1}{n}\sum_{i=1}^{q}\left(\frac{z-y_i}{z}\right)^\partial$$

式中：∂ 为非负参数。

当 $\partial=0$，该指数等同于贫困发生率，当 $\partial=1$ 时，FGT 指数为比例贫困差距，当 $\partial=2$ 时，FGT 指数为加权贫困差距，∂ 值越大则低收入人口的权重就越大。FGT 指数的常用形式是 P_2，每个穷人 i 在指数中的权重取决于他的收入水平（y_i）与贫困线之间的距离，而不是取决于从第 i 个人的收入水平到贫困线之间的贫困人口数量，这样 FGT 指数具有更加直观细致的表达，其可分解性使反贫困政策和措施可以有的放矢。

暂且不论这些贫困测度指数是否完美满足某些公理或者存在某些理论缺陷，是否具有实用性价值，它们在推导过程中使用的各类指标无外乎是贫困人口数量/总人口数、收入水平、平均收入差距、基尼系数、贫困线等无性别差异的数据，是把男女等同视为“贫困一致”的测度方法，也得到国内研究者的认可。如，林伯强等[17]分别使用洛伦茨曲线、FGT 指数方法分解中国贫困和农村居民的贫困状态；王小林[4]结合 FGT 指数与 UN－DP 的多维识别方法测度 2006 年的中国城市和农村家庭贫困；张全红等[18]使用不同贫困线标准和 FGT 等贫困指数的对比方法测算 1981～2005 年间中国农村贫困的变动；罗楚亮[19]按照国际贫困线、中国贫困线、FGT 指数方法分别测度 2007 年和 2008 年的农村贫困变化；陆康强[20]通过比较 Watts 指数、FGT 等指数，测算不同收入水平的城镇家庭贫困；洪兴建等[21]对比分析 1980 年、1985 年、1999 年和 2002 年的中国农村贫困发生率、贫困缺口率、森贫困指数及 FGT 贫困指数；章元等[22]参照 RRJR 方法和 FGT 指数将中国的总量贫困分解为慢性贫困、暂时性贫困，分别以“1 美元”“2 美元”贫困线测算 1995～2002 年的农村贫困发生率。《2001～2010 年中国妇女发展纲要监测统计指标体系》[23]为“缓解妇女贫困程度，减少贫困妇女数量”设立四个指标：贫困人口（城镇、农村）、贫困率（城镇、农村）、社会救济对象（城镇、农村）、低保人数（城镇、农村），虽然这个指标的主要目的是解决农村妇女脱贫问题，但是按照城镇/农村为统计核算单位，而不是按照社会性别进行分类统计，指标数据同样无法直接反映出妇女的贫困程度和贫困状态。

总之，目前农村贫困的识别及其测度基本都建立在贫困人口、家庭收入水平、人均消费、基尼系数等无社会性别的数据基础上，侧重于对贫困人口总体生活形态，贫困产生的总体原因，农村贫困/家庭贫困的总体变动特征的分析，是一种对贫困研究的“普遍性”和“宏观性”关注。这种社会性别盲视的贫困测度无法反映出农村妇女与男性在贫困深度、贫困广度及多维贫困等方面的真实差异，更无法反映出市场经济转型中农村妇女面对贫困时比男性更脆弱的特点，农村经济转型绩效的数据统计工作中大都缺乏社会性别分类数据，贫困测度中女性面孔相当模糊。

三、农村扶贫减贫政策的社会性别中立问题

在《中国农村扶贫开发纲要（2001～2010）》实施阶段，农村贫困人口由2000年的9422万下降至2010年的2688万，贫困人口年均减少673万，年均下降11.8%。10年来，共有6734万人实现脱贫，贫困发生率从10.2%下降到2.8%[24]。但是，该纲要扶贫开发对象瞄准的是贫困地区尚未解决温饱的贫困人口，按照集中连片的原则把贫困人口集中的中西部少数民族地区、革命老区、边疆地区和特困地区作为扶贫开发的重点。对贫困群体的分类是瞄准人口总量、地区总量等宏观变量进行整体划片，并没有对他们进行男女性别区分，或者按照年龄、家庭、鳏寡老幼等微观变量瞄准，基本上是一种社会性别中立的扶贫方式。

1995年以来，中国政府扶贫开发政策越来越关注妇女参与扶贫并从反贫困中受益，《国家八七扶贫攻坚计划（1994～2000）》提出了鼓励妇女参与脱贫的政策措施：妇联组织要动员贫困地区妇女积极参与“双学双比”竞赛活动，搞好家庭副业，办好庭园经济；发展劳动密集型和适合妇女特点的扶贫项目；组织妇女学习实用技术，提高脱贫致富的能力；配合教育部门扫除文盲；配合劳动部门组织妇女的劳务输出。《八七扶贫攻坚计划》对农村贫困产生了积极影响，计划实施阶段农民人均纯收入年均增长率12.8%，按照一天一美元的消费标准，贫困人口以年均7.8%的速度减少，农村产妇的死亡率由1990年的100/万人下降到2000年的70/万人，但由于农村贫困妇女没有积极参与到资金分配、项目确认和项目评估，因此，扶贫资金的到村率和到户率都非常低[25]。

国务院扶贫办从2001年开始采取参与式村级扶贫规划，强调妇女的参与。国家和地方政府、全国妇联、中国人口基金会、中国妇女发展基金会及其他妇女组织等分别设立针对妇女的专项扶贫项目，如“春蕾计划”“母亲水窖”“阳光工程”“巾帼扶贫行动”“幸福工程”“母亲安居工程”“母亲小额循环”“农家

女文化发展中心”等，通过开展实用技术培训、小额贷款、劳务输出、结对帮扶、妇女保健、女童助学等方式，为增强农村妇女的参与能力和自信心，帮助她们摆脱贫困提供了积极的社会支持。比如，“春蕾计划”实施20年来已经帮助180万人次贫困女童重返学校，截至2011年底“母亲水窖”公益项目使近180万名群众受益，“安居工程”从2008年以来的5年中已经为覆盖全国农村的973.4万贫困农户实施危房改造，等等。中央和地方各级财政、社会各界以多种形式支持贫困地区的发展，帮助大批农村妇女走出了困境。

这些政策和项目关注的主体虽然是贫困妇女，但它们不是从男女两性贫困差异的比较中按照社会性别平等原则来制定扶贫战略，从而达到缩小男女社会经济地位差异的目的的。而只是男权至上主义在市场经济利益最大化推动下对贫困妇女的一种“恩赐”和“馈赠”，不能从根本上转变农村妇女责任、义务和劳动强度不断增强，而收入、机会、权利却被边缘化的总体趋势。社会性别不仅是指建立在生理基础上的性别差异，更强调社会和文化对于男人和女人角色的期待、规范和要求，这些规范和要求通过社会场域和机制演化成两性在扮演各种角色时所能够拥有的资源与机会和实现的权利，最终形成两性之间的社会关系和社会地位。社会性别平等并不意味着女性和男性必须是完全一模一样，而是要体现在机会、权利、责任、义务、资源、待遇和评价方面的平等。社会性别主流化并非是在现存的行动中加入“妇女成分”或“两性平等成分”，也非仅限于提高妇女的参与度，它是要把男女双方的经验、知识和利益应用于发展议程，评估所有政策及发展项目对两性不同的影响，了解男女在决策及社会资源运用方面的差别。农村减贫机制由于缺乏社会性别的敏感性，忽视在面对风险时妇女比男性更脆弱的特点，导致对农村扶贫战略绩效产生挤压，减缓了农村妇女脱贫的进度及整个农村反贫困的进程。

四、构建社会性别主流化的农村贫困测度

构建基于社会性别主流化的农村贫困测度，有利于真实客观地为农村扶贫减贫政策的制定提供理论支持，帮助农村妇女快速、有效、彻底地摆脱贫困。2003年国家统计局开始使用分性别指标，在农村贫困监测报告中把“性别平等”列入扶贫项目评估的一个方面，以妇女劳动力文盲率和受教育程度，妇女从事劳动时间比重，妇女外出务工劳动力比重和收入水平，7～15岁女童在校率，妇女参与社区中担任社会职务的比重等五个指标构成女性贫困监测指标体系，逐步启动了按照社会性别分类统计的贫困测度方法。但是，这些指标仅仅从女性角度进行测算，并没有将男女两性同时纳入比较。2004年的贫困监测报告引入了男性数据，

将它们合并为四个指标，分别是：劳动力文盲率性别差异、儿童在校率性别差异、男女劳动力的外出打工工资性别差异和社会事务参与率性别差异。2011 年的“中国农村贫困监测报告”中，“性别平等”测算指标作了进一步调整，四个指标分别是：分性别贫困状况（男性贫困率、女性贫困率），分性别的教育状况（义务教育阶段男童和女童在校率差异，劳动力受教育程度性别差异，劳动力就业接受培训的性别差异），劳动力就业与收入水平分性别比较状况（劳动力在各产业分布的性别差异，劳动力外出就业比例和收入水平的性别差异，月工资水平与文化程度相关性的性别差异），社会参与度的性别差异。总体看来，随着经济的发展，人们逐渐意识到贫困具有显著的性别特征，对分性别统计数据的设计越来越趋向细致具体。但是，2011 年的贫困监测报告仅仅是对以上相关统计数据进行分性别对比，并没有形成严格意义上的性别平等指数。

基于中国农村经济发展水平及贫困研究基础，参考借鉴联合国“性别不平等指数”“性别发展指数”和“性别权力指数”以及多维贫困指数等几个权威性指标的构成模式，根据农村男女两性在经济、教育、医疗健康、工作条件、生活标准、政治参与等六个维度的差异，每个维度分设不同的指标，赋予每个指标一定的权重，构建一个比较系统性的中国农村“社会性别平等指数”，准确真实地衡量已经女性化、地区化、少数民族化的农村贫困程度是完全可行的。社会性别平等指数的构成包括：第一，经济维度，设劳动力市场参与率、收入水平和消费水平的性别差异 3 个指标。中国劳动妇女非常勤劳，富有奉献牺牲精神，她们积极参与到劳动力市场寻找各种职业，不仅所得的收入不高，而且很多妇女把自己的全部收入都奉献给了家庭，个人消费水平非常低，限制了她们提升自我的机会。第二，教育维度，分设基础教育入学率、高等教育入学率和劳动力就业培训性别差异 3 个指标。未来经济的发展需要更多的高素质人才，包括高素质的女性人才，妇女摆脱贫困不应仅仅局限于是否获得基础教育，也要考察是否获得高等教育。更多女性获得高等教育不仅有利于女性自身创造财富的能力提升，更有利于对后代的培养和对国家未来人才的储备。第三，医疗健康维度，分设儿童死亡率、儿童营养水平、未成年人生育率、孕产妇死亡率 4 个指标。第四，工作条件维度，分设工作日的工作时间（包括往返上下班途中和做家务的时间）、休息日的休息时间、特殊生理时期的休息时间、遭受性骚扰频率四个指标。现实生活中，大多数的性骚扰都是和滥用“权力”以及男性认为自己的性别有优势有关，骚扰者利用自己的权力或因认为自己的性别具有比较优势而对别人作出性骚扰，而农村留守妇女由于长期与家人分离更易遭受侵犯。第五，生活标准，参考联合国多维贫困指数，包括财产、屋内地面、电、饮用水、厕所、做饭用燃料 6 个指标。第六，政治参与度，包括担任不同级别社会公职比率、参与公共项目决议比重和财产继承制度。

目前，在某些地区的基础社会职务方面，妇女参与的比例有所提高，但随着经济的发展，这些基层职务就像农业生产活动一样，演化成一种付出多收入低的“女性化”劳动，在较高级别的公共事务参与方面，女性参与率还是非常低的。在农村地区虽然很多女性具有了独立的经济能力，资助兄弟上学、娶亲，补贴家用，赡养父母成为改革开放后农村的一种新的赡养伦理，但按照乡俗女儿一般不具有继承父母财产的权利，农村妇女只能通过与男性建立婚姻关系或通过血缘关系去获得房屋和土地等资产的分配模式未曾动摇。与传统的贫困测度指数或方法相比，以“社会性别平等指数”测度农村贫困，会使农村男女双方的关注和经验成为设计、实施、监督和评判政治、经济和社会领域所有政策方案的有机组成部分，从而使男女双方受益均等，不再有不平等现象的发生。

把性别问题纳入主流是一个过程，它对任何领域各个层面上的任何一个计划行动，包括立法、政策或项目计划对妇女和男人产生的影响进行分析[26]。当男女有一方处在极其不利的位置时，主流化就会成为有性别区分的活动和争取平等权利的行动。“有性别区分的干预对象可以全部是女性，或男女都有，或全部是男性，使他们有能力参与发展活动，并从中获益”[26]。主流化的基本原则是：为监督过程建立充分的责任体系，一切工作部门的事宜和问题首先应该是寻找出性别差异；应该开展性别分析，而不是把从两性平等角度出发的所有事宜和问题都判断为是中立的；在各个层次的决策制定中都要努力拓宽妇女的参与面。但主流化并非取代专门针对妇女的政策项目和具有积极意义的立法的需求，也不是废除对协调机构和妇女事务单位的需求。与“妇女”一词相比，“社会性别”涵盖了两性的角色、需求、地位及相互关系，“社会性别平等”指数更有利于帮助农村妇女摆脱贫困及扭转农村妇女经济社会地位边缘化状态，从而实现妇女由边缘走向主流，最终达到社会性别平等的目的。

参考文献

[1] 联合国.2010人类发展报告［EB/OL］.［2013-01-01］http：//www.un.org/zh/development/hdr/2010/.

[2] 胡鞍钢，童旭光，诸丹丹.四类贫困的测量：以青海省减贫为例［J］.湖南社会科学，2009（5）：45-52.

[3] 陈立中.转型时期我国多维度贫困测算及其分解［J］.经济评论，2008（5）：5-10.

[4] 王小林.中国多维贫困测量：估计和政策含义［J］.中国农村经济，2009（12）：4-23.

[5] 郭建宇，吴国宝.基于不同指标及权重选择的多维贫困测量：以山西省贫困县为例［J］.中国农村经济，2012（2）：12-20.

[6] 徐月宾，刘凤勤，张秀兰.中国农村反贫困政策的反思：从社会救助向社会保护转变［J］.中国社会科学，2007（3）：40-53.

[7] 杨俊，王燕，张宗益.中国金融发展与贫困减少的经验分析［J］.世界经济，2008

(8): 62-76.

[8] 韩林芝，邓强. 我国农村贫困主要影响因子的灰色关联分析 [J]. 中国人口·资源与环境，2009 (4): 88-94.

[9] 李小云，李周，唐丽霞，等. 参与式贫困指数的开发与验证 [J]. 中国农村经济，2005 (5): 39-46.

[10] 国家统计局. 中国农村贫困监测报告：2004 [M]. 北京：中国统计出版社，2004: 11-23.

[11] 国家统计局. 中国农村贫困监测报告：2011 [M]. 北京：中国统计出版社，2012: 11-12.

[12] Benjamin D, Brandt L, Giles J. The evolution of in-come inequality in rural China [J]. Economic Devel-opment and Cultural Change, 2005, 53: 769-824.

[13] 万广华，张藕香. 贫困按要素分解：方法与例证 [J]. 经济学季刊，2008 (3): 997-1011.

[14] Sen A. Poverty: an ordinal approach to measure-ment [J]. Econometrica, 1976, 44: 219-231.

[15] Shorrocks A F. Revisiting the Sen Poverty index [J]. Econometrica, 1995, 63: 1225-1230.

[16] Foster J, Greer J, Thorbecke E. A class of decom-posable poverty measures [J]. Econometrica, 1984, 52: 761-766.

[17] 王雨林，黄祖辉. 影响转型期中国农村贫围率指标的因素的介解研究 [J]. 中国人口科学，2005 (1): 50-57.

[18] 张全红，张建华. 中国农村贫困变动：1981~2005 [J]. 统计研究，2010 (2): 28-35.

[19] 罗楚亮. 农村贫困的动态变化 [J]. 统计研究，2010 (5): 123-138.

[20] 陆康强. 加法可分性贫困指数的比较研究 [J]. 统计研究，2009 (7): 98-103.

[21] 洪兴建，高鸿桢. 反贫困效果的模型分解法及中国农村反贫困的实证分析 [J]. 统计研究，2005 (3): 40-44.

[22] 章元，万广华，史清华. 中国农村的暂时性贫困是否真的更严重 [J]. 世界经济，2012 (1): 144-160.

[23] 国务院妇女儿童工作委员会.《2001~2010 年中国妇女发展纲要监测统计指标体系》[EB/OL]. (2008-09-26) [2008-09-26] http//: www. nwccw. gov. cn/? action-viewnews-itemid-141028.

[24] 国家统计局. 2010 年我国农村贫困人口 2688 万 [EB/OL]. (2011-03-11) [2011-03-11] http: //www. stats. gov. cn/was40/reldetail. jsp? docid=402710030.

[25] 汪三贵，李周，任燕顺. 中国的八七扶贫攻坚计划：国家战略及其影响. 2004 年"上海扶贫大会——大规模减贫" 研究报告 [EB/OL]. (2004-03-29) [2004-03-29] http: www. doc88. com/p-209832276094. html.

[26] 联合国官网. 社会性别主流化 [EB/OL]. [2013-01-01] http: //www. un. org/chinese/esa/women/ma-instreaming. htm.

(原载《武汉理工大学学报（社会科学版）》2013 年第 26 卷)

市场经济转型中的农村妇女贫困*

1980 年联合国哥本哈根大会指出，全球 2/3 ~ 3/4 的劳动量由妇女承担，45% 的食物由妇女生产，但妇女仅获得世界收入的 10%，仅拥有世界财富的 10%。联合国 1995 年《人类发展报告》指出，世界上的贫困人口中 70% 是妇女，贫困具有一张女性面孔。改革开放以来，我国农村经济生活发生了巨大变化，农村贫困人口从 1978 年的 2.5 亿减少到 2010 年的 2688 万，贫困发生率从 30.7% 下降到 2.8%。[1]11~12 虽然对贫困人口的分性别统计数据非常有限，但随着大量青壮年劳动力外出打工，妇女、儿童和老人滞留农村，农村生产活动日益女性化成为不争的事实。与男性相比，农村妇女无论是在农村劳作，还是在城市打工，普遍处于收入和生活水平低、就业难度大、文化程度低、营养健康状况不良、家务劳动繁重、社会权利缺失、政治参与程度低等状态。但是，这些现象究竟是她们贫困的原因，还是贫困的结果呢？我国市场经济转型是提升了农村妇女的社会经济地位，还是加重了她们的真实贫困程度呢？

1995 年联合国第四次世界妇女大会明确提出将“社会性别主流化”（Gender Main Streaming）作为促进社会性别平等的全球战略。1997 年联合国经济及社会理事会正式将“社会性别主流化”定义为：在各个领域和各个层面上评估所有有计划的行动（包括立法、政策、方案）对男女双方的不同含义。它使男女双方的关注和经验成为设计、实施、监督和评判政治、经济和社会领域所有政策方案的有机组成部分，从而使男女双方受益均等。与“妇女”一词相比，“社会性别”涵盖了两性的角色、需求、地位及相互关系，更有利于帮助农村妇女摆脱贫困，扭转妇女经济社会地位边缘化状态，实现妇女由边缘走向主流，最终达到社会性别平等。

以社会性别主流化为研究视角，本文分别从四个方面论述当前在认识农村贫困与反贫困、农村扶贫脱贫理论研究和实践中对社会性别的忽视，这种忽视在市

* 基金项目：本文系 2012 年国家社会科学基金一般项目“经济转型对农村妇女减贫脱贫的影响研究”（12BJY090），以及 2010 年教育部人文社会科学研究规划基金项目“市场经济转型对中国农村女性贫困的影响和作用”（10YJA790177）的研究成果。

场经济转型作用下恶化了农村贫困妇女的生存环境。

一、农村经济转型中的社会性别缺失

家庭联产承包责任制以家庭为核算单位，在微观生产水平上实现家庭财富最大化、风险最小化成为改革开放后全国农户的共同追求目标，实现这一目标的决策是农村青壮年劳力主动把农民身份转型为城市化群体，把计划经济时期由男女两性共同分担的农业生产任务全部转嫁给留在乡村的妇女。操劳四季农业生产劳动、照顾未成年子女、赡养年迈的父母、忍受夫妻长期分离和经济收入入不敷出等多重压力同时叠加在妇女身上，使她们不得不挑起原本由两个肩膀分担的责任田和家庭重担。

虽然农民家庭有各种各样的任务，许多任务既可以由女性完成，也可以由男性承担，但是跨城乡的"男工女耕"性别分工限制了农村女性与男性劳动的可替换性，女性的农业生产活动在一定程度上被"内"化为不挣钱的家务劳动。家务劳动在作为"劳动"的评价中，与获得薪水的有酬劳动并不等同，其社会性的有用价值并未得到应有的认可。农业生产主要是维持口粮和蔬菜等基本日常需要，货币化收入低于外出务工的工资报酬，家庭经济支柱主要来自男性获得的务工工资。改革开放前，同样参加农业劳动的男性和女性核定的是不同的工分报酬，按日最高劳动男性计 10 个工分、女性计 7 个工分，女性的劳动收入是男性的 70%。改革开放后，两性的收入差距日趋加大，1999 年农村女性的收入是男性的 59.6%，男女差距比 1990 年扩大了 21.8 个百分点；2010 年农村在业女性的年均劳动收入仅为男性的 56.0%，男女差距比 1990 年则扩大了 25.4 个百分点；农村老年妇女的年均收入为同地域男性的 51.8%，与 1999 年的男女收入差距进一步加大，更是大大低于改革前的 70%。[①] 与男性相比，农村妇女的社会地位、收入水平并没有随着她们劳动强度和家庭贡献的增加而同比上升。

其他数据显示，2010 年，在工作日，全国女性日平均劳动时间比男性长 37 分钟；在休息日，女性日平均休闲时间比男性少 57 分钟。老年妇女平均每天从事家务劳动的时间为 154 分钟，是老年男性的 1.7 倍，23.1% 的农村老年妇女仍在从事农业劳动。与此同时，农村妇女获得教育的机会明显低于男性，中西部农村妇女平均受教育年限为 6.8 年，比同区域男性低 0.5 年，接受过高中阶段及以

---

① 根据第二期、第三期中国妇女社会地位调查数据整理。详见《第二期中国妇女社会地位抽样调查数据报告》，载于《妇女研究论丛》2001 年第 5 期；《第三期中国妇女社会地位调查主要数据报告》，载于《妇女研究论丛》2011 年第 6 期。

上教育的妇女只占10.0%，比同区域男性低4.6个百分点。① 妇女参与公共管理事务的比例明显偏低，2003年贫困县妇女担任乡村干部、村民代表、乡村集体企业和各种群众组织负责人等社会职务的比例仅有0.8%，远远低于男性的6.5%；至2010年底，妇女担任社会职务的比例上升到13.1%，但也只相当于男性的1/7左右，依然是男性远多于女性。[1]《中国妇女发展纲要（2011～2020年）》把“村委会成员中女性比例达到30%以上、村委会主任中女性比例达到10%以上”作为未来10年的主要发展目标[2]，本身就说明了农村妇女对公共事务的参与率极低，对自身利益的诉求机会稀缺。

计划生育政策对农村妇女的经济社会生活产生的影响则更为深远。全国多数省份农村地区推行的“一孩半”人口政策本意是体恤民情，照顾有女户家庭劳动力欠缺等实际问题，但其本身暗含“重男轻女”的社会性别不平等思想，其直接结果就是鼓励一胎是女孩的家庭争取第二胎生男孩，因为第一胎是男孩的严禁生育第二胎。这一政策被解读的直接含义是从制度上肯定男孩比女孩好、比女孩强，间接含义是仅有女孩的家庭可以多生。因此，第一胎是女孩的农村家庭在生第二胎的时候，往往会出现选择性堕胎的现象，特别是在贫困地区。虽然我国法律禁止进行胎儿性别鉴定，但在乡镇、县城等医疗机构，通过熟人方式确定胎儿性别并不难。如果第二胎是女孩，有的家庭还会违规生育第三胎。强烈的“男孩偏好”与过于狭小的生育选择空间形成的冲突，使农民因无法选择劳动力数量而转向选择劳动力质量（以男性优于女性），采取堕胎、弃婴或者离婚后再婚再生育等方式保证生养男孩在农村是较为普遍的现象。

“一孩半”政策从概率统计路径和性别选择路径两方面导致了性别比的升高。从统计路径看，与“二孩”政策相比，“一孩半”政策地区出生性别比更高，婴幼儿死亡性别比失衡程度也更为严重。从选择路径看，孩子数量的严格限制强化了农村人的男孩偏好，在性别鉴定可获得时，人们会通过现代技术选择婴儿性别。性别比与孩次存在高度的正相关关系，并不是偶然的结果，它与现行的计划生育政策有明显的因果关系。“一孩”和“二孩”政策是直接从子女数量上进行人口控制，而“一孩半”政策是用性别选择调控人口，起着默认、纵容和强化“男孩偏好”的作用，出现与其初衷相悖的后果。

在计划生育政策的推波助澜下，经济发展未能改变人们的“重男轻女”思想，反而成为维持并巩固“男尊女卑”的工具。农村妇女的个体价值不由其个人品格、性情、知识智慧、处事能力或劳动生产能力、社会财富创造力决定，而是由其所生育子女的性别决定。子女性别成为决定着她们在族群邻里社区的人际关

① 根据第二期、第三期中国妇女社会地位调查数据整理。详见《第二期中国妇女社会地位抽样调查数据报告》，载于《妇女研究论丛》2001年第5期；《第三期中国妇女社会地位调查主要数据报告》，载于《妇女研究论丛》2011年第6期。

系、人格尊严和身份地位的关键变量。按照“男尊女卑”的阶层等级次序，只有生育男孩的妇女的社会地位才能获得基本认可，被尊为对家庭、乡村有贡献。即使妇女本人对子女的性别没有偏好，但个体力量终究无法抗衡集体势力的偏颇，一部分妇女（婆婆）充当着家庭内“男尊女卑”的重要实践者，左右着另一部分妇女（儿媳妇）在家庭内的等级位置。为摆脱生女孩的宿命，已婚妇女不得不以健康或生命为代价，从现代医学技术中寻找自我解救之策。女婴的生命权在出生前通过性别鉴定方式被剥夺，出生后因其性别“劣势”遭受溺杀或遗弃；成长中的女童被遗弃或转卖，或者辍学打工从而失去良好的教育机会；成年女性为了怀孕生男孩承受着严重的心理压力，甚至遭受被迫终止妊娠的身心伤害；无男孩的妇女不得不忍受被瞧不起、被歧视、被家暴，甚至被迫离婚，从而失去家庭、土地等生活基本保障；老年无子妇女因收入低下遭受老无所养的境遇。女性的权利贫困、能力贫困从出生时起，就在集体无意识间被忽略，且贯穿于工作年龄并持续到老年阶段。这是男权文化主导的传统社会规范与人口控制政策合谋下对女性个体权益的剥夺和排斥。

二、城市空间生产的社会性别湮没

经济转型推动的城市空间生产，作为一种进程广泛地影响着整个社会活动，影响着人们的生存条件、生活方式和精神状态，即使是在仍旧冠之以“传统”之名的乡村也不能避免。2002 ~2011 年我国城镇化率以平均每年 1.35 个百分点的速度发展，2011 年城镇总人口比 2002 年增长 37.6%，城市人口密度由 2000 年的 442 人/平方公里上升到 2010 年的 2209 人/平方公里，十年间人口密度翻了 5 倍。① 2011 年城镇化率首次突破 50%，达到 51.3%，实现了我国城乡结构的历史性变化。各级政府征地撤村、村庄合并或撤镇建街完成城市化，也在大肆吞噬着农民的土地和村庄，2008 年全国耕地面积比 2000 年减少了近 1 亿亩②，2000 ~2010 年平均每年有 9 万个村落在中国行政版图上消失，2010 年农村妇女失去土地的比例比 2000 年增加了 11.8 个百分点。[3]

2010 年因征用、流转等原因失去土地的农村妇女占 27.9%，因婚姻变动（含结婚、再婚、离婚、丧偶）而失去土地的妇女占 27.7%，而男性仅为 3.7%，

---

① 1990 年的城市人口密度是 279 人/平方公里，1990 ~2000 年的十年间城市人口密度翻了 1.58 倍，数据来自国家统计局网站。

② 根据国家统计局公布的数据，2000 年全国耕地面积为 12824.3 万公顷，2008 年为 12171.6 万公顷，2008 年比 2000 年减少 652.7 万公顷，按照 1 公顷 =15 亩换算，即减少 97905000 亩耕地，接近 1 亿亩。参见 http://www.stats.gov.cn/tjsj/qtsj/hjtjzl/hjtjsj2010/t20111228_402788780.htm.

农村妇女无土地的比例高于男性9.1个百分点。12.1%的失地妇女未能获得土地补偿收益，比男性高1.9个百分点。失地妇女收入的主要来源为集体分红、房屋出租和打零工。一项对150名没有拿到征地补偿款的失地妇女的调研显示：45%的妇女户口所在村的村集体/村委会没有实行分红，其余有分红的村集体/村委会中，近10%的村没有给失地妇女分红，女性拿不到集体经济收益分红的比例高于男性，未能得到货币补偿的比例高于男性；因政府征地失去土地的农村妇女中有63.1%未获得任何安置，成为“种田无地、就业无岗”，“无土地、无财产、无房屋、无工作保障”，“一无所有”的“农转非”者；87.7%的失地妇女没有参加过政府提供的职业培训，而64.8%的失地妇女户口所在村有村办企业。[4] 城市空间中人口的规模、密度、异质性导致了城市独特的、有别于乡村的生活方式，在被迫进行职业转移和市场竞争中，失地妇女被斥为文化水平低、家庭负担重、劳动技能低、技术接受能力低的“劣质”劳动力，沦为城市最廉价的劳动力、临时工、保姆、自雇者等，从事着“苦、脏、累、险”的高强度低收入工作，忍受着城乡差别和性别差异的双重歧视。失地后只有12.67%的妇女收入增加，43.63%的妇女收入减少，24.9%的妇女对失地后的补偿安置措施表示“不满意”，49.1%的妇女认为“政府没有很好地安置，转为城镇居民后，没有收入来源”。[4] 对传统农民来说，土地是家业，是家庭延续的保障，是抵御生存风险的最后屏障，但农村妇女失地后，家庭收入降低，挣钱更难，只能依靠丈夫打工的微薄收入维持家庭运转。

城镇化进程在将大量农民剥离土地之时，也带动2.5亿农村劳动力转移到城镇和非农产业就业。2010年全国有33.4%的农民工是女性，而近一半的女性农民在制造业就业，她们是中国出口主导型企业，如纺织、制鞋、玩具、电子、家庭用品等生产活动的主力军。作为世界制造业基地的东莞是农民工输入人数最多的地方之一，在2006年、2007年除了家具、五金等几个行业外，东莞服装、鞋业、电子等行业的企业中女工与男工的比例达到4∶1、5∶1或8∶1，最高峰时期企业的普工全部为女工。[5] 企业偏好女工的理由是，女工具有比男性更高的性别质量——诚实、勤劳、温顺，愿意接受低工资和严厉的纪律，更适应单调乏味、重复的工作，为企业提供较男性而言更高的劳动生产率。2009年，2/3以上的农民工月收入低于1500元，2/3以上的农民工每天工作8小时以上，2/3以上的农民工在城市没有安稳妥当的住所。农民工平均每月工作25.4天，每天工作8.8小时，“收入低、劳动时间长、居无定所”是他们在现代化繁荣都市的真实生活状态。2010年，贫困县女性外出务工者的月收入只有1149.7元，与男性工资水平（1327.4元）的绝对差距比以往更大，男性和女性大专以上文化程度劳动力的收入比是111∶100，与男性相比，即使文化程度相同，女性的月工资也偏低。[6]

城市就业给了农村妇女获得收入的机会，提高了她们的自主性、独立性和个人资本的积累，但寄钱回家供兄弟上学、为家庭盖房是她们为父母分担责任的天经地义之事。尽管面临超时加班、工资拖欠、工作不稳定和艰苦甚至有害的工作环境，她们仍然选择进厂工作，农村的贫困迫使她们在所谓自由竞争的市场条件下为了生存而失去自由选择的权利。偏好女工并不是现代产业在批判或反对性别歧视，给予了女性与男性同等的权利、尊严、机会和发展天赋，而是资本在进行利润最大化、成本最小化的“理性”决策时，不会受到“性别”等其他非成本因素的影响。农村女性以更低的价格、更高的产出被资本雇用，她们善良、勤奋、本分、遵守纪律的优良品质和健康身体成为资方赚取利润的工具、谋利的手段，是自由市场为产业资本创造价值提供便利的过程中对社会性别的完全漠视。[7]

三、贫困理论研究中的社会性别盲视

理论上使用最为广泛、最基本的贫困识别指标是货币收入，包括人均收入、人均 GDP、可支配收入等。与国际“1.25 美元/天”和“2 美元/天”的贫困识别方法不同，我国是按照食物贫困线和非食物贫困线之和来确定最终贫困线的。首先，根据每人每天 2100 卡路里必需的营养标准调整食品消费量，再乘以对应的价格并求和得到食物贫困线。其次，确定非食物贫困线。从 1995 年开始，根据食品消费支出函数回归模型来客观计算低收入人群的非食物消费支出，同时考虑不同地区人们的消费习惯、家庭结构、生产结构等因素对居民消费支出、食品支出的影响。最后，把两者加总构成贫困标准，以后各年随着经济发展水平的提高，对贫困线作适当调整。这种识别贫困的方法是按照家户为计量单位的，假定家户中每个男性和女性的受益水平/消费支出都是相等的，掩盖了家庭内部男性和女性成员在资源所得、食物分配、资产所有、健康支出、个人消费方面的性别差异。2100 卡路里是一个“一般的”男性所需要的生物学标准，没有体现出男女两性的营养需求特点和差异。除了贫困线这个简单易行的指标外，其他有关贫困的测度或指标，如农村贫困人口数量、流动农民工数量、农村人均收入、农民土地被征收等统计中往往只有宏观总量数据，少有按社会性别分类的数据，农村贫困资料收集中的社会性别特征非常微弱。

1997 年《人类发展报告》以“人类贫困”替代“收入贫困”，用生命（最欠发达国家中超过 30% 的人不能活到 40 岁以上）、基础教育（以成年人的文盲数量衡量）和全部经济供应（由没有得到健康服务和安全饮用水的人口比例加上 5 岁以下体重不足的儿童的比例衡量）三个指标共同识别贫困群体。但它同样对贫困的社会性别差异缺乏敏感性，把男女视为寿命（健康）相同、文盲数量相等、获取公共服务都一样。2010 年《人类发展报告》中使用十个多维指标识别贫困：财产、屋内地面、电、饮用水、厕所、做饭用燃料、儿童入学率、受教育年限、儿童死亡率、营养等，这里包含了儿童但没有显示出男女两性在各个指标中是否存在差异。该报告新增“性别不平等指数”，包括三个维度五个指标：劳动力市场的参与（劳动参与率）、赋权（受教育程度、议会席位中女性代表的比例）、生殖健康（未成年人死亡率、孕产妇死亡率），成为目前全球性别平等测量的一个重大进展，是继“性别发展指数”“性别权力指数”之后对人类发展指数忽视男女两性在发展过程中存在的性别差异化的一种弥补。[8]

国内对农村贫困的研究基本借鉴了联合国的分类识别方法。如，胡鞍钢等以文盲人口数/文盲率、小学人口数/小学人口比例考察青海省 1978 ~ 2007 年的教育贫困状况；[9]陈立中在测度 1990 ~ 2003 年间中国的贫困状态时使用收入（实际人均 GDP）、知识（成人识字率）和健康（出生时预期寿命）三个统计指标；[10]王小林选择了住房、饮用水、卫生设施、电、资产、土地、教育和健康保险八个指标评估中国城市和农村家庭的贫困状态；[11]徐月宾等以家庭全职劳动力数量、未成年人数、在校学生数、65 岁以上老人数量、家庭成员是否有残疾、家庭成员最高教育水平、家庭劳动力负担系数来区分农村贫困家庭的特征；[12]李小云等确定三类八个指标作为贫困村的统计指标，虽然指标中涉及妇女群体，但仅仅是在卫生教育方面，在生活状况指标（人均年粮食产量、人均年现金收入、不安全住房农户的比重）、生产和生活条件指标（人畜饮水条件、通电率、自然村通路率）中，基本都是按照人均核算。[13]2004 年《中国农村贫困监测报告》中，农村贫困状况的统计指标是：贫困人口规模与分布、收入和消费、生产经营和家庭财产、劳动力就业与儿童入学、社区环境等共计九大类指标。

从总体看，目前选择的贫困统计指标及相关数据大都是按照家庭/户或人均水平而不是按照男女性别分类赋值，假定家庭内部资源性别分配均等、贫困分布均等、贫困人口均质，假定家庭成员间不存在等级、优次之分，不考察家庭内个体成员的实际可支配收入/资源是高于贫困线还是低于贫困线，体现为理想化的“男女都一样”的平等精神而无视家庭内的男女两性的贫困差异。

四、农村扶贫减贫政策的社会性别中立

《中国农村扶贫开发纲要（2001 ~ 2010 年）》实施阶段，农村贫困人口由 2000 年的 9422 万下降至 2010 年的 2688 万，贫困人口年均减少 673 万，年均下降 11.8%。十年来，共有 6734 万人实现脱贫，贫困发生率从 10.2% 下降到 2.8%。[14]但是，该纲要中，扶贫开发对象瞄准“贫困地区尚未解决温饱的贫困人口，按照集中连片的原则把贫困人口集中的中西部少数民族地区、革命老区、

边疆地区和特困地区作为扶贫开发的重点”。对贫困群体的分类是根据人口总量、地区总量等宏观变量进行整体划片，并没有对他们进行男女性别区分，或者按照年龄、家庭、鳏寡老幼等微观变量划分，基本上是一种社会性别中立的扶贫方式。

1995年以来，中国政府扶贫开发政策越来越关注妇女参与扶贫并从反贫困中受益，《国家八七扶贫攻坚计划（1994~2000年）》提出的鼓励妇女参与脱贫的政策措施是：妇联组织要动员贫困地区妇女积极参与“双学双比”竞赛活动，搞好家庭副业，办好庭园经济；发展劳动密集型和适合妇女特点的扶贫项目；组织妇女学习实用技术，提高脱贫致富的能力；配合教育部门扫除文盲；配合劳动部门组织妇女的劳务输出。八七扶贫攻坚计划对农村脱贫产生了积极影响，计划实施阶段农民人均纯收入年均增长率12.8%，按照一天一美元的消费标准，贫困人口以年均7.8%的速度减少，农村产妇的死亡率由1990年的100/万人下降到2000年的70/万人，但由于农村贫困妇女没有积极参与到资金分配、项目确认和项目评估中，扶贫资金的到村率和到户率极低。[15]国务院扶贫办从2001年开始采取参与式村级扶贫规划，强调妇女的参与。中央和地方政府、全国妇联、中国人口基金会及其他社会组织分别设立了针对妇女的专项扶贫项目，如“春蕾计划”“母亲水窖”“阳光工程”“巾帼扶贫行动”“幸福工程”“母亲安居工程”“母亲小额循环”“农家女文化发展中心”等，通过开展实用技术培训、小额贷款、劳务输出、结对帮扶、妇女保健、女童助学等方式，支持贫困地区的发展，帮助大批农村妇女走出了困境。

2003年国家统计局开始使用分性别指标，在农村贫困监测报告中把“性别平等”列入扶贫项目评估的一个方面，如，妇女劳动力文盲率和受教育程度、妇女从事劳动时间比重、妇女外出务工劳动力比重和收入水平、7~15岁女童在校率、妇女在社区中担任社会职务的比重等指标被纳入贫困监测指标体系，逐步启动了按照社会性别分类统计的贫困测度方法。2011年的《中国农村贫困监测报告》中，男女平等、性别平等成为评估农村贫困的标准之一，社会性别意识逐渐受到关注，但该报告尚无完整系统的性别平等指数。有的地区启动了“参与式性别预算”，从社会性别视角审议与监督政府的财政预算，内容包括针对女性的专项预算支出、与女性关系更密切的预算支出，以及一般性的预算支出。2003年开始实施的《中华人民共和国农村土地承包法》包含了保护妇女土地权益的条款，以遏制妇女由于土地资源的丧失而造成的贫困。《中国农村扶贫开发纲要（2011~2020年）》把少数民族、妇女儿童和残疾人作为扶贫的重点群体，在同等条件下优先安排。这些研究成果和决策为寻求社会性别主流化的农村扶贫减贫机制创造了积极条件，农村扶贫重点县的女性贫困率由2002年的24.2%下降到2010年的9.8%，但仍然比男性高0.4个百分点，农村妇女的贫困程度比男性严峻仍然是一个不争的事实。[16]

五、结论

市场经济转型在不触动父权制结构、不破坏男权文化的前提下，提倡妇女争取“男女平等”的结果是：默认男性的优越感，以“妇女解放”幻象抹杀男女在生产劳动中的社会性别差异，淹没、侵蚀着农村妇女的社会权益、经济利益、个体利益，把她们推向更弱势化、边缘化的贫困状态。

本文主要尝试回答这样两个问题：第一，当前农村妇女的贫困是否是经济转型的负外部性结果？市场经济的灵魂是自由选择和公平竞争，它有着充分配置资源的优势，但它是一个追求利益最大化的逐利工具，对农村妇女等社会弱势群体没有自然的内在保护与支持。市场—价格机制往往把情感、意志、权利、能力等非经济变量排除出经济系统，简单假设经济人遵循成本收益核算，把商品市场的比较优势原则套用到家庭内部的专业化分工中，阻碍了农村妇女的发展。由于初始条件的不平等，农村妇女不仅很难通过市场经济的自由竞争取得平等的权利和机会，而且在全球经济一体化潮流下，被资本主义、市场机制及男性文化的势力所撕裂。农村妇女失去土地或被拐卖、遗弃、轻视等境遇，在国家权力、资本权力和市场力量的合力之下得到加强，使其贫困深深打上了经济转型的烙印。[17]

第二，贫困具有一张女性面孔，但在我国农村贫困研究、农村扶贫减贫战略中为什么女性面孔比较模糊？长期以来我国把“男女平等”作为一项基本国策，但对如何实现平等、平等的标准等具体问题缺乏集体反思，在扶贫减贫战略实施中社会性别意识淡漠。“男女平等”与“社会性别”相比，“男女平等”更关注的是结果而不是过程；“社会性别”注重实现平等的手段和过程，强调发现既存社会制度对男女两性的不同影响，强调用怎样的方法和手段解决这些问题。“男女平等”容易使人机械地理解“男女都一样”，从而又造成新的不平等；“社会性别”不仅是一个概念、一个分析范畴，更是一个视角和工具。社会性别主流化是在承认和尊重男女差异的基础上找到发展途径，从而实现性别平等。

社会性别不仅是指建立在生理基础上的性别差异，更强调社会和文化对于男人和女人角色的期待、规范和要求，这些规范和要求通过社会场域和机制演化成两性在扮演各种角色时所能够拥有的资源与机会、实现的权利，最终形成两性之间的社会关系和社会地位。社会性别主流化并非是在现存的行动中加入“妇女成分”或“两性平等成分”，也非仅限于提高妇女的参与度，它是要把男女双方的经验、知识和利益应用于发展议程，评估所有政策及发展项目对两性不同的影响，了解男女在决策及社会资源运用方面的差别。市场经济转型过程中由于缺乏社会性别的敏感性，忽视在面对风险时妇女比男性更脆弱的特点，不仅减缓了农村妇女脱贫进度及整个农村的反贫困进程，更弱化了农村妇女的整体利益。[18]

参考文献

［1］国家统计局．中国农村贫困监测报告 2011［R］．北京：中国统计出版社，2012.

［2］2011 年我国农民工调查监测报告［EB/OL］．国家统计局官网，http：//www. stats. gov. cn/tjfx/fxbg/t20120427_402801903. htm，2012－04－27.

［3］我国年均消失 9 万个自然村落［EB/OL］．凤凰网，http：//culture. ifeng. com/gundong/detail_2012_06/07/15102767_0. shtml?_from_ralated，2012－06－07.

［4］农村失地妇女土地及相关权益状况调查报告［EB/OL］．中华全国妇女联合会官网，http：//www. women. org. cn/allnews/25/17502. html，2010－08－30.

［5］男工逐渐受宠，数量看齐女工［EB/OL］．人民网，http：//www. people. com. cn/h/2012/0211/c25408－2378819302. html，2012－02－11.

［6］新生代农民工的数量、结构和特点［EB/OL］．国家统计局官网，http：//www. stats. gov. cn/tjfx/fxbg/t20110310_402710032. htm，2011－03－10.

［7］王爱君．农村女性贫困：基于城市增长的解释［J］．山东女子学院学报，2013（3）.

［8］2010 人类发展报告［EB/OL］．联合国官网，http：//www. un. org/zh/development/hdr/2010/.

［9］胡鞍钢，童旭光，诸丹丹．四类贫困的测量：以青海省减贫为例［J］．湖南社会科学，2009（5）.

［10］陈立中．转型时期我国多维度贫困测算及其分解［J］．经济评论，2008（5）.

［11］王小林．中国多维贫困测量：估计和政策含义［J］．中国农村经济，2009（12）.

［12］徐月宾，刘凤勤，张秀兰．中国农村反贫困政策的反思——从社会救助向社会保护转变［J］．中国社会科学，2007（3）.

［13］李小云，李周，等．参与式贫困指数的开发与验证［J］．中国农村经济，2005（5）.

［14］2010 年我国农村贫困人口 2688 万［EB/OL］．国家统计局官网，http：//www. stats. gov. cn/was40/reldetail. jsp？docid＝402710030，2011－03－11.

［15］汪三贵，李周，任燕顺．中国的八七扶贫攻坚计划：国家战略及其影响［EB/OL］．2004 年“上海扶贫大会——大规模减贫”研究报告，http：//www. doc88. com/p－209832276094. html.

［16］吴小英．市场化背景下性别话语的转型［J］．中国社会科学，2009（2）.

［17］郑广怀．社会转型与个体痛楚——评《中国制造：全球化工厂下的女工》［J］．社会学研究，2007（2）.

［18］王爱君．农村改革政策与妇女贫困：一种社会性别主流化视角［J］．中南财经政法大学学报，2013（3）.

（原载《中华女子学院学报》2013 年第 4 期）

农村改革政策与妇女贫困*

——一种社会性别主流化视角

一、引言及文献综述

改革开放以来，我国农村经济生活发生了巨大变化，农村贫困人口从1978年的2.5亿减少到2010年的2688万，贫困发生率从30.7%下降到2.8%[1](11~12)。虽然对贫困人口的分性别统计数据非常有限，但随着大量青壮年劳动力外出打工，妇女、儿童和老人滞留农村，农村生产活动日益女性化是不争的事实。与男性相比，农村妇女无论是在农村劳作或城市打工普遍处于收入和生活水平低、就业难度大、文化程度低、营养健康状况不良、家务劳动繁重、社会权利缺失和政治参与程度低等状态，这些现象究竟是她们贫困的原因还是贫困的结果呢？与此类似的问题还包括：为什么农业生产活动日趋女性化，但农村“重男轻女”的思想依然浓厚？计划生育政策是否加重农村妇女反贫困的难度？家庭联产承包责任制是农村妇女利益的回归还是剥夺？

关于妇女贫困问题，国外的女权主义者、女性主义经济学者从社会学、经济学、政治学等领域分别进行了比较广泛的研究。经济资源获取、劳动力市场参与、接受教育培训、社会政治、文化环境和家务劳动分配等方面存在的性别差异，是妇女贫困的主要原因[2]。国际金融危机与全球经济一体化、气候变化与自然灾害、国际政治动荡、宗教与种族矛盾、艾滋病等传染性疾病、早孕早育与堕胎等，会进一步恶化女性（特别是发展中国家广大妇女尤其是农村妇女）的生存与发展环境[3]。与中国农村贫困相关的研究，主要是从农村减贫、扶贫进程、亲贫式增长和“三农”方面探讨，农村妇女贫困基本隶属于农民工流动、农村土地

---

* 基金项目：国家社会科学基金一般项目“经济转型对农村妇女减贫脱贫的影响研究”（12BJY090）；教育部人文社会科学研究规划基金项目“市场经济转型对中国农村女性贫困的影响和作用”（10YJA790177）。

流转与权益保障、农村家庭“留守”、农村人口与发展、农村养老保障等问题研究中。

国内文献关于中国农村妇女贫困主要原因在于：（1）传统的从夫居、父权制、不平等社会性别关系等，使农村妇女在公共资源和家庭资源分配中被“边缘化”，农村资源占有的性别不平等加剧资产占有弱势者（女性）的贫困，而贫困又使得本来匮乏的资产偏向优势者（男性）。农村妇女的贫困不仅限制女性自身发展创造能力，更弱化她们对子女的早期喂养能力与教育能力，抑制其子女未来社会竞争力、自我提升能力，特别使后辈女性在贫困的代际传承中继续遭受贫苦[4]。（2）传统的家庭性别劳动分工模式、家庭无偿照护者角色身份，约束了农村妇女的收入和能力发展，在家庭结构出现缺损时为维系家庭功能的基本完整而必须付出牺牲和代价。当婚姻关系终结、家庭解体时，夫家的房屋、土地、家庭财产及其他资产也随之失去，妇女往往成为一无所有者[5]。（3）农村经济环境和政策环境约束、社会支持不足所产生的积累效应，使农村妇女受到国家扶贫干预的影响极小，妇女对扶贫项目的了解程度和通过公开途径知晓公共救助的比重显著弱于男性。农村妇女文化素质低、思想观念陈旧、权益组织能力薄弱、缺乏争取自身权利利益和参与公共事务的主动性等也导致她们处于贫困状态[6]。（4）农村生态环境脆弱、自然生存条件恶劣、水资源的贫乏以及医疗条件匮乏，加重农村妇女的健康威胁和疾病发生率，遏制她们生活环境条件的改善[7]。以“母亲水窖”“幸福工程”项目为依托对农村妇女实施系列资助在一定程度上缓解了她们的艰难，但总体生态环境的恶化抑制了农村妇女生活条件改善。

1995 年北京举行的联合国第四届世界妇女大会《行动纲领》明确提出，把“社会性别主流化”（gender main streaming）作为促进社会性别平等的全球战略，要求各国将社会性别平等作为一项重要的政策指引，将社会性别观点纳入社会发展各领域的主流。1997 年联合国经济及社会理事会正式定义“社会性别主流化”为“在各个领域和各个层面上评估所有有计划的行动（包括立法、政策、方案）对男女双方的不同含义。作为一种策略方法，它使男女双方的关注和经验成为设计、实施、监督和评判政治、经济和社会领域所有政策方案的有机组成部分，从而使男女双方受益均等，不再有不平等发生。纳入主流的最终目标是实现男女平等”。“把性别问题纳入主流是一个过程，它对任何领域各个层面上的任何一个计划行动，包括立法、政策或项目计划对妇女和男人产生的影响进行分析。”当男女有一方处在极其不利的位置时，主流化就会成为有性别区分的活动和平等权利行动。“有性别区分的干预对象可以全部是女性，或男女都有，或全部是男性，使他们有能力参与发展活动，并从中获益”[8]。主流化的基本原则是：为监督过程建立充分的责任体系，一切工作部门的事宜和问题首先应该是寻找出性别差异；应该开展性别分析，而不是把从两性平等角度出发事宜和问题都判断为中立的；在各个层次的决策制定中都要努力拓宽妇女的参与面；但主流化并非取代专门针对妇女的政策项目和具有积极意义的立法需求，也不是废除对协调机构和妇女事务单位的需求。与“妇女”一词相比，“社会性别”涵盖了两性的角色、需求、地位及相互关系，更有利于帮助农村妇女摆脱贫困、扭转妇女经济社会地位边缘化状态，实现妇女由边缘走向主流，最终达到社会性别平等。本文试图从社会性别主流化视角探讨农村经济改革政策是否导致部分农村妇女愈发贫困的现实。

二、家庭承包制是否模糊了社会性别差异?

农民生计存在广泛的高度不确定性，包括气候变化、瘟疫、疾病等自然风险给农业造成不可预期的灾害，农业的信息不完全与市场不完善引起的产品价格不稳定性，经济资源控制权的变动所造成的社会不确定性（如土地使用权的变更），法律权益和社会保障的不健全等，常常把农民置于生存与饿殍之间，规避风险是农民特别是贫困农民家庭的本能反应。费孝通曾说：“中国乡土社会中，一直到现在，最有力的动机是‘创立家业’。在一场天灾人祸不断的生活中，安全是主要的企求”[9](358)。在面对行为目标、限制条件和市场条件，利润最大化行为决策仍然是农民的最优选择。

家庭承包制是农户以家庭为单位向集体组织承包土地等生产资料和生产任务的农业生产责任形式，是土地所有权与使用权相互分离的新的土地制度，被俗称为“大包干”，其核心就是“包”字，包土地、包利益分配、一切都“包干到户”。这种大包干的自负盈亏生产模式，把过去由农村集体组织承担的责任和风险，随同土地使用权一并转移给农民家庭独立承担，农户既拥有土地的生产经营权和剩余索取权，也是农业生产风险的直接承担者。因此，实行家庭承包制后，在微观生产水平上实现家庭财富最大化、风险最小化，成为全国农户的共同追求目标，实现这一目标的方式是青壮年劳力主动把农民身份转型为城市化群体，把计划经济时期由男女两性共同分担的农业生产任务全部留给在乡村的妇女。

但是，农村妇女并没有因为担负起农业生产的重任而减少她们原有“主内”角色所承担的家务劳动。操劳四季农业生产劳动、照顾未成年子女、赡养年迈父母、忍受夫妻长期分离和经济收入入不敷出等多重压力同时叠加在妇女身上，她们不得不挑起原本由两幅肩膀分担的责任田和家庭重担。截至2011年底，全国大约有0.5亿妇女留守乡村，她们占中国农村劳动力的60%以上，是当前农业生产、农村经济活动的主力军。她们拥有完整的家庭，却常年过着“牛郎织女”的生活；她们收起女性的柔弱和矜持，餐风沐雨干着本该是男人干的重活。从“半边天”到家里的“顶梁柱”，品味着艰辛、充满着期盼。劳动强度高、精神负担重、生活压力大，是压在留守妇女头上的“三座大山”。跨城乡的“男工女耕”性别分工限制了农村女性与男性劳动的可替换性，女性的农业生产活动在一定程度上被“内”化为不挣钱的家务劳动，男女两性的收入差距在经济改革后也就日趋加大。1999 年农村女性的收入是男性的 59.6%，比 1990 年扩大了 21.8%。2010 年的农村在业女性的年均劳动收入仅为男性的 56.0%，比 1990 年则扩大了 25.4%，农村老年妇女的年均收入为同地域男性的 51.8%，比 1999 年的收入差距进一步扩大①。与男性相比，改革之后的农村妇女社会地位与收入水平并没有随着劳动强度的增强和家庭贡献加大而同比上升。

舒尔茨在 20 世纪 60 年代指出，发展中国家的传统农民不是愚昧落后的而是理性的，几千年的传统农业生产造就、延续了农民对资源、要素的合理有效配置，“在传统农业中，生产要素配置效率低下的情况是比较少见的”，“大部分贫穷农业社会在要素配置方面很少有什么明显的低效率”[10](24~41)。新家庭经济学认为，男女之间的劳动分工是用家庭福利最大化时的静态比较优势解释的，每个家庭成员专门负责比其他成员更有效率完成的任务，当男性与女性在农业生产上的效率同样高，但男性在市场上获得的工资比女性高，也比男性农业劳动的边际产品高，男性外出务工女性留守农家是最优决策。中国农民把“男主外女主内”的分工模式由私人家庭领域推向农业生产公共领域，是面对农村经济改革在既有技术水平下对劳动要素的合理配置，这种资源配置方式促进了农民家庭收入的提升②，但是，它使女性从农业向工业转移步伐滞后于男性。

家庭承包制中土地所有权属于农村集体和国家，事实上它赋予农户的是对土地的农业耕作权，而不包括工业使用权等其他权利，土地所有权的共有性导致其产权的残缺和不明晰。当土地从农业用途转型为其他用途时，农民就失去了承包土地的机会，土地征收后农民特别是妇女的境况愈益糟糕。各级政府的征地撤村、村庄合并或撤镇建街的城市化建设加剧了对土地扩张的需求，2008 年全国耕地面积比 2000 年减少了近 1 亿亩，2000 ~ 2010 年平均每年有 9 万个村落在中国行政版图上消失③。在农地征用过程中，政府身兼三职：一是政府制定征地标

---

① 根据 2010 年全国妇联与国家统计局发布的“第三期中国妇女社会地位调查主要数据报告”、各省（市）妇联与省（市）统计局联合发布的本省（市）“第三期妇女社会地位调查主要数据报告”整理。

② 根据《中国统计年鉴》（1996 ~ 2011 年），1978 年农村人均纯收入 133.57 元，1990 年为 686.31 元，2010 年达到 5919.01 元。但是没有农村妇女人均年收入增长趋势的具体数据，数据的有限也正好吻合了本文的论点“‘社会性别’意识的整体淡漠”，反映出农村妇女贫困的研究具有广阔空间。

③ 根据国家统计局公布的数据，2000 年全国耕地面积 12824.3 万公顷，2008 年是 12171.6 万公顷，比 2000 年减少 652.7 万公顷，按照 1 公顷 = 15 亩换算，即减少 97905000 亩耕地，接近 1 亿亩的数字。详见：国家统计局官网．全国历年土地利用情况（2000 ~ 2008 年）. http：//www. stats. gov. cn/tjsj/qtsj/hjtjzl/hjtjsj2010/t20111228_402788780. htm。

准；二是政府亲自与农民交易；三是政府运用国家机器强制执行合同。对于政府的征地要求、土地补偿标准以及失地后的生存安置问题，农民没有讨价还价的机会和能力。2010 年因征用流转等原因失去土地的农村妇女占 27.9%，比 2000 年增加了 11.8 个百分点，农村妇女无土地的比例高于男性 9.1 个百分点①。失地后只有 12.67% 的妇女收入增加，43.63% 的妇女失地后的收入减少，24.9% 对失地后的补偿安置措施表示“不满意”，49.1% 认为“政府没有很好地安置，转为城镇居民后，没有收入来源”，失地后家庭收入降低、挣钱更难，只能依靠丈夫打工的微薄收入维持家庭运转。因政府征地失去土地的农村妇女中有 63.1% 未获得任何安置④，成为“种田无地、就业无岗”、“无土地、无财产、无房屋、无工作保障”、“一无所有”的“农转非”者。而城市人口的规模、密度、异质性导致了城市独特的、有别于乡村的生活方式，在被迫的职业转移和市场竞争中，失地妇女被斥为文化水平低、家庭负担重、劳动技能低、技术接受能力低的“劣质”劳动者，沦为城市最廉价劳动力、临时工、保姆和自雇者等，从事着“苦、脏、累、险”的高强度低收入工作，忍受着城乡差别和性别差异的双重歧视。

农村妇女的贫困和艰辛在“制造城里人”过程中被湮没，成为城市扩张的隐性牺牲者。孟德拉斯曾说：“农民的土地恋是文学经常重复的主题，它不会轻易地屈从于社会学的和心理学的分析。所有农业文明都赋予土地一种崇高价值，从不把土地视为一种类似其他物品的财产。”[11](51) 土地寄寓了农民一种特殊情感和价值，即便是在农业劳动者以理性的和经济的方式对待土地，依然对土地保持着深厚情感。虽然有 16.0% 的失地妇女转为城镇居民，但 56.8% 的失地妇女不愿转成城镇居民，拒绝被动城市化。年龄在 36 ~ 51 岁的妇女失地后长期找不到工作，生活的不如意并非来自自愿选择，被动剥夺感使她们陷入对未来的渺茫和焦虑中[12]。已失去传统农民身份但心理上又不认同是现代城市市民，被迫纠结于“我是谁?”的迷失。失地妇女的年龄越大，她们对城市的自我认同感越弱，对乡土生活习俗、生活方式乃至社会交往与社会支持等越眷恋，社会记忆比较长久地停留在以往农村社会生活的场景之中。

当传统随父（夫）居的社会规范在经济改革中被继续维持着，以家庭为核算单位的土地承包制的被解读为妇女土地权利附属于家庭（或婚姻）关系，而不是与男性平等地共享土地分配权。计划经济时期，集体所有制能够基本保证已婚妇

① 根据全国妇联“农村失地妇女土地及相关权益状况调查”报告（2010），在被抽样调查的湖南、陕西、广东、江苏、浙江 5 省共 10 县 10 村的 3000 个农户家庭中，77.7% 的被调查妇女全部失去土地，因承包地全部被征而失地的村民中，女性比例高达 58.9%。没有获得土地补偿款的失地妇女占 23.9%，这个数据与“第三期中国妇女社会地位调查主要数据报告”中的数据有出入。这一方面表明，失地妇女的真实数据需要做进一步的深入调查，但都显示失地妇女的比例非常高、失地妇女人数比例高于男性、获得补偿的比例低于男性，而历年的《中国农村贫困监测报告》中未见有与失地和征地相关的具体数据。

女在婆家所属村集体中获得土地耕种机会，离婚不离村的妇女也继续保有土地的使用权，再婚后的妇女在再婚夫家获得新的土地耕种权，婚姻的变动只导致家庭关系的改变，但不带来土地使用权的缺失。在土地承包中妇女与男子享有同样权利，但政策执行中存在侵犯妇女利益的行为。承包制按照家庭为单位分配土地而不触及家庭内部资源的性别配置，对土地的分配是刚性的"减员不减地、增员不增地"。年轻女性成年出嫁后，原来承包的娘家土地被收回，但婆家不一定能够重新获得土地，离婚妇女离开夫家的同时也被迫放弃在夫家耕种的土地，而原来在娘家耕种的土地也早已另归他人，最终沦为无地者。2010 年因婚姻变动（含结婚、再婚、离婚、丧偶）而失去土地妇女占失地妇女的 27.7%，而男性仅为 3.7%[13]。尽管法律规定"妇女在农村土地承包经营、集体经济组织收益分配、土地征收或者征用补偿费使用以及宅基地使用等方面，享有与男子平等的权利"；"任何组织和个人不得以妇女未婚、结婚、离婚、丧偶等为由，侵害妇女在农村集体经济组织中的各项权益"[14]。但是，以家庭为单位的土地分配政策在村规民约的男权中心主义维护下，反而以家庭利益替代妇女利益，把妇女个体推向更边缘化境地。对这部分妇女而言，土地是抵御生存风险的最后屏障，失去土地就是失去赖以生存的根本。承包制一方面创造着农业总生产率的大幅提升和农业经济"红利"，一方面扮演着农村妇女摆脱贫困、追求所谓男女平等的"紧箍咒"，妇女的权利、地位等主体需求以及男女社会性别差异在经济改革效益最大化追求中被彻底模糊掉。

三、人口控制政策是否弱化农村妇女的权益?

尽管婚姻的法定行为先于生孩子，但在农村，生孩子的期望先于婚姻，缔结婚姻的主要目的是为了传宗接代，完成"香火"绵续功能，生育男孩是我国传统农民精神上的最大满足，"男孩偏好"成为一种"制度化的社会价值取向"。

全国多数省份农村地区推行的"一孩半"人口政策本意是体恤民情，照顾有女户家庭劳动力欠缺等实际问题，但其本身暗含"重男轻女"的社会性别不平等思想，其直接目的就是鼓励一胎是女孩的家庭争取第二胎生男孩，因为第一胎是男孩的严禁生育第二胎。这一政策被解读的直接含义就是从制度上肯定男孩比女孩好、比女孩强，间接含义是有女孩家庭可以多生。因此，第一胎是女孩的农村家庭在生第二胎的时候，往往会出现选择性堕胎的现象，特别是贫困地区。虽然我国法律禁止进行胎儿性别鉴定，但在乡镇、县城等医疗机构，通过托熟人关系等方式确定胎儿性别并不难。如果第二胎是女孩的，有的家庭还会违规生育第三胎。强烈的"男孩偏好"与过于狭小的生育选择空间形成的冲突，使农民因无法选择劳动力数量而转向选择劳动力质量（以男性优于女性），采取堕胎、弃婴或离婚后再婚再生育等方式保证生养男孩在农村是普遍的现象。

1982 年第三次全国人口普查结果中出生性别比是 108.5，1990 年该值是 111.3，2000 年上升为 116.9，2009 年达到 119.45，2011 年略有下降为 117.78[15](1)。“一孩半政策”从“概率统计路径”和“性别选择路径”两方面导致性别比的升高。从统计路径看，该政策限制了生育女孩概率相对更大的人生育第二孩，而允许生育女孩概率相对更小的人生育第二孩，二孩及以上出生性别比升高是导致总体出生性别比升高的最大推力，与“二孩政策”相比，“一孩半”政策地区出生性别比更高，婴幼儿死亡性别比失衡程度也最为严重；从选择路径看，孩子数量的严格限制强化了农村人的男孩偏好，在性别鉴定可获得时人们会通过现代技术选择婴儿性别。性别比与孩次存在高度的正相关关系，并不是偶然的结果，它与现行的计划生育政策有明显的因果关系。“一孩”和“二孩”政策是直接从子女数量上进行人口控制，而“一孩半”政策是用性别选择调控人口，起着默认、纵容和强化“男孩偏好”的作用，出现与其初衷相悖的后果。

在计划生育政策的推波助澜下，经济发展未能改变人们“重男轻女”思想反而成为维持并巩固“男尊女卑”的工具。农村妇女的个体价值不是由其个人品格、性情、知识智慧、处事能力或劳动生产能力、社会财富创造力决定，而是由其所生育子女的性别决定。子女性别成为决定着她们在族群邻里社区的人际关系、人格尊严和身份地位的关键变量。按照男尊女卑的阶层等级次序，只有生育男孩妇女的社会地位才能获得基本认可，被尊敬为对家庭、乡村有贡献，生育女孩就意味着是创造“劣质品”而要受到等级降次的人格责罚。即使妇女本人对子女的性别没有偏好，但个体力量终究无法抗衡集体势力的偏颇，一部分妇女（婆婆）充当着家庭内“男尊女卑”的重要实践者，左右着另一部分妇女（儿媳妇）在家庭内的等级位置。为摆脱生女孩的宿命，已婚妇女不得不以健康或生命为代价从现代医学技术中寻找自我解救之策。女婴的生命权在出生前用性别鉴定方式被剥夺，出生后的女婴因其性别“劣势”遭受溺杀或遗弃，成长中的女童被遗弃或转卖，或者辍学打工失去良好的教育机会；成年女性为了怀孕生男必须承受严重的心理压力，遭受被迫终止妊娠的身心伤害；无男孩的妇女不得不忍受被瞧不起、被歧视、遭受家暴，甚至被迫离婚而失去家庭、土地等生活基本保障；老年无子妇女因收入低下遭受老无所养的境遇。女性的权利贫困、能力贫困从出生时起，就在集体无意识间被忽略，且被贯穿于工作年龄并持续到老年阶段。这是男权文化主导的传统社会规范与人口控制政策合谋下，对女性个体权益的剥夺和排斥。

出生性别比不均衡的另一直接后果是适婚年龄段的男性总供给量大于女性。一般地，人们认为在婚姻市场中处于短缺的一方将拥有更高的经济地位和更多资源，处于过剩的一方则相对弱势，男性过剩有助于女性地位的提升、婚姻的稳定和对下一代的投资。但在女性地位边缘化趋势下，期盼优质婚姻改变底层命运是许多妇女的唯一选择，传统“男高女低”婚配模式不仅未减弱反而遭到进一步强化，农村贫困地区大量的适婚年龄男性被挤出正常婚姻市场，出现男多女少的供需不均衡状态。对这种不均衡的“调节”成为不法商人获取利润的商机，如农村妇女被拐卖、遭受性侵犯、强制婚姻、色情业、感染艾滋病以及女性被物化、商品化等成为不法商人牟利工具，社会性别的非均衡增长引致的负外部性率先由穷困偏远的农村妇女承担。人口控制政策把妇女从“传宗接代”的工具中释放出来，但政策缺乏前瞻性使农村女性的生存地位日趋弱势化。反过来，农村妇女社会处境的“沉降”刺激着更强烈的“喜男不喜女”社会偏好，进一步恶化着女性的社会经济地位和生存环境，如同纳克斯（R. Nurkse）所言：“穷是因为穷。”

以家庭为核算单位的自负盈亏生产承包制，需要农民家庭的所有行为决策都围绕家庭总效益最40大化这一目标而实施，包括家庭内的生育行为。在市场经济比较优势原理和“男女都一样”主导下，男性劳力的竞争力、获得收入和财富的创造力高于女性，农村家庭（家族）的声誉和评价需要依靠男性维持，历史和制度因素使性别在中国被当成一种资源，拥有男性就是拥有优势资源。于是，农村女孩辍学打工资助兄弟上学、娶亲、补贴家用、赡养父母成为改革开放后农村的一种新的赡养伦理，但女儿一般不具有继承父母财产、妇女只能通过与男性建立婚姻或血缘关系去获得房屋和土地等资产分配模式未曾动摇。农村妇女在失去计划经济的全民低福利保障之后，在家庭资源稀缺和消费主义膨胀的环境下成为家庭资源分配中的牺牲者和奉献者。市场经济转型不仅没有弱化男性享有的普遍尊贵权和优先权，反而在“一切以经济建设为中心”语境下、在“优胜劣汰”法则下被强化，女性在市场自由选择中并没有获得与男性真正公平竞争的平台，而是在能力竞争中遭受更多的挫败，无疑计划生育政策在其中起着“面纱”作用。

四、结论

农村改革政策忽视社会性别的后果是偏向男性，降低女性地位，在提高男性的社会独立性的同时降低女性的社会独立性。家庭承包制和计划生育政策表面的出发点是国家、社会、家庭整体利益，但暗含的是两性不平等的发展权利，它鼓励男性优先分享改革发展进程中的利益，鼓励男性个人的发展并将它与家庭利益一致起来，贬抑女性的个人发展并将之与家庭的利益对立起来[16]。经济改革使农村妇女从传统家庭与宗族的附属品转化为集体与国家的工具，从一种被支配状态进入另一种被支配状态，妇女个体的利益、个体独立能力在改革过程中被国家利益、集体利益或家庭利益所替代或埋没。在义务平等的主流推动下，妇女对个人自由的追求受到整体利益的约束，即使通过自身的艰苦努力奋斗也很难改变底层低端生活境况。农村女性特别是已婚妇女并不遵循新古典主义市场机制的理性、利己原则，而是奉行家庭利他主义精神，把为其他家庭成员的付出、奉献和牺牲及女性权利的放弃，视为妇女福利最大化的占优策略。在“自负盈亏、自担风险”规则下，这种由传统社会规范和经济改革战略共同作用下的行为，忽略了妇女是贫困家庭中最贫困者、贫困具有社会性别差异的现实。

社会性别主流化要求把男女双方的经验、知识和利益应用于发展议程，评估所有政策及发展项目对两性不同的影响，了解在决策及社会资源运用方面的男女性别差异。社会性别平等并不意味着女性和男性必须是完全一模一样，而是他（她）们在机会、权利、责任、义务、资源、待遇和评价方面平等。农村改革政策由于缺乏社会性别敏感特征，忽视了在面对风险时妇女比男性更脆弱的特点，在追求国家整体利益最大化过程中对妇女利益的挤压，延滞了农村妇女脱贫进度及整个农村的反贫困进程。建设社会主义新农村，促进城乡一体化建设，构建农村新发展之路，制定农业发展政策和反贫困政策，应寻求男女两性之间的权利与责任平等而不仅仅是帮扶妇女提高劳动参与度和收入水平等。

参考文献

[1] 国家统计局．中国农村贫困监测报告（2011）[M]．北京：中国统计出版社，2012.

[2] Emily Hannum. Market Transition, Educational Disparities, and Family Strategies in Rural China: New Evidence on Gender Stratification and Development [J]. Demography, 2005, 42 (2): 275 – 299.

[3] Lynne M. Casper, Sara S. McLanahan, Irwin Garfinkel. The Gender – Poverty Gap: What We Can Learn from Other Countries [J]. American Sociological Review, 1994, 59 (4): 594 – 605.

[4] 王爱君．女性贫困、代际传递与和谐增长 [J]．财经科学，2009（6）：47 – 54.

[5] 金一虹．流动的父权：流动农民家庭的变迁 [J]．中国社会科学，2010（4）：151 – 165.

[6] 杨善华、柳莉．日常生活政治化与农村妇女的公共参与 [J]．中国社会科学，2005（4）：117 – 125.

[7] Lanyan Chen, Hilary Standing. Gender Equity in Transitional China's Healthcare Policy Reforms [J]. Feminist Economics, 2007, 13 (3): 189 – 212.

[8] 联合国．社会性别主流化 [EB/OL]．(2010 – 09 – 24) [2012 – 12 – 11]. http://www.un.org/chinese/esa/women/mainstreaming.html.

[9] 费孝通．乡土中国 [M]．上海：上海人民出版社，2007.

[10] 西奥多·W. 舒尔茨．改造传统农业 [M]．北京：商务印书馆，2003.

[11] H. 孟德拉斯．农民的终结 [M]．李培林，译．北京：社会科学文献出版社，2005.

[12] 常红．77.7%农村妇女失地、近六成不愿转成城镇居民 [EB/OL]．(2010 – 08 – 24)

[2012－11－12]. http：//acwf. people. com. cn/GB/99060/12529423. html.

[13] 中国妇女社会地位调查组. 第三期中国妇女社会地位调查主要数据报告 [J]. 妇女研究论丛，2011 (6)：5－15.

[14] 中国政府门户网站. 中华人民共和国妇女权益保障法（修正）[EB/OL]. (2005－05－26) [2012－12－02]. http：//www. gov. cn/banshi/2005－05/26/content_980. htm.

[15] 朱秀杰. 出生性别比偏高的社会性别机制 [M]. 北京：社会科学文献出版社，2011.

[16] 谭深. 打工妹的内部话题——对深圳原致丽玩具厂百余封书信的分析 [J]. 社会学研究，1998 (5)：63－73.

（原载《中南财经政法大学学报》2013 年第 3 期）

农村女性贫困：基于城市增长的解释*

一、引言

关于女性贫困问题，国外的女权主义者、女性主义经济学者分别从社会学、经济学、政治学等领域展开的研究认为，经济资源获取、劳动力市场参与、接受教育/培训、社会政治、文化环境和家务劳动分配等方面存在的性别差异，是女性贫困的主要原因。国际金融危机与全球经济一体化、气候变化与自然灾害、国际政治动荡、宗教与种族矛盾、艾滋病等传染性疾病、早孕早育与堕胎等，会进一步恶化女性特别是发展中国家广大女性尤其是农村女性的生存与发展环境，中国农村妇女贫困问题的研究基本涵盖于农民工流动、农村土地流转与权益保障、农村家庭“留守”、农村人口与发展、农村养老保障等问题研究中。国内文献认为中国农村妇女贫困主要原因在于：（1）传统的从夫居、父权制、不平等社会性别关系等，使农村妇女在公共资源和家庭资源分配中被“边缘化”，农村资源占有的性别不平等加剧了资产占有弱势者（女性）的贫困，而贫困又使得本来匮乏的资产偏向优势者（男性）。农村女性的贫困不仅限制女性自身的发展创造能力，更弱化她们对子女的早期喂养能力与教育能力，抑制其子女未来社会竞争力、自我提升能力，特别使后辈女性在贫困的代际传承中继续遭受贫苦。（2）传统的家庭性别劳动分工模式、家庭无偿照顾者角色身份，约束了农村女性的收入和能力发展，在家庭结构出现缺损时为维系家庭功能的基本完整而必须付出牺牲和代价。当婚姻关系终结家庭解体时，夫家的房屋、土地、家庭财产及其他资产也随之失去，妇女往往成为一无所有者。（3）农村经济环境和政策环境贫瘠、社会支持不足所产生的积累效应，使农村女性受到国家扶贫干预的影响极小，女性对扶贫项目的了解程度，及通过公开途径知晓公共救助的比重显著弱于男性。农村女

---

* 基金项目：国家社会科学基金一般项目（项目编号：12BJY090）；教育部人文社会科学研究规划基金项目（项目编号：10YJA790177）。

性文化素质低、思想观念陈旧、权益组织能力薄弱、缺乏争取自身权利和利益及参与公共事务的主动性等也导致她们处于贫困状态。（4）农村生态环境脆弱、自然生存条件恶劣、水资源的贫乏以及医疗条件匮乏，加重了农村女性的健康威胁和疾病发生率，遏制了她们生活环境条件的改善。

从农村的政治经济环境、社会文化环境和自然资源环境方面探讨农村妇女的贫困问题是一种必然的研究视角，这可以比较直观地反映出农村妇女的生存状态和艰难际遇。但中国改革开放 30 多年来的发展重心在大中城市，城市化的快速扩张和经济高速增长在为农村迁移到城市的农村女性解决生计问题的同时，也间接制造了农村女性的新贫困。2011 年中国城镇化率首次突破 50%，达到 51. 3%，实现了中国城乡结构的历史性变化。2002 ~ 2011 年间城镇化率以平均每年 1. 35 个百分点的速度发展，2011 年城镇总人口比 2002 年增长 37. 6%，城市人口密度由 2000 年的 442 人/平方公里上升到 2010 年的 2209 人/平方公里，十年间人口密度增长了 5 倍[①]。城市发展带动了 2. 5 亿农村劳动力转移到城镇和非农产业就业，其中女性农民工约占农民工总数的 1/3，她们成为建筑业、服务业、餐饮业、批发零售业等行业中的劳动主力。而由于性别的差异，在从农村走向城市的过程中，她们遭遇到的问题和困难更多、更复杂。稳定性差、流动性大、还要兼顾家庭与工作，是农村女性在城市生存的显著特点。与男性相比，主动或被动流向城市的农村女性普遍处于收入和生活水平低、就业难度大、文化程度低、营养健康状况不良、家务劳动繁重、社会权利缺失、政治参与程度低等低端生活状态，城市空间、城市产业的增长在某种程度上使她们更易于陷入贫困陷阱中。

二、城市空间增长与农村女性贫困

各级政府以征地撤村、村庄合并或撤镇建街等方式完成城市化的过程，事实上这也是大量收缴农民土地和村庄的过程，2008 年全国耕地面积比 2000 年减少近 1 亿亩[②]，2000 ~ 2010 年平均每年有 9 万个村落在中国行政版图上消失[③]。经济转型推动的城市化，作为一种进程广泛地影响到整个社会活动，影响到人们的

---

① 1990 年的城市人口密度是 279 人/平方公里，1990 ~ 2000 年的 10 年间城市人口密度增长了 1. 58 倍。国家统计局，人口资源环境主要统计指标（2011 - 12 - 29）。http：//www. stats. gov. cn/tjsj/qtsj/hjtjzl/hjtjsj2010/t20111229l_402788871. html。

② 2000 年全国耕地面积 12824. 3 万公顷，2008 年是 12171. 6 万公顷，比 2000 年减少 652. 7 万公顷，按照 1 公顷 = 15 亩换算，即减少 97905000 亩耕地，接近 1 亿亩的数字。国家统计局，全国历年土地利用情况（2000 ~ 2008 年）。http：//www. stats. gov. cn/tjsj/qtsj/hjtjzl/hjtjsj2010/t20111228_402788780. htm。

③ 凤凰网，我国年均消失 9 万个自然村落（2012 - 06 - 07）。http：//culture. ifeng. com/gundong/detail_2012_06/07/15102767_0. shtml?_from_ralated。

生存条件、生活方式和精神状态，即使是冠之以“传统”之名的为数不多的乡村也不能避免。

村庄和土地消失的过程也是许多农村妇女失去赖以生存的基础、陷入贫困的过程。2010 年失去土地的农村妇女比例比 2000 年增加了 11.8 个百分点（见图 1），2010 年因征用流转等原因失去土地的农村妇女占 27.9%，因婚姻变动（含结婚、再婚、离婚、丧偶）而失去土地的妇女占 27.7%，而男性仅为 3.7%，农村妇女无土地的比例高于男性 9.1 个百分点（见图 2）。12.1% 的失地妇女未能获得土地补偿收益，比男性高 1.9 个百分点。失地妇女收入的来源主要为：集体分红、房屋出租和打零工。一项对 150 名没有拿到征地补偿款的失地妇女的调研表明，45% 的户口所在村的村集体/村委会没有实行分红，其余有分红的村集体/村委会中，近 10% 的村没有给失地妇女分红。在有集体分红的村庄，女性拿不到集体经济收益分红的比例高于男性，未能得到货币补偿的比例高于男性。

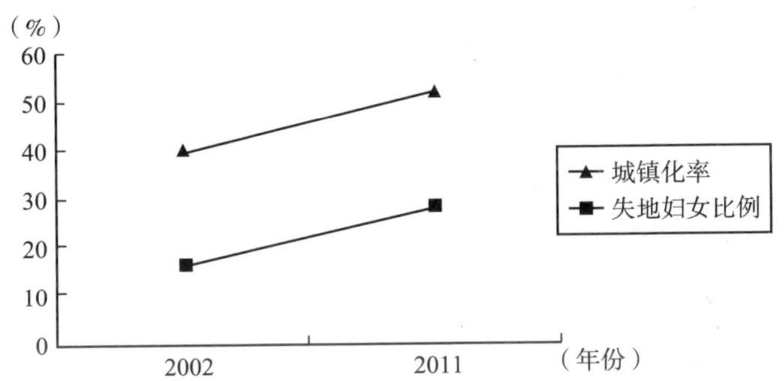

图 1　2002 ~ 2011 年城镇化率与妇女失地比例

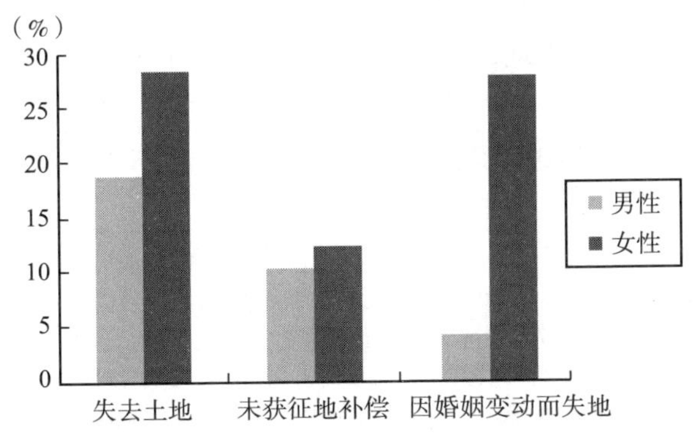

图 2　2010 年男性/女性土地流失与补偿的比较

资料来源：根据全国妇联、各省市妇联与统计局联合发布的“第三期妇女社会地位调查主要数据”整理。

因政府征地失去土地的农村妇女中有 63.1% 未获得任何安置，成为“种田无地、就业无岗"、"无土地、无财产、无房屋、无工作保障"、"一无所有"的"农转非"者。87.7%的失地妇女没有参加过政府提供的职业培训，64.8%的失地妇女户口所在村有村办企业。失地后只有12.67%的妇女收入增加，43.63%失地后的收入减少，24.9%对失地后的补偿安置措施表示"不满意"，49.1%的认为"政府没有很好地安置，转为城镇居民后，没有收入来源"，失地后家庭收入降低、挣钱更难，只能依靠丈夫打工的微薄收入维持家庭运转①。1999年农村女性的收入是男性的59.6%，比1990年扩大了21.8个百分点，2010年的农村在业女性的年均劳动收入仅为男性的56.0%，比1990年则扩大了25.4个百分点，农村老年妇女的年均收入为同地域男性的51.8%，比1999年的收入差距进一步扩大②。城市空间中人口的规模、密度、异质性导致了城市独特的、有别于乡村的生活方式，在被迫的职业转移和市场竞争中，失地妇女被斥为文化水平低、家庭负担重、劳动技能低、技术接受能力低的"劣质"劳动力，沦为城市最廉价的临时工、保姆、自雇者等，从事着"苦、脏、累、险"的高强度低收入工作，忍受着城乡差别和性别差异的双重歧视。

中国城市空间增长使超过1/4的农村妇女加入非自愿移民群体，但她们的贫困和艰辛在"制造城里人"的过程中被湮没，成为城市扩张的隐性牺牲者。失地妇女不仅失去了土地和基本生计，也失去了祖辈世代传承的"日出而作、日落而息"的宁静田园生活本色。孟德拉斯曾说："农民的土地恋是文学经常重复的主题，它不会轻易地屈从于社会学的和心理学的分析。所有农业文明都赋予土地一种崇高价值，从不把土地视为一种类似其他物品的财产。……总而言之，整个技术的、经济的、社会的、法律的和政治的系统赋予土地一种崇高的价值，使它成为一种独特的、无与伦比的财产。"[1](51~55) 土地寄寓了农民一种特殊情感和价值，即便是农业劳动者以理性的和经济的方式对待土地，但他们依然对土地保持着深厚情感。虽然部分农民与土地的连结正在慢慢变为历史，但这种情感还会继续存在一段时间。虽然有16.0%的失地妇女转为城镇居民，但56.8%的失地妇女不愿转成城镇居民，拒绝被动城市化。年龄在36~51岁的妇女失地后长期找不到

---

① 根据全国妇联委托中国妇女杂志社华坤女性生活调查中心开展的历时12个月的关于"农村失地妇女土地及相关权益状况调查"报告（2010），在被抽样调查的湖南、陕西、广东、江苏、浙江5省共10县10村的3000个农户家庭中，77.7%的被调查妇女全部失去土地，因承包地全部被征而失地的村民中，女性比例高达58.9%，没有获得土地补偿款的失地妇女占23.9%。这个数据与"第三期中国妇女社会地位调查主要数据报告"中的数据存在出入，说明抽样数据来源不同，取得的数据结果存在较大差异。这一方面表明，失地妇女的真实数据需要做进一步的深入调查，另一方面，不同调查报告均显示出失地妇女的比例非常高、失地妇女比例高于男性、获得补偿的比例低于男性这一基本事实，但在历年的《中国农村贫困监测报告》中未见有与失地/征地相关的数据。人民网，77.7%农村妇女失地近六成不愿转成城镇居民（2010-08-24）。http://acwf.people.com.cn/GB/99060/12529423.html。

② 根据第二期、第三期中国妇女社会地位调查数据整理。

工作，不如意的城市生活并非来自其自愿选择，被动剥夺感使她们陷入对未来的焦虑中，她们已失去传统农民身份但心理上又不认同是现代城市市民，被迫纠结于“我是谁”的迷思中而不得其解。失地妇女的年龄越大，她们对城市的自我认同感越弱，对乡土生活习俗、生活方式乃至社会交往与社会支持等越眷恋，社会记忆比较长久地停留在以往农村社会生活的场景之中。

对于失地妇女的贫困，人们习惯性地将其原因归结为她们自身素质低下、缺乏与城市融合的主动性和积极性，对政府、对家庭、对丈夫的依赖性强而缺乏自主独立性，以及社会保障制度的不完善等。但是，崇拜 GDP 增长的城市空间扩张，把计划经济时代未曾获得“男女平等”实质性结果的农村妇女，以“缺乏市场竞争优势”为借口，从所谓“公平竞争”获取资源的利益格局中排挤出局，使本来就处于不平等位置的她们被剥夺掉仅有的权利和谋生基础。她们的个体利益在“少数服从多数”“个人利益服从集体利益/国家利益”的原则下，在所谓公平合理的自由竞争规则下被淹没，成为名副其实的服从者、牺牲者、失语者。在不触动农民父权制结构、不破坏男权文化的前提下，提倡农村女性争取“男女平等”的结果是，默认男性的优越感，以“妇女解放”幻象抹杀男女在资源配置中的社会性别差异，淹没、侵蚀着农村女性的土地权益、经济利益、个体利益，把她们推向更弱势化、边缘化的贫困状态。

孟德拉斯认为：“20 亿农民站在工业文明的入口处：这就是在 20 世纪下半叶当今世界向社会科学提出的主要问题”[1](1)，这样的问题同样出现在 21 世纪上半叶的中国。村落、土地的消失过程是许多妇女农业耕作史的终结，但朴素的乡土感情还不可避免地依附着她们。对传统农民来说，土地是家业，是家庭延续的保障，是抵御生存风险的最后屏障。

三、城市就业增长与农村女性贫困

快速城市化对劳动力需求的增加，给予更多农村女性在城市谋生和发展的机会，城市就业的农民工群体中有近 1/3 是女性。女性农民工主要从事加工制造业、居民服务、住宿餐饮和批发零售，其比例分别为 44%、13.1%、8.7% 和 9.4%[2](19)[3]，这些行业的共同特征是技术含量低、工作条件差、对体力和年龄的依赖性较大。

纺织、制鞋、玩具、电子、家庭用品等制造业是中国出口主导型企业，也是劳动力密集型产业，进城打工的女性农民工有一半左右在这些行业中谋生，成为此类出口行业的主力军。作为世界制造业基地的东莞是农民工输入人数最多的地方之一，在 2006 年、2007 年，东莞除了家具、五金等几个行业外，服装、鞋业、电子等行业的企业中女工/男工比例达到 4∶1、5∶1 或 8∶1，最高峰时期企业的普工全部为女工[4]。企业偏好女工的理由是，女工诚实、勤劳、温顺，愿意接受严格的纪律，更适应单调乏味、重复的工作，为企业提供较男性而言更高的劳动生产率，同时可以接受比男性较低的工资报酬。2009年，2/3以上的农民工月收入低于1500元，2/3以上的农民工每天工作8小时以上，2/3以上的农民工在城市没有安稳妥当的住所。农民工平均每月工作25.4天，每天工作8.8小时，“收入低、劳动时间长、居无定所”是他们在现代化繁荣都市的真实生活[5][3]。2010年贫困县女性外出务工者的月收入只有1149.7元，与男性工资水平（1327.4元）的绝对差距比往年更大，男性和女性大专以上文化程度劳动力的收入比是111∶100，与男性相比，即使文化程度相同，女性的月工资也是偏低（见图3）[2](41~42)。偏好女工并不是现代产业在批判或反对性别歧视，给予女性与男性同等的权利、尊严和发展机会，因为资本在利润最大化、成本最小化的“理性”决策中，不会受到“性别”等其他非成本因素的影响。农村女性以更低的价格更高的产出被资本雇用，她们善良、勤奋、本分、遵守纪律的优良品质和健康身体成为资方赚取利润的工具、谋利的手段。自由市场为产业资本创造价值提供便利的过程中对社会性别是完全漠视的。

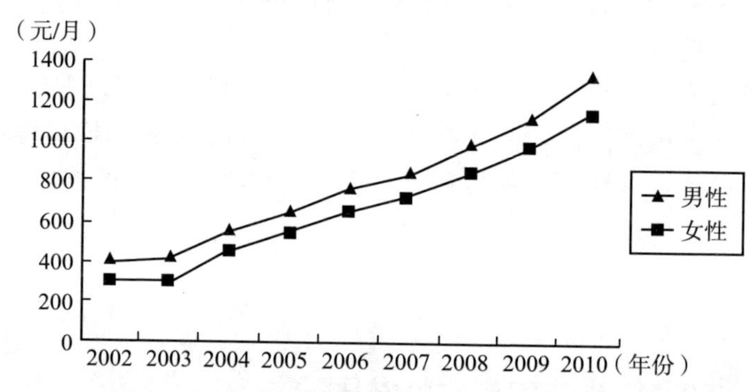

图3　贫困县外出务工男性/女性平均收入水平

资料来源：国家统计局：中国农村贫困监测报告（2011）. 中国统计出版社2012年版，第41~42页。

出口加工制造业是经济周期中波动性显著的高风险职业，女工必须承担低薪水、恶劣工作条件引起的健康、失业等个人成本，为了获得加班工资，多数女工愿意超时工作，并不认为每天12小时的工作是不正常的，反而认为8小时工作才是不正常的，许多女性声称在工作中从来“没有意识到自己是个女人”。城市工业企业的就业给农村妇女比较好的机会以获得收入，并提高她们的自主性、独立性和个人资本的积累，但寄钱回家供兄弟上学、盖房是她们的一种生活状态，是为父母分担责任的天经地义之事。尽管面临超时加班、工资拖欠、工作不稳定和艰苦甚至有害的工作环境，她们仍然选择进厂工作，农村的贫困迫使她们在所谓自由竞争的市场条件下为了生存而失去自由选择的权利。市场经济与资本主义全球化利用中国特有的父权制家庭文化，把无数女工的超时劳动和自我牺牲整合进市场经济转型的历史进程。在资本追求利润最大化的目标驱使下，社会性别意识被淹没在产业对理性化工作目标的追求中。

与年长女性相比，城市更偏好 18 ~ 22 岁年龄段的女工，她们身体健康、反应快、动作敏捷、能耐受长时间连续工作，可以为产业创造最大化产出，她们把生命中最具创造价值的人生阶段毫无保留地支付给了城市现代化。随着年龄的增长，女性农民工的数量逐渐下降，在 16 ~ 20 岁年龄段的外出农民工中，男女比例基本接近 1∶1；在 40 岁以上年龄组，男女比例则为 3∶1。在女性农民工中，30 岁以下的占 64.8%。进城女性农民工在人生最优劳动力年龄段进入城市，为城市产业发展、城市经济增长付出劳动和青春，但得到的生存工资和社会福利却非常有限，随着年龄的增长她们在城市打工的收入逐渐下降（见图 4、图 5）。农民工能够获得雇佣单位提供的养老保险、工伤保险、医疗保险和失业保险的比例分别是 13.9%、23.6%、16.7% 和 8%，雇主或单位为女性农民工缴纳生育保险的比例仅为 5.6%[5][6][7]。

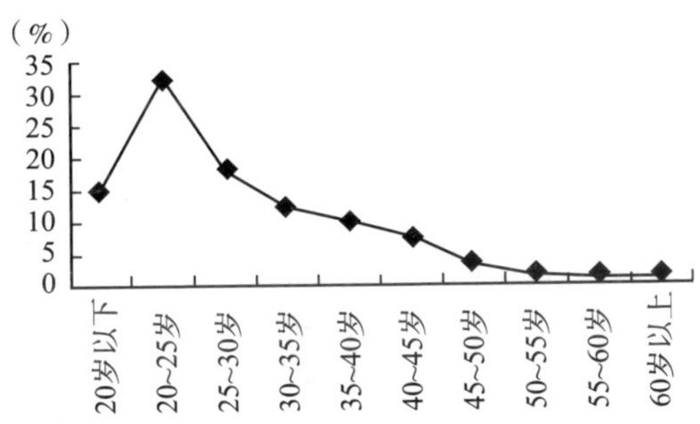

图 4　2010 年不同年龄组女性农民工人数构成

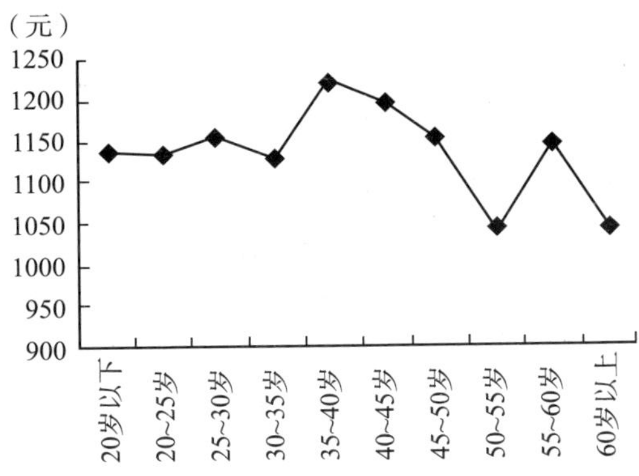

图 5　2010 年不同年龄组女性农民工月收入水平

资料来源：国家统计局：中国农村贫困监测报告（2011）. 中国统计出版社 2012 年版，第 36 ~ 42 页。

女性农民工随着年龄增长和婚育期的到来，与男性相比她们在劳动力市场逐渐失去比较竞争优势，这时她们大都不得不返回农村。返回（留守）农村的女性不得不从事农业生产劳动、照顾未成年子女、赡养年迈父母、忍受夫妻长期分离和经济收入入不敷出等多重压力，“她们拥有完整的家庭，却常年过着‘牛郎织女’的生活；她们收起女性的柔弱和矜持，餐风沐雨干着本该是男人干的重活。从‘半边天’到家里的‘顶梁柱’，品味着艰辛、充满着期盼”[8][9]。65.7%的留守妇女承认在丈夫外出打工期间遇到了困难，57%的妇女认为最大的困难是农业生产，其次是家人生病（17.2%）或自己生病（13.3%）。表面上看，她们是为了家庭自愿辞工回家，实则折射的是资本通过市场这只看不见的手，利用城乡二元经济分割以最廉价劳动力实现产业剩余价值最大化的本质。“（流动的）资本有如化学溶剂，它渗透了长期以来保护城市开裂的外层光泽面，把里面的木头都腐蚀精光……资本比过去最独裁的统治者更加残酷无情”。资本不承认贫穷是圣洁的，它追求的是如何增加产出和销售量，增加可以计数的利润值，“它除了谋求自己更大的发展之外，没有明确的目的或宗旨”[10]。

四、结论

“大都市始终是金钱的地盘”，“城市已经形成自身特有的城市心理，与乡村心理迥然不同。城市人的思维方式是因果论的，理性方式的”，“对待人和事物时都采用实用主义态度，形式公正经常与不为他人着想的冷漠结合在一起”[11][12]。快速的城市增长给了农村女性挣脱乡村束缚、获得婚姻自主的能力和自我价值实现的机会，但在剥夺她们对土地的眷念之际并没有给予她们与城市市民等同待遇的归属感。城市化/工业化在国家主义的默许下，借用农村传统从夫居的父权制家庭制度，使农村女性把自己的青春奉献给城市的增长和发展，而把“生（孩子）、老（人）、病、死”留给乡村。农村妇女在失去计划经济的全民低福利保障之后，在家庭资源稀缺和消费主义膨胀的环境下成为资源分配中的牺牲者和奉献者。男性享有的普遍尊贵权和优先权在“一切以经济建设为中心”语境下、在“优胜劣汰”法则下被强化，女性在市场自由选择中并没有获得与男性真正公平竞争的平台，而是在竞争中遭受更多的挫败。如同价格歧视一样，对不同年龄段女性农民工进行甄别可以帮助城市产业资本获得更高利润，雇主削减支持社会再生产的福利支出，把人口再生产的主要责任转移给家庭，不仅对妇女的情感、身体、经济和福利产生负面作用，而且更容易使妇女陷入“低水平贫困陷阱”。城市增长忽视社会性别的后果是偏向男性，降低女性地位，它鼓励男性优先分享城市增长与发展过程中的利益成果，贬抑女性的个人发展和权益保障。借用狄更斯的话来说，就是对于某些人来说，当今是一切时代之最好，对另一些人来说，当今又是时代之最坏。

参考文献

[1] H. 孟德拉斯．农民的终结［M］. 李培林，译．北京：社会科学文献出版社，2005.

[2] 国家统计局．中国农村贫困监测报告 2011［R］. 北京：中国统计出版社，2012.

[3] 国家统计局．2011 年我国农民工调查监测报告［EB/OL］. http：//www. stats. gov. cn/tjfx/fxbg/t20120427_402801903. htm，2012 -04 -2.

[4] 男工逐渐受宠　数量看齐女工［EB/OL］. http：//www. people. com. cn/h/2012/0211/c25408 -2378819302. html，2012 -02 -11.

[5] 国家统计局．新生代农民工的数量、结构和特点［EB/OL］. http：//www. stats. gov. cn/tjfx/fxbg/t20110310_402710032. htm，2011 -03 -10.

[6] 常德返乡女农民工现状调研［EB/OL］. http：//acwf. people. com. cn/GB/10909160. html，2010 -02 -02.

[7] 中国返乡女农民工调查：城市归来被称农村版海归［EB/OL］. http：//news. xinhuanet. com/politics/2010 -04/09/c_1224192_3. htm，2010 -04 -09.

[8] 农村留守妇女调查［EB/OL］. http：//news. xinhuanet. com/society/2012 -03/16/c_122841817. html，2012 -03 -16.

[9] 五千万农村留守妇女艰辛：从半边天到顶梁柱［EB/OL］. http：//www. chinanews. com/gn/2011/03 -07/2889718. shtml，2011 -03 -07.

[10] 刘易斯·芒福德．城市发展史：起源、演变和前景［M］. 宋俊岭，等，译．北京：中国建筑工业出版社，2005：429 -431.

[11] 张海波，童星．被动城市化群体城市适应性与现代性获得中的自我认同［J］. 社会学研究，2006（2）：86 -105.

[12] 孙逊．阅读城市：作为一种生活方式的都市生活（第 3 辑）［M］. 上海：上海三联书店，2007：21 -22.

（原载《山东女子学院学报》2013 年第 3 期）

女性贫困、代际传递与和谐增长*

一、引言

发展经济学对贫困问题的长期研究揭示出，在极端贫困家庭中女性（或女童）是家庭资源分配中最终的“牺牲者”或“受害者”——世界贫困人口中有三分之二贫困者是女性（包括女童）。该数据展示的严峻事实是，贫困人口并非均质的而是存在性别不平等，女性常常是贫困群体中的最贫困者。虽然现代社会中女性在某些领域享有与男性同等权利，但各种制度排斥、社会习俗等障碍使女性处于财产结构和权力结构的边缘。从 20 世纪六七十年代起，女性贫困问题就引起女性学、发展研究、社会学、人类学等多个学科的重视，也成为政府研究机构及妇联等社会群众团体较为关注的问题。学术界对女性贫困的研究主要是从女性主义、妇女与发展、社会性别等角度来探讨女性贫困指标和内容、女性贫困的测度以及反贫困方法等。针对女性贫困问题，学术界和发展研究机构提出了一系列消除妇女贫困的方法，如反贫困方法、平等和福利方法、效率方法等。

从代际传承角度审视长期贫困的复杂性、持久性，是近年来经济学研究贫困问题的一个新视角，它增强了经济学对家庭贫困与经济增长的解释力，动摇了长期以来治标不治本的扶贫返贫战略的有效性。虽然不同经济学家对贫困代际传递的定义有所差别，有的认为贫困的代际传递是贫穷父母将其贫困和不利因素传给子女的过程（E. Carroll）；有的直接定义长期贫困为贫困的代际传递（K. Moore）；[1]联合国 2005 年世界青少年报告正式定义贫困代际传递是贫困在几代人之间的转移，既包括个人也包含公共范围。时至今日，人们对贫困代际传递已经基本达成共识，即家庭贫困状态以及导致贫困的相关条件和因素，在家庭内部由父母传递给子女，使子女在成年后重复父母的境遇——继承父母的贫困和不

* 本文是湖北省社科基金项目“基于贫困代际传递视角的湖北省民生问题研究”（2008），武汉市社科基金项目“武汉城市圈民生问题研究”（90208007104）的部分研究成果。

利因素并将贫困和不利因素再次传递给后代的循环遗传链；也指在一定的社区或阶层范围内贫困以及导致贫困的相关条件和因素在代际之间延续，使后代重复前代的贫困境遇。

鉴于女性在抚育后代、家庭未来发展方面所具有的特殊性，使我们必须认识到贫困的代际传递与性别差异存在很强的关联度，在这个代际传递链条中作为母亲的女性角色具有不容忽视的作用。贫困女性欠缺足够的营养健康、医疗保障和完整教育，削弱了她们乐观开朗的情绪控制能力和自信能力，弱化了她们对子女的早期喂养能力与早期教育能力，限制了子女成年后社会竞争力和自我提升能力，抑制了子女未来创造财富的能力发挥，甚至使子女辈产生对社会的仇视情绪和失衡心理，进而可能危及社会的和谐稳定与经济增长。

二、女性受教育程度的代际传递

科尔曼（Coleman，1966）关于家庭背景是孩子获取良好教育首要因素的论述，使得“如何使子女获得成功教育的问题”就如同“先有鸡还是先有蛋”的问题。科氏论证良好的教育有助于孩子未来获得更多的收入，高的收入进而可以支撑后代能够接受更多更好的教育，反之，贫困的家庭不能够为后代提供足够的教育支持，那么在后代成年后其收入水平将处于较低状态，不足以为其下一代提供良好的教育环境，如此反复。

20世纪60年代的“布劳—邓肯模型”是最早反映父母的教育和职业地位如何影响子女取得社会地位的模型。该模型通过复杂而严谨的递归模型分析，计算出各种先赋性因素和后致性因素对被调查对象职业地位的影响程度。不论是发达国家还是发展中国家，父母的受教育程度和财富状况同孩子的入学年龄、学习成绩和受教育程度之间的关系程度一直都是许多学者研究的核心。虽然各个国家和地区之间存在巨大的、明显的差异，但在通常情况下，父母的受教育程度与孩子的受教育程度之间仍然存在很大的关联。

在一份有关菲律宾农村地区的研究中，Quisumbing（2007）就祖父母的受教育程度、亲近关系和财富状况对子孙辈的受教育程度和土地分配情况的影响程度进行了分析。[2]父母与孩子受教育状况之间的关联能够通过多种渠道和方式发挥作用，即使是在发达国家，这些渠道和方式也很少被人们深入研究和完全理解。同样地，教育成就和相关因素能够通过多种渠道和方式在社会经济动态中得到反映和体现。Yaqub（2000）[3]的研究中，父母受教育程度对收入水平和收入动态的影响是负面的、消极的和不明确的。受过教育的父母可能更倾向于希望孩子也接受教育，能够理解教育的潜在利益，并能够帮助孩子进行学习。父母的受教育程度同样也可能反映和代表父母的财富状况，受过教育的父母能够提供更多的学费和教育资源、营养食品以及更加舒适的家庭环境，不太可能强迫他们的孩子做童工，在经济萧条时期，也不太可能被迫让他们的孩子退学。

在 Janet Currie（2008）的论证中，家庭的社会经济地位是以父母的健康、教育、财富和职业地位作为衡量标准的，它们关系到孩子的健康和教育水平。[4] 当孩子的健康成为家庭生产函数中的产出时，父母期望效用最大化函数公式是 Ut = U(Qt，Ct，Lt，; Xt，u1，ε1t)，这里：Q 是孩子的健康存量，C 是其他物品的消费，L 是闲暇，X 是外生的口味转移向量，u 是单个人特定的口味转移向量，ε 是对偏好的冲击。对孩子的健康投入能够影响父母的效用水平，由此，当富裕家庭拥有较高的预算约束线时，可以为孩子支付昂贵的医疗护理、购买符合环保标准的高价玩具以及没有被污染的食品等。Janet Currie 的动态模型揭示出与 Quisumbing 一致的观点，即孩子今日的健康存量取决于父母往日的投资水平，孩子的健康与父母的教育水平以及由教育所决定的职业、地位、收入等密切相关，它不仅仅对孩子自身很重要而且还会影响到孩子未来的子女后代。

Gordon B. Dahl（2005）以法定婚龄、辍学年龄和参加工作年龄作为变量，使用工具变量方法寻找女性贫困与女性早婚、提前辍学之间的内在联系，[5] 分析结果是：一个少时早婚的女性将来年长时长期陷入贫困状态的概率是 31%，同样，提前辍学的女性将来生活窘迫的可能性是 11%。

三、女性社会权益与地位的代际传递

贫困女性在社会生活中的低层次性是她们在家庭中从属性的自然延伸和必然渗透。这种低层次性表现为：社会权利和言论的不被重视；社会、文化舆论对贫困女性的蔑视；人际交往对象的低层次性以及自我价值实现困难重重。现代社会中女性占有发展资源和机会的缺乏以及社会分工中男女两性的不平等成为女性贫困的直接催化剂。

2008 年的 Chronic Poverty Research Center 研究报告指出，男性与女性（或男童与女童）在贫困中的遭遇是完全不同的，女性或女童权利的被剥夺较之于男性或男童更为严重，她们面临的生活境遇更为脆弱。经济上的窘迫、家庭中的从属性和社会生活中的低层次性都在不同程度地摧毁贫困女性的心理自卫防线，表现为自我控制能力的低下，理智或正确地对待外界影响的能力较差，保持内心平衡和满足状态的能力较弱，并在抚育子女过程中将这种脆弱性潜移默化地传递给子女特别是女童。女性在养育后代、照顾家庭方面承担着更多的职责使女性贫困成为贫困代际传递中的一个非常关键链条，有利于女性摆脱贫困的公共措施往往具有显著的政策溢出效应。

在中国农村低收入地区女性通常比男性从事更长时间的劳动，然而与男性相比，她们在低收入的农业劳动和没有报酬的家务劳动上花费更多的时间，而在收入相对较高的家庭私营活动和挣工资活动上比男性花费的时间少。由于这种不利于女性的劳动分工结构的存在，使女性的消费水平和在家庭中的决策权远远低于男性。联合国曾经有一个估计，女性干了世界上 67% 的活儿，但只得到了全世界 10% 的收入。P. Bhargava，K. Mathur 和 S. Rajagopal（2005）收集有关家庭与孩子的数据，运用定性和定量的方法分析家庭贫困与环境资源退化、人均土地、家庭欠债、疾病、儿童教育等关系，指出社会不公平、妇女地位低下使女性贫困在跨代传递中尤其突出，要打破贫困的传递，必须建立起能给贫困女性提供脱离代际贫困或生命历程贫困的潜在机会和政策环境。

照顾幼儿和老人等家庭责任对女性从事高收入的劳动、参加挣工资活动和私营活动均产生显著的负面影响，而对男性没有显著影响。Hilary Hoynes（2005）等人对美国贫困家庭的研究发现，[6] 家庭结构与贫困有很强的关联性，特别是女性户主家庭（或单亲母亲家庭）处于贫困状态的数量明显在增加。各种社会制度因素和价值观的转变导致美国的家庭结构发生变迁，离婚家庭或单亲家庭数量的增加，使得美国社会的家庭贫困率由 1967 年的 13% 上升到 2003 年的 17%。尽管美国政府采取了多种减缓贫困的政策计划，但收入不平等、劳动力市场的机会等方面，女性往往处于弱势地位，女性为户主并携有未成年子女的贫困家庭所体现出的政策效应相当微小，这意味着宏观经济决策与贫困的女性户主家庭基本没有关联性，政策对于贫困家庭获取更多的社会福利几乎没有任何帮助。经济的增长并不一定是贫困的减少，而当劳动力市场中女性劳动力度供给量明显增加时，贫困家庭的数量才会出现下降。

当大多数学者在与男性的比较中关注贫困女性社会地位和权益时，Jeffrey R. Kling，Jeffrey B. Liebman，Lawrence F. Katz（2005）等人以独特视角发现邻居之间的和睦相处（或社区环境）能够有效缓解贫困特别是女性贫困。[7] Jeffrey R. Kling 等对美国 5 个城市贫困家庭进行随机抽样调查，虽然邻里之间不融洽并不能够显著地恶化社会经济产出，但友好的邻居或社区关系可以塑造未成年人的性格，特别是年轻女性的品行，能够赋予女性足够的尊严和健康的心态，进而影响到她们在未来社会中的心智能力和创造产出的竞争力，因此友好的邻居关系比所谓的减贫政策更能够有效地缓解女性的贫困。

四、女性营养健康的代际传递

目前世界上大多数贫困人口都生活在自然条件恶劣、生态环境脆弱的区域，缺乏安全饮用水源，医疗卫生环境相当贫瘠，繁重的家务和生产劳动使得这些女性的生活格外劳苦，身体健康状况较差以及发病率较高在这些女性身上相当普遍。根据国家统计局的调查显示，2002 年全国农村地区妇女分娩率只有 71.6%，城市地区这一数据是 89.4%，农村 92% 的女性没有参加体育锻炼。我国西部地区女性健康人口比重为 92.1%，比男性低 1.7 个百分点，患病女性多表现为慢性病和体弱多病现象，而且随着年龄的增大，女性中的患病人口也急剧增加。[8] 不良的健康环境和习惯不仅困顿了家庭致富的征途而且严重威胁着这些地区女性和儿童的生存。

由于受教育程度和文化知识水平限制，贫困女性缺乏如何选择健康行为和主动预防疾病的卫生知识，可遗传、可传染的疾病和残疾在贫困跨代传导中发挥作用和产生影响。在越来越多的撒哈拉沙漠以南的非洲国家和地区中，母婴传播艾滋病目前是导致婴儿死亡的最大致因。在非洲约 15% ~20% 的婴儿感染 HIV，赞比亚、马拉维的孕妇中 HIV 感染率超过了 25%，在博茨瓦纳的弗郎西斯镇和津巴布韦的哈拉雷，产科医院里孕妇 HIV 感染率已高达 40%。[9] 像其他疾病一样，母婴传染型 HIV 除了造成孩子的不健康和死亡之外，还会使贫困家庭的贫困状况和程度恶化，因为这些家庭必须花费时间和金钱来治病和看护，失去劳动力并影响家庭其他成员的福利。Sharifa Begum 和 Binayak Sen（2005）从产妇健康与儿童健康、儿童可能摆脱长期贫困之间的内在关系展开，论证女性健康与资产一样是传递贫困的主要渠道之一，保障妇女的基本健康不仅可以使下一代免受疾病的困扰，而且能够使后代特别是女孩拥有良好的体魄和精神状态。

Sandra E. Black（2005）以挪威婴儿出生时的不同体重数据作为分析指标，进行系列比较研究后发现，出生时体重过低的婴儿在一岁以内的死亡率明显比体重达标的孩子要高，而且在长大成人后的身高、智商或情商、教育程度与收入等都与出生时的体重相关，低体重的婴儿未来的教育（智力）水平、收入水平也明显偏低。贫困地区女性消费水平和在家庭中决策权远远低于男性的现实，使得贫困家庭女性的生活比男性更为艰难，在家庭有限支出和有限食品首先满足男性需求的社会模式中，女性生活质量、营养健康水平被降低到最低程度，而且直接影响到子女（胎儿）的发育和健康。

孩童时期的营养对于孩子的长期健康和受教育状况来说是至关重要的，因为营养不良对孩子的身体、智力、精神以及社会发展的影响非常显著，女孩糟糕的身体发展会对她们将来的孩子健康造成负面的和消极的影响。Guo 和 Harris（2000）明确阐述了 5 种非遗传的关键因素，[10] 这些因素平衡和调节了家庭贫困对孩子智力发展的影响，包括孩子认知能力的激发、抚养和培养的方式、自然生态环境、健康状况，以及孩子在出生和孩童时期的不健康等。R. Blackman 和 R. Litchfield（2001），L. Christiaensen 和 H. Alderman（2004）的研究证明母亲对营养知识的了解程度对儿童营养情况有很大关系，母亲自身的营养不良导致其贫困状态传递给下一代，提高妇女在营养和健康方面的知识水平对打破贫困在跨代之间的传递具有重要作用。

五、消除女性贫困，促进和谐增长

贫困女性生存空间的性质和特点、获得营养食物的能力，以及受教育程度等都在按照某种模式传递给她们的下一代，如果解决了女性这一特殊群体的贫困问题，那么整个社会的贫困也就得到很大的缓解。但是来自历史经验、思想观念、经济结构、文化认同、社会习惯等多方因素，约束了短期内消除女性贫困的可能性。作为一种社会现象，女性贫困是与经济发展相伴随的一种长期性现象，是不可能通过紧急动员方式可以解决的。只有政府、社会机构、妇女组织等合力做出相应的制度性选择，才能促进贫困女性收入和福利的增长，改善她们的生活状况，为下一代提供良好健康的成长环境，实现经济社会的和谐增长。

（一）赋予贫困女性教育平等机会

正如美国学者 Anke Wessols（2004）所说："我们不承认越来越贫困和弱势是做母亲不可避免的结果，而是考察了男性中心的观念如何被用来剥夺母亲获取经济稳定的机会，并说明要使母亲免遭经济上的无保障，先要改变这些社会建构"。"如果妇女既要成为尽心的母亲又要成为经济行为人，她们就造成了政治领域和经济领域的断裂。因此，贫困妇女做了母亲开始承担照看孩子的工作以后，即使她们人还在工作岗位，现行的规则和限制也使她们失去了平等进入劳动市场的机会。因此，政府目前的任务，是制定经济政策，推翻而不是强化提供经济成功机会的男性中心的观念"。[11]

鉴于母亲教育程度高低对儿童完成中学教育的可能性有重大影响这一事实，赋予所有女性（女童）与男性平等的教育机会是解决女性贫困的第一步，加强母亲教育尤其是加强女童教育的投入尤为迫切和重要。有研究显示，提高妇女的教育水平或增加她们的营养知识对儿童营养改善的效果要比收入提高而带来的影响更大更快速。进一步而言，贫困儿童营养健康状况改善了，将来贫困家庭获取财富和社会资源的步伐也就更快更容易。在中国除了认真实施救助失学女童重返学校的"春蕾计划"外，还应制定和实施教育成年妇女的"母亲计划"，以及促进性别平等的相关制度改革。有人言，作为贫困地区资源财力支柱的勤劳女性，"你给她一个机会她肯定给你一个奇迹"。

（二）创造女性社会资本平等的机会

社会资本作为一种支持性的网络关系，可以减少人们实现目标的成本。贫困女性在寻求工作或寻求帮助的过程中，如果能有更多的支持性关系，将会减少成本并增加成功率。现实生活当中，作为社会性别实践的男性对政治、经济及社会资源的控制，形成男性对权利、资源分配的控制。女性被视为“无权”的群体，无法与男性一样控制资源，这导致女性在受教育程度、财富、地位和权力以及与个体直接或间接交往的人们所拥有的财富、地位以及社会关系方面均弱于男性。因此，缺少资源的女性无力在社会关系网络中实现互惠，也就难以保证自己的社会关系网络能够持续互动和提供源源不断的支持。当互惠原则不能得到坚持，女性社会网络中的关系强度和支持力度就势必弱化，甚至出现社会网络的断裂。在这种情况下，女性要建立起与其他群体的关系网络就更为困难。相比于男性来说，在形成社会资本这一链条上，女性一开始就是“断裂”的，女性走向贫困的初始条件明显比男性更为充分。

贫困女性要挣脱贫困代际传递链条，必须通过发展工会、协会、商会及各种互助协作组织尤其是妇女组织等民间组织，将分散的贫困女性个体组织起来，突破狭隘的家族观念培养其参与意识，形成一张女性横向社会互助支持网络。通过这张网络给贫困女性提供相互交流、相互鼓励、相互信任的机会，从而增强贫困女性的自信能力，不断发掘女性自身潜力的机会与条件，提高她们的集体决策能力和抵御风险能力，增强自身的反贫困能力。

（三）增强贫困女性就业平等机会

不管是发达国家还是发展中国家，大多数国家在法律上对男女两性的权利义务规定都是相同的，看不出对女性有任何歧视。但如果从社会性别平等角度来审视，某些对男女同样规定并同样适用的法律制度，其施行的结果并不能真正使女性获得与男性完全平等的法律保护。例如中国的《劳动法》规定：“女职工在孕期、产期、哺乳期内的，用人单位不得解除劳动合同”，但在实际操作中许多企事业单位女性因为生育孩子等原因而失去工作或无法就业。阿马蒂亚·森认为贫困是对基本能力的剥夺而不仅仅是收入低下。贫困女性的社会地位更为边缘化，生存和就业压力更大，心理上的负面感受较突出，普遍处于一种相对紧张或危机的心理状态。政府和非政府组织在努力扩大妇女就业领域的同时，应该重视劳动力市场上女性利益和女性职业发展问题，把对贫困女性的支持超越于简单的物质施舍和恩惠，给予她们与男性平等的就业机会，赋予女性自主选择权，激励她们自我生存和发展的能力。

女性贫困表面上是性别问题，但其实质却更多意味着是经济策略问题。女性作为家庭文化环境中的特殊主体，其文化素质、自身修养和发展能力直接影响到家庭文化建构、家庭生活质量和对下一代的培养能力。诸多研究表明，母亲对孩子的影响远远大于父亲，母亲的熏陶是孩子健康人格的养料。常言有："教育一个男人等于教育了一个人，教育了一个女人等于教育了一个家庭。"虽然影响贫困代际传递的因素相当复杂而且是综合性的，国家的政治、经济、教育、文化、法律等相关体制与制度对个人的发展产生决定性的影响，社会舆论、民族传统、风俗习惯等直接影响到个人的价值观和行为规范，所有这些不同层面的因素共同形成贫困跨代之间的传递。但是，如果解决了女性的贫困，那么整个社会的贫困问题也就简单易行了，实现社会经济和谐增长目标也就指日可待。

参考文献

[1] K Moore. Supporting children in their working lives: obstacles and opportunities within the international policy environment [J]. Journal of International Development, 1999, 12 (4).

[2] A. Quisumbing. Better Rich Or Better There? Grandparent Wealth, Coresidence, And Intrahousehold Allocation [R]. Washington D. C., IFPRI, FCND Discussion Paper. 1997.

[3] S. Yaqub. Intertemporal Welfare Dynamics: Extents and Causes [C]. Conference paper given at Brookings Institution/Carnegie Endowment Workshop, Globalization: New Opportunities, New Vulnerabilities, 2000.

[4] Janet Currie. Healthy, Wealthy, and Wise: Socioeconomic Status, Poor Health in Childhood, and Human Capital Development [R]. NBER Working Paper, 2008.

[5] Gordon B. Dahl. Early Teen Marriage And Future Poverty [R]. NBER Working Paper, 2005.

[6] Hilary Hoynes, Marianne Page, and Ann Stevens. Poverty in America: Tredns and Explanations [R]. NBER Working Paper, 2005.

[7] Jeffrey R. Kling, Jeffrey B. Liebman, and Lawrence F. Katz. Experimental Analysis of Neighborhood Effects [R]. NBER Working Paper, 2005.

[8] 国家统计局．中国社会中的女人和男人——事实和数据 [R]. http://www.states.gov.cn/tjsj/qt sj/mens&women/mens&women.pdf.

[9] 中国艾滋病公益网站，http://www.99aids.com/.

[10] G. Guo, M. Harris. The mechanisms mediating the effects of poverty on children's intellectual development [J]. Demography, 2000, 137 (4).

[11] 安可·维塞尔斯．剥夺母亲的工作和福利救济 [J]. 国际社会科学杂志（中文版），2004, 21 (1).

（原载《财经科学》2009 年第 6 期）

教育性别不平等的宏观经济因素分析*

一、引言

教育性别不平等既是一个全球性话题，也是一个历史性问题，即使在发达国家也存在教育的性别差异，有些国家甚至出现了女性受教育程度高于男性的状况，但在发展中国家更多表现为女性的受教育程度低于男性。中国从改革开放以来，加大了对各级教育的资金投入和人才培养，也普及了全民基础义务教育，教育的性别不平等呈现明显缩减趋势。根据中国统计局数据，2005～2014 年具有小学文化程度的人口总量中，女性人数略微高于男性，小学文化程度的性别差异趋于比较稳定状态，男性与女性之比处于 0.9 的比分值，但这并不能作为女性受教育水平高于男性的佐证。进入初中教育阶段后，教育的性别差异出现了非常明显的反转，不管是中学阶段还是大学阶段的受教育人口中，男性人口数量都明显高于女性人口数量（见图 1），特别是高中教育阶段，男性与女性的受教育人口比例在某些年份超过了 1.3 比值，男性大大高于女性，这一方面说明女性的总体受教育水平低于男性，另一方面说明很多女性在完成初中学业之后，就离开学校进入职业生涯，这一数据结论与现实是吻合的。相对而言，在高等教育阶段，女性与男性的人口比例有所缩小，一方面是高考制度淘汰了部分高中毕业生，进入大学学习的是那些通过高考考核的成绩优异者，另一方面，城市独生子女家庭中的女孩家庭，能够为独生女孩提供尽量多的教育资源和机会，这些独生女孩与同时代的独生男孩拥有等同的教育机会，成就了她们获得高等教育的学习机会，这是计划生育政策引致的教育平等效应，但在获得高等教育的绝对人口数值上仍然是男性高于女性。

* 基金项目：教育部人文社会科学重点研究基地重大项目“中国特色发展经济学理论体系研究”（项目编号：15JJD790023）；国家社会科学基金一般项目“经济转型对农村妇女减贫脱贫的影响研究”（项目编号：12BJY090）。

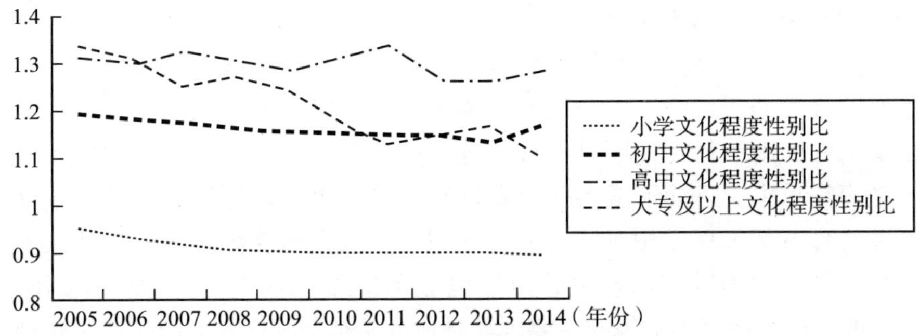

图 1　2005～2014 年各层次教育程度的男性和女性的人口比例

注：根据 2005～2014 年《中国人口统计年鉴》数据整理后得出。

与获得教育机会的人相比，那些因各种原因而未能接受教育的女性人口数量也在逐年减少，2005 年 15 岁以上人口中，女性文盲比例为 16.15%，至 2011 年该比例下降到 10% 以内，在随后的年份中这一数值基本稳定在 7% 左右。同一时期的比较中，2005 年男性的文盲率是 5.86%，比该年的女性文盲率低 10 个百分点左右，2014 年男性文盲率下降到 2.51%。这 10 年间总体的文盲人口数在大幅减少，文盲率性别差异也有显著的缩小，但女性的文盲比例仍然高于男性，女性文盲率始终高于男性的事实并未彻底改变（见图 2）。总体而言，这些数据反映出教育的性别差异并未完全消失，中国女性的平均受教育程度低于男性的事实依然顽强存在。

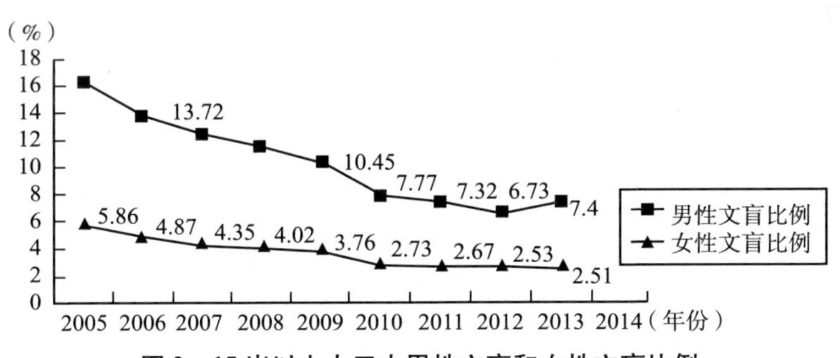

图 2　15 岁以上人口中男性文盲和女性文盲比例

注：根据 2005～2014 年《中国统计年鉴》数据整理后得出。

关于教育的性别不平等问题，国内外学者做过不少的研究与调查。在市场经济为主导的社会环境中，按照经济学投入产出方法，男性的人力投资回报要显著高于女性，由此导致人力资本投资排斥女性而偏好于男性[1]。家庭背景对女性的教育有着更加深刻的影响，而男性在教育方面受到家庭背景的束缚相对较小[2]，社会中不同行业的收入千差万别，父辈所处单位的社会地位对下一代的地位获得产生较大的影响[3]。从整个社会来看，无论家庭环境如何，男性对于自身的教育期望都高于女性，经济状况越好的家庭对子女的教育期望就会越高，城镇地区家庭对子女的教育期望也高于农村地区，独生子女家庭对下一代的教育期望高于非独生子女家庭。由于教育期望具有代际延续性，父辈对子女的教育期望更多体现在高等教育需求中，进而形成高等教育性别差异的再传递过程[4]。城镇地区的女性与男性教育不平等程度相对较小，并呈现逐步减小的趋势，而农村地区男性和女性教育不平等的程度相对较大，虽然也显示出缩小趋势，但缩小幅度不显著，造成农村地区教育性别不平等的主要因素是传统父权制观念所引起的性别歧视[5]。

在南亚、北非、西非和中部非洲地区的一些低收入国家中，6~14 岁男童入学率比女童高 35% 以上，有的国家女童入学率仅为 20.8%，处于全球最低值；15~19 岁男生毕业率平均是女生的 2.93 倍，女生初等教育毕业率最低的国家仅有 9.5%（Filmer，2005）。在资源和信贷市场约束下，低收入地区父母对儿子的投资期望值大于女儿，这种对子女期望值的性别差异，反过来又强化了父母的性别歧视，人为地压低对女孩的教育投入，进而降低女性的劳动边际产出和工资所得，而在父母看来，女性较低的工资收入就是教育投资收益存在性别差距的明证。即使在义务教育阶段女孩的成绩一般比男孩好，但父母对男孩的评价和期望值仍然高于女孩（Alderman & Gertler，1997；Hannum，2009）。

关于教育不平等与收入之间的关系，Barro（1994）和 Sala - i - Martin（1995）认为教育性别不平等能够促进经济增长，但遭到许多学者的反对。Wolfensohn（1995）、Galor & Well（1996）、Forbes（2000）、Seguina（2000）、World Bank（2001）、Yamarik & Ghosh（2003）、Cavalcanti & Tavares（2007）等证明，教育能够提高女性的劳动能力和收入；提升女性的教育水平，能促进家庭劳动生产率和家庭健康、儿童生存率及孩子的人力资本投资、延长人口平均寿命、降低生育率和创造人口红利等；缩小男女两性受教育差距，有利于社会福祉增加和国民经济增长，增强人口密集—出口导向型国家的国际竞争力。Bucciarelli（2007，2011）指出，女性在教育领域遭受比男性更多的挫败，教育的性别不平等对诸如减少生育、儿童死亡和营养不良等发展目标有巨大的负面影响，最终会阻碍经济增长。Thomas（1997）、Dollar & Gatti（1999）、Swamy（2001）、Klasen（2002）、Stotsky（2006）、Blackdenetal（2007）、Porter（2008）等强调对女性的教育投入不足，人为地抑制了智力人才库的发展，特别是高素质女性的发展，教育性别不平等降低平均人力资本，影响经济绩效，扭曲经济增长；对女性而言，教育有助于她们劳动力市场的工资晋级，增强她们在借贷市场的偿还能力和家庭事务决策能力；女性在职场较男性更不易腐败和玩忽职守，对妇女的教育投资是促进国民收入增长的良好政策。Klasen & Lamanna（2009）认为，教育性别不平等通过投资率、总人口增长率、工资—劳动增长率等间接阻碍着经济增长，对妇女的教育歧视虽然看起来伤害的是妇女自身，实际上却是整个社会为之付出成本。Hill & King（1995）、Knowles（2002）等使用索罗增长模型证明，教育性别不平等对 GDP 有非常突出、显著的负效应，Barro（1994）的所谓正效应是经不起缜密计量检验的[6]。

《2010 全球教育概览》指出，2008 年，在 161 个有数据统计的国家中，65 个国家未达到两性均等，教育性别均等存在明显地区差异，南亚和撒哈拉以南非洲地区性别不均等最为突出。而在高等教育阶段，97 个有数据统计的国家中，76 个国家女生毕业率高于男生，但女性晋升为一名研究者的通道非常狭小。2008 年全球女性研究者约占 29%，女性研究者多于男性的国家仅占 8%，女性研究者不足该国研究人员总数 1/3 的国家占 37%，亚洲地区女性研究者所占比例仅为 18%，这说明了教育性别不平等在不同地区存在不同的特征[6]。本文使用中国国家统计局等权威机构的统计数据，考察了近 10 年来的宏观经济环境对中国教育性别差异的影响。

二、数据来源与变量选择

中国官方统计中，按照性别分类进行统计的宏观系列数据始于 2000 年以后。本文采用最近 10 年的教育性别分类数据进行分析，数据来源于 2005～2014 年的《中国统计年鉴》和《中国人口统计年鉴》，根据年鉴中统计的 2005～2014 年全国各个省份（包括自治区和直辖市）关于获得各级教育学历的人口数量（按性别划分）、各年份的人均收入水平、产业结构数据及城镇化发展水平等面板数据，对教育的性别不平等进行实证分析。其中 2010 年是第六次人口普查年，年鉴上未显示该年份的教育性别分类数据，本文通过内差法计算得出 2010 年的相关数据。本文主要分析居民收入、城镇化程度、教育财政支出 3 个宏观经济变量对教育性别不平等的影响。

（一）被解释变量

教育水平可以简单地认为是一个人所获得的受教育年限或学历，人们一般认为接受的教育年限越长，其教育水平或文化水平越高。本文分别使用女性平均受教育年限和男性平均受教育年限，来反映女性/男性的教育水平，用这两者之间的差值来表示女性与男性在教育上的不平等，本文把这个统计指标用 ΔED 表示，即有：

$$\Delta ED = ED_1 - ED_0 \tag{1}$$

其中，ED_1 表示男性的平均受教育年限，ED_0 表示女性的平均受教育年限。

本文关于女性/男性平均受教育年限的所有数据，直接来自2005～2014年的《中国统计年鉴》中“分地区按性别和受教育程度分的人口”这一数据类别，该类别数据依据历年全国人口变动情况抽样调查得来的样本数据，分别列出了样本中不同文化程度的女性/男性人数，而文化程度又分为未上过学、小学、初中、高中、大专及以上等5个层次。为了便于计算和计量分析，本文按照各个不同教育水平的最长受教育年限，把5个不同层次的文化程度量化成不同的教育年限，把未上过学的人口受教育年限归为0年，小学文化的人口受教育年限设定为6年，初中文化的人口受教育年限设置为9年，高中文化的人口受教育年限定为12年，由于大专及以上的人口接受教育的年限存在内部差异，但是至少都有15年，因此本文把大专及以上文化的人口受教育年限设定在15年（当然这样的统计是存在误差的，但也基本能够判断出高等教育与中等、初等教育的最小差异）。在此基础上，根据5个层次的人数进行加权平均，计算整理得到历年女性和男性的平均受教育年限，并以此指标来分别反映女性和男性的教育不平等差距。

（二）解释变量

1. 人均GDP。本文以人均GDP作为各地区的居民收入指标，人均GDP数据的获得有两种方式，一种是某个统计年鉴中列出的各省市自治区的人均GDP数据，一种是用该地区的GDP除以该地区的总人口数而计算得出。一般而言，在相同条件下，较为富裕的地区，居民的受教育情况应当会好于相对贫困的地区，因为家庭收入越高，能够承担的教育成本也就越高，所以家庭子女受教育的层次也会比较高。本文的研究中将人均GDP表示为I：

$$I = GDP/N \tag{2}$$

在（2）式中，I表示某地区的人均收入，GDP表示该地区某时期的所有经济部门的国内生产总值，N即表示该地区总人口。本文这一指标的数据均来自2005～2014年的《中国统计年鉴》。

2. 城镇化水平。衡量一个国家或者地区城镇化水平的一个最简单易得的指标，是城镇化率，即用居住在城镇地区的人口数量占整个地区总人口数量的百分比表示，本文采用这一国际上的通行计算方法，城镇化率表示为UR：

$$UR = PU/(PR + PU) = PU/N \tag{3}$$

在（3）式中，UR代表城镇化率，PU表示某地区城镇人口数量，PR表示该地区农村人口数量，N即表示该地区总人口。该指标数据来自2005～2014年的《中国人口统计年鉴》。

3. 教育财政支出。教育财政支出的指标可以有两种选择，一种是直接采用教育财政支出的绝对值，另一种是以财政支出在政府公共财政总支出中的比例来反映。这两种表示方法都能够反映某个时期某地区的教育财政支出状况。由于我国各个省、市之间的财政支出存在较大差异，本文以各级政府的教育财政支出的绝对值来表示教育的财政支出，符号标记为 G：

$$G = 教育财政支出 \tag{4}$$

（三）控制变量

教育的性别差异受到很多因素的影响，除了本文需要探讨的 3 个宏观经济学因素以外，产业结构的状况也会对教育的性别不平等产生影响。产业结构影响劳动力市场的就业，进而影响到女性与男性的就业差异，就业成为教育的最终结果表现形式。由于在就业的过程中，女性面对着行业、职场的性别歧视，这从一定程度上影响了女性的受教育程度。而女性就业的岗位大多集中在服务性的第三产业。本文把第三产业在国内生产总值中的贡献率作为控制变量之一，记为 SER：

$$SER = 第三产业产出/GDP \tag{5}$$

虽然信息技术革命和经济全球化正在深刻地影响着我国产业结构的转型，新兴的工业经济和第三产业有利于改变劳动力需求市场的性别分工，有利于拓展女性可以研读的学业空间和可以从事的职业范围，但是，在自由贸易和劳动力自由转移等因素的影响下，我国产业结构转型的固有基础和发展状况，在一定程度上仍然限制着性别平等的发展进程，传统的由男性主导的学科不平等状况在短期内无法显著改善，高等教育最初性别不平等的专业、学科设置在适应新兴的工业经济方面存在着滞后性。因此，本文研究中，把第二产业在国内生产总值中的贡献率作为控制变量之二，记为 IND：

$$IND = 第二产业产出/GDP \tag{6}$$

三、模型分析

本文使用简单的多元线性回归模型方法，利用 EVIEWS 软件方法，对获得的数据进行计量模型分析。具体计量步骤如下。

本文把教育性别不平等的基本估计模型（1）设定为：

$$\Delta ED_{8it} = C_{it} + \beta_{1it} I + \beta_{2it} UR + \beta_{3it} G + \xi_{it} \qquad 模型（1）$$

在上述模型（1）里，i 表示第 i（i = 1，2，3，…，31）个省份（包括自治区、直辖市），t 代表第 t（t = 1，2，3，…，9）年；ΔED_{it}是女性和男性平均受教育年限的差值，本文用它反映教育的性别差异；C_{it}是特定的截面效应；I 是人均 GDP，反映居民收入水平；UR 是地区的城镇化率，反映该地区的城镇化程度，也代表了该地区的发达程度；G 是地区政府的教育财政支出绝对值，反映该地区政府对教育资本的投入，这个指标也部分地反映了该地区政府对教育的重视程度；ξ_{it}表示随机干扰项。

为考察解释变量的稳定性，加入第三产业贡献率的控制变量后，可以得到模型（2）：

$$\Delta ED_{it} = C_{it} + \beta_{1it}I + \beta_{2it}UR + \beta_{3it}G + \beta_{4it}SER + \xi_{it} \quad \text{模型（2）}$$

上述模型（2）中，加入的控制变量 SER 是第三产业在国内生产总值中的贡献率。在此模型的基础上，再加入第二产业在国内生产总值中的贡献率 IND 这一控制变量后，得到模型（3）：

$$\Delta ED_{it} = C_{it} + \beta_{1it}I + \beta_{2it}UR + \beta_{3it}G + \beta_{4it}SER + \beta_{5it}IND + \xi_{it} \quad \text{模型（3）}$$

（一）面板数据的单位根检验

本文主要采用面板数据，其中也包含了时间序列，为了考察数据的平稳性，必须要对数据进行平稳性检验。在对数据进行平稳性检验的方法中，单位根检验是最常用的检验方法。为检验本文采用的各面板数据序列的稳健性，本文分别使用相同单位根过程下的 LLC 检验，以及不同单位根过程下的 Fisher - ADF 检验，对各个面板的序列数据进行单位根检验。如果这两种检验都是拒绝原假设，即 P 值小于 0.05 时，就说明了面板的序列数据是平稳的。

表 1 中列出了各个变量的单位根检验的结果。由检验的结果可知，部分变量在 5% 的显著水平下，LLC 检验拒绝了存在面板单位根，也有部分变量在 Fisher - ADF 检验下拒绝了原假设。而 LLC 检验和 Fisher - ADF 检验下，各个变量的一阶差分均在 5% 显著水平下拒绝了原假设，即各个变量的一阶差分都不存在面板单位根。因此，可以认为实证研究中的各个变量都是一阶平稳序列。

表 1　　单位根检验结果

变量	LLC 检验	Fisher - ADF 检验	一阶差分	LLC 检验	Fisher - ADF 检验
ΔED	-13.9659（0.0000）	137.8430（0.0000）	dΔED	-13.5990（0.0000）	168.7770（0.0000）
I	5.0947（1.0000）	11.7186（1.0000）	dI	-10.6258（0.0000）	118.4940（0.0000）
UR	-1.1911（0.1168）	21.6266（1.0000）	dUR	-9.0465（0.0000）	111.9110（0.0001）
G	0.1968（0.5780）	14.0872（1.0000）	dG	-9.6338（0.0000）	128.8830（0.0000）
SER	1.9125（0.9721）	45.2335（0.9459）	dSER	-12.8219（0.0000）	143.5740（0.0000）
IND	-1.1495（0.1252）	67.8963（0.2833）	dIND	-10.5903（0.0000）	128.4760（0.0000）

注：括号内为 P 值。

（二）面板数据的协整检验

根据对各个变量的单位根检验结果可以知道，本文采用的各个变量都是一阶单整，因此可以进行协整检验。本文的实证研究中，采用的是 Pedroni 的面板协整检验方法，这种检验方法中主要有两类统计指标：一种是组内的尺度检验，有两个统计量：Panelpp 统计量和 PanelADF 统计量；另一种是组间的尺度检验，也有两个统计量：Grouppp 统计量和 GroupADF 统计量。Pedroni 面板协整检验方法的原假设是：变量之间没有协整的关系。

从表 2 的协整检验结果可以得出，各个模型中在 5% 的显著水平下，拒绝原假设，因此可以认为各模型中的各个统计变量之间是存在协整关系的。也就是说，居民收入、城镇化程度、教育财政支出以及产业结构和教育的性别差异之间是存在长期稳定的均衡关系的。

表 2　　　　面板协整检验的结果

统计量	模型（1）	模型（2）	模型（3）
Panelpp	-8.1439*** （0.0000）	-8.8611*** （0.0000）	-9.2268*** （0.0000）
PanelADF	-5.6789*** （0.0000）	-4.2259*** （0.0000）	-2.2188** （0.0133）
Grouppp	-8.4670*** （0.0000）	-12.0485*** （0.0000）	-12.4110*** （0.0000）
GroupADF	-5.9443*** （0.0000）	-3.2418*** （0.0006）	-1.5286* （0.0631）

注：（1）*** 代表 1% 的显著水平，** 代表 5% 的显著水平，* 代表 10% 的显著水平，没有标示的则表示不显著；（2）括号内为 P 值。

（三）估计结果

因为本文的数据横截面单位相对比较多，有 31 个横截面，而时期单位相对较少，有 10 个，对于这类数据，估计所存在的问题主要集中于横截面的变化上，或者问题是在异方差上，所以，本文的研究采用截面加权估计法来进行估计，以此减少或是消除横截面异方差方面的问题。由于静态的面板数据回归模型存在着异方差、序列相关以及截面相关等 3 类误差结构，因此本文采用最小二乘法（FGLS）对静态面板数据进行了估计，这种方法能够同时考虑以上 3 种误差结构。其估计结果如表 3 所示。

表 3　　　　教育的估计结果

系数	模型（1）	模型（2）	模型（3）
C_{it}	2.5071*** （12.9450）	2.3758*** （9.6306）	4.6004*** （8.2785）
β_{1it}	-0.0644*** （-5.8007）	-0.0670*** （-5.8649）	-0.0557*** （-5.1003）
β_{2it}	-0.0303*** （-6.8627）	-0.02966*** （-6.6737）	-0.0193*** （-4.4860）

续表

系数	模型（1）	模型（2）	模型（3）
β_{3it}	0.0001 * （1.8507）	0.0001 * （1.7049）	0.0000（1.3228）
β_{4it}		0.0027（0.8133）	-0.0303 *** （-3.8363）
β_{5it}			-0.0299 *** （-4.9404）
R-squared	0.8714	0.8721	0.8824
Adjusted R-squared	0.8561	0.8563	0.8674
F 统计量	56.6844 ***	55.1659 ***	58.7291 ***
Hausman 检验	33.6480 ***	27.8460 ***	34.3541 ***
模型选择	FE	FE	FE

注：（1）*** 代表1%的显著水平，** 代表5%的显著水平，* 代表10%的显著水平，没有标示的则表示不显著；（2）系数和截距项的估计值后面的括号内是 t 值；（3）FE 表示为固定效应模型，RE 表示为随机效应模型，Hausman 检验如果显著，那么选择固定效应模型，否则就选择随机效应模型，本表只列示出了所选模型的最终结果。

根据表 3 的估计结果来看，在模型（1）、模型（2）和模型（3）中，居民收入对教育性别差异的影响都是负相关的。也就是说，居民收入的提高可以使得教育的性别差异减小。参考模型（1）中的系数值 -0.0644 可以知道，当人均收入增加 1 万元时，男性和女性之间的受教育年限差值会减小 0.0644 年。城镇化率与女性/男性的受教育差异之间的关系也是负相关的，换句话说，就是城镇化率越高，男性和女性在教育方面的差异越小。参考模型（1）中的数据可以得到，当城镇化率每上升 1% 时，男性和女性的平均受教育年限差值会减少 0.0303 年。对于教育财政支出的影响，各模型的分析结果有所不同。教育财政支出在 10% 的检验水平下，对男性和女性受教育差异的影响是显著的，而在模型（3）中，教育财政支出对教育性别差异的影响是不显著的。在各个模型的结果里，教育财政支出的估计系数都很小，几乎为 0，说明教育财政支出并没有缩小教育的性别差异。而在模型（1）中的数据显示，教育财政支出每增加 1 亿元，男性和女性平均受教育年限的差值就会扩大 0.0001 年，这表明，教育财政支出的增加不但不会缩小男性和女性平均受教育年限的差异，而且在一定程度上还有扩大性别不平等的可能性。

四、结论

本文实证分析的结果表明，城镇化程度能够显著地影响到教育性别不平等，城镇化程度越高，教育的性别不平等就越小。这表明我国实施的城镇化战略，不仅促进了城市经济、城市产业、农村劳动力向城市的迁移，实现了产业结构转型和升级，而且也提升了劳动者的整体文化水平，特别是有利于女性的人力资本提升。城镇化率越高的地区，城乡的融合越全面，性别不平等的观念相对也淡一些，可以为消除居民教育性别不平等提供一个良好的社会环境。“十三五”规划中继续建设中小型城市的发展战略将不仅仅有利于改善民众生活，更有助于缩小教育的性别不平等。

而居民收入与教育性别不平等之间存在着显著的正相关性，对于民众自身而言，特别是对于女性而言，提高收入水平是提升教育水平的一个根本保证。但政府对教育的财政投入却不能有效改善教育的性别不平等，这归因于教育的财政支出主要用于改善办学条件、教学设施、教学环境等硬件设施，那些拥有教育机会的男性能够从教育财政投入中受益更多，而女性特别是那些获得很少教育机会的女性，并不能够从政府的教育投资中获得与男性等同的收益，而针对女性的各类培训、技能训练或教育机构不仅规模小，而且获得的政府财政投入也非常有限[7]。因此，改善教育的性别不平等，除了提升收入水平之外，还需要设计具有性别差异的财政支出政策，这样的政策不再是性别中性的而是体现了“性别智慧”的。

参考文献

[1] 蔡昉，王美艳．女性劳动力供给特点与教育投资［J］．江海学刊，2001（6）：35－39.

[2] 李春玲．教育地位获得的性别差异——家庭背景对男性和女性教育地位获得的影响［J］．妇女研究论丛，2009（1）：14－18.

[3] 林南，边燕杰．中国城市中的就业与地位获得过程［M］．边燕杰．市场转型与社会分层——美国社会学者分析中国［C］．北京：三联书店，2002：83－114.

[4] 陆根书，等．高等教育需求及专业选择中的性别差异及其影响因素分析［J］．高等教育研究，2009（1）：14－29.

[5] 吴愈晓，黄超．中国教育性别不平等的城乡差异研究——基于 CGSS2008 数据［J］．国家行政学院学报，2015（2）：41－47.

[6] 王爱君．性别差异与经济发展关系前沿研究［J］．经济学动态，2014（6）：113－123.

[7] 王爱君．农村女性贫困：基于城市增长的解释［J］．山东女子学院学报，2013（3）：16－21.

（与周国凯合作完成，原载《山东女子学院学报》2017 年第 131 期）

寻求社会性别主流化的农村减贫机制

“社会性别主流化”（gender main streaming）是1995年在北京举行的联合国第四届世界妇女问题国际会议的《行动纲领》中提出的。1997年联合国经济及社会理事会正式定义“社会性别主流化”为：“是指在各个领域和各个层面上评估所有有计划的行动（包括立法、政策、方案）对男女双方的不同含义。作为一种策略方法，它使男女双方的关注和经验成为设计、实施、监督和评判政治、经济和社会领域所有政策方案的有机组成部分，从而使男女双方受益均等，不再有不平等发生。纳入主流的最终目标是实现男女平等。”

农村经济环境的性别中性

长期以来，因男性的经济价值和“养儿防老”功能大于女性，生育男孩是我国传统农民精神上的最大满足，“男孩偏好”成为一种刚性的“制度化的社会价值取向”。农村贫困家庭拥有的资源有限，为了应对日益激烈的市场经济竞争，农民会尽量加大对男孩/男性的各种资源投入，女性成员往往成为家庭资源再分配中的牺牲者和付出者。例如，女孩辍学打工资助兄弟上学、补贴家用、赡养父母成为改革开放后农村的一种新的赡养伦理，但女儿一般不具有继承父母财产的权利。

土地承包制的农业改革，以家庭为核算单位，把过去由农村集体组织承担的责任和风险，随同土地使用权一并转移给农民家庭独立承担。农户拥有对农业投入要素的支配权、决策权、土地的生产经营权和剩余索取权，也是农业生产风险的直接承担者。费孝通说：“中国乡土社会中，一直到现在，最有力的动机是‘创立家业’。在一个天灾人祸不断的生活中，安全是主要的企求。”农民生计存在广泛的不确定性，包括气候变化、瘟疫、疾病等自然风险给农业造成不可预期的灾害，发展中国家农业的信息不完全与市场不完善引起的产品价格不稳定性，经济资源控制权的变动所造成的社会不确定性，法律权益和社会保障的不健全，等等，这些都使得规避风险成为农民特别是贫困农民家庭的本能反应。

因此，在微观生产水平上实现家庭财富最大化、风险最小化，成为改革后全国农户的共同追求目标。为实现这一目标，农村青壮年劳力主动把农民身份转型为城市化群体，把计划经济时期由男女两性共同分担的农业生产任务全部留给在乡村的妇女。这种劳动力资源的内部配置，忽视了农民家庭成员之间的劳动分工和收益分配的不平等，特别是性别之间的分配不平等。青壮年男性迁出农村流向城市，农村妇女并没有因为担负起农业生产的重任而减少她们原有“主内”角色所承担的家务劳动，她们不得不挑起原本由两副肩膀分担的责任田和家庭重担。跨城乡的“男工女耕”性别分工，限制了农村女性与男性劳动的可替换性，女性的农业生产活动在一定程度上被“内”化为不挣钱的家务劳动，导致其社会性的有用价值并未得到应有的认可。与男性相比，农村妇女的社会地位、收入水平并没有随着劳动强度的增强、家庭贡献加大而同比上升。遵照传统的从父、从夫居习俗，农村女性秉持的是利他主义精神，最终，农村妇女往往是贫困家庭中的最贫困者，贫困因此具有了性别差异。

农村扶贫减贫政策的性别中立

改革开放以来，国家先后推行了具有不同针对性的农村扶贫减贫战略，包括救助式扶贫、开发式扶贫、参与式扶贫等。《中国农村扶贫开发纲要（2001～2010年）》中，扶贫开发对象主要是贫困地区尚未解决温饱的贫困人口。这些战略与规划都没有对贫困人群进行男女性别、鳏寡老幼等细致区分，基本上是一种“男女都一样”的、性别中立的扶贫方式。

1995年以来，中国政府的扶贫开发政策中，越来越关注妇女参与扶贫并从反贫困中受益，《国家八七扶贫攻坚计划（1994～2000年）》提出鼓励妇女参与脱贫的政策措施，国务院扶贫办从2001年开始采取参与式村级扶贫规划，强调妇女的参与。国家和地方政府、全国妇联、中国人口基金会及其他妇女组织等分别设立针对妇女的专门扶贫项目，如“春蕾计划”“母亲水窖”“阳光工程”“巾帼扶贫行动”“幸福工程”“农家女文化发展中心”等，通过开展实用技术培训、小额贷款、劳务输出等方式，以及“关爱女童”和“母亲安全”等保健项目，为增强农村妇女的保健能力、参与能力和自信心，帮助她们摆脱贫困提供积极的社会支持。2003年，国家统计局农村贫困监测报告把性别平等列入扶贫项目评估的一个方面，并开始发展分性别指标，2003年开始实施的《中华人民共和国农村土地承包法》包含了保护妇女土地权益的条款，以遏制妇女由于土地资源的丧失而造成的贫困，《中国农村扶贫开发纲要（2011～2020年）》把少数民族、妇女儿童和残疾人作为扶贫的重点群体，在同等条件下优先安排。这些研究和决策成果都意识到了在扶贫过程中的男女两性差异。

但是，这些政策和项目关注的是妇女，而不是社会性别。社会性别不仅是指建立在生理基础上的性别差异，更强调社会和文化对于男人和女人角色的期待、规范和要求，社会性别平等并不意味着女性和男性必须完全一模一样，而是他们在机会、权利、责任、义务、资源、待遇和评价方面的平等。社会性别主流化并非是在现存的行动中加入“妇女成分”或“两性平等成分”，也非仅限于提高妇女的参与度，它是要把男女双方的经验、知识和利益应用于发展议程，评估所有政策及发展项目对两性不同的影响，了解男女在决策及社会资源运用方面的差别。建立社会性别主流化扶贫减贫机制，有助于区别在面对风险时妇女比男性更脆弱的特征，使扶贫措施更具有针对性。

（原载《光明日报》2012 年 12 月 28 日）

子女婚姻、健康是否影响其对农村老人的代际支持*

一、引言

2016 年，我国 65 岁以上的人口数量已达 14933 万人，老年抚养比为 15%，比 2006 年的老年抚养比升高 4 个百分点。① 随着老年人口数量的不断增加，养老问题（尤其是农村养老问题）已成为一个重要民生问题，也成了国家乡村振兴发展战略推进实施的重要障碍。而农村老年人因无固定酬薪、经济来源单一，导致其年老后的赡养更多地需要依赖其子女，因此，子代的生活、感情、能力等特征对农村老年人的经济状况有重要影响作用。从子代的数量[1]、性别[2]、教育[3]等特征出发，分析子代对父代的代际支持，这种视角的研究相对来说更多些，而关于子女的婚姻水平（本文特指成婚率）、身体健康特征与老人代际支持之间的研究，尚不多见。

2016 年，我国离婚数达 415.8 万对，同比上升 8.3%，而结婚率同比降低 6.7%，伴随着离婚率攀升结婚率下行的环境变化，子代成婚的婚姻水平不仅改变家庭劳动供给结构，也会改变着依靠子代获得主要生活来源的老年人的代际支持关系，特别是那些缺乏养老保障和稳定退休收入的农村老人，获得子代的代际支持方式也会发生明显改变②。对于子代而言，生态环境的破坏以及现代化生活节奏紧张，老年性疾病逐渐呈年轻化倾向，他们的身体健康状况会通过其劳动供

---

* 基金项目：教育部人文社会科学重点研究基地重大项目“中国特色发展经济学理论体系研究”（15JJD790023）；国家社科基金一般项目“经济转型对农村妇女减贫脱贫的影响研究”（12BJY090）。

① 根据国家统计局公布的数据，2016 年我国 65 岁以上的人口数量为 14933 万人，老年抚养比为 15%，2006 年的老年抚养比为 11%。详见：国家统计局官网．人口年龄结构和抚养比（2006～2016 年）. http：//data. stats. gov. cn/easyquery. htm？ cn = C01.

② 根据 2017 年民政部门发布的“2016 年社会服务发展统计公报” 整理。详见：民政部门户网站. http://www. mca. gov. cn/article/sj/tjgb/201708/20170815005382. shtml.

给状态影响其家庭收入，[4][5][6]进而影响其对父代的代际支持力度。鉴于子代和亲代会发生双向代际支持，本文在前人研究的基础上，把子女的婚姻水平和子女身体健康作为主要变量，考察它们对老人获得净经济支持（包括货币支持和实物支持）的影响，并基于工具变量法对子女其他特征的影响进行再分析。鉴于样本等综合条件受限，本文主要分析子代对农村老年人净代际支持的影响。

婚姻家庭是表达代际关系的直接路径，何善军（1995）、阎云翔（2006）等关注到子女的夫妻关系影响老年人的养老保障，随着家庭内女性地位提升，"媳妇当家"的夫妻关系某种程度上可能会忽视老人（尤其是"母亲"）的利益，[7][8][9][10]子女成婚率高可能对父母的养老支持存在负影响。但也有研究不支持此观点，比如，韦艳（2017）基于2014年全国九省的百村调查数据分析表明，农村已婚女性对父母和公婆的代际支持是"同时兼顾"，而非"厚此薄彼"。[11]而钟涨宝等（2015）分析山东武城调查数据发现，父母给予已婚子女经济支持的频率较低，农村地区父母经济上的"逆反哺"行为并不普遍。[12]因此，上述研究无法判定子女的成婚率是否直接降低或提升他们对老人的代际支持，老人的子女是否成婚（本文称为子女婚姻水平）对老人获得的代际支持仍存在着模糊关系，且鲜有学者直接对其展开研究。

在考察健康状况与代际支持之间的关系时，人们更习惯于从老年人的健康与其获得子代代际支持的角度去研究。有的研究认为，完全未获得代际支持的老年人，或者获得了代际支持但代际支持不均衡的老年人，他们的健康状况相对较差；[13~14]有研究表明，能够获得子女的生活照料和感情支持，对高龄老人健康具有显著的积极影响，这种影响程度显著大于简单的经济支持。[15]但是，当老年人因自身身体健康状况选择退而不休地工作，[16]会提高他们对子女的代际支持或者减少子女给予老年人的支持。相对而言，考察子女健康状况对老年人代际支持的影响则不多。子女的身体健康状况不仅会影响其自身获得财富的能力，也会影响到他们对老人代际支持的力度和频度以及老年人对子女的代际支持的力度和频度等。

基于上述文献的研究成果，本文试图在关注子女婚姻状况和健康资本的基础上，通过工具变量法，分析子女的数量、性别与教育等主要特征对农村老年人获得净代际支持的影响，从而为解决农村老龄化问题提供理论支撑，为农村老年人的养老保障提供合理政策解释。

二、研究设计

（一）数据来源与方法

本文数据主要来源于2015年的中国健康与养老追踪调查（China Health and

Retirement Longitudinal Survey，CHARLS）数据库，同时匹配利用了 2013 年和 2014 年的部分调查数据。本文主要考察婚姻、健康等子女特征对农村老人代际支持的影响，为了避免样本因身份证年龄和真实年龄不一致而误领社保的状况，同时保证样本容量，将老年群体样本锁定在其身份证和真实出生年龄信息在2015 年接受调查时均年满 60 岁（即出生时间为 1955 年及以前）的受访者。经过筛选和处理最终获得 3954 个样本，其中，农村地区样本数为 3068 份，约占总样本数的 77.6%；城市地区样本数为 886 份，约占总样本数的 22.4%。这一现象与我国老年人主要集中分布于农村地区的事实相符合，因此，本文主要分析对象为农村老年样本，在某些分析中适当与城市老年人进行比较分析，以求对农村样本的研究更为深刻。

（二）变量选择

因变量：老年人获得的总净经济支持、净货币支持和净实物支持的概率。由于家庭中代际经济支持是双向的，扣除老年人向子女转移的经济支持后，老年人最终获得的经济支持为总经济支持净值。老年人获得总净经济支持的概率为虚拟变量 NeconomicFC，老年人获得净经济支持为正时表示为 1，其他情况表示为 0（以下类同）。老年人获得净货币支持以虚拟变量 Nmoney_support 表示。老年人获得的净实物支持，用虚拟变量 Ninkind_support 表示。

自变量：子女的婚姻、健康、教育、性别特征以及子女数量。本文重点关注子女婚姻状况和身体健康水平。子女的婚姻水平用样本老人子女的平均成婚率（包括未结婚但有固定异性伴侣）表示，数值越高表示成婚率越高，回归分析时转变为虚拟变量表示。子女身体健康水平来自问卷中子女平均身体健康水平评价指标，很不好、不好、一般、好、很好，分别用 1、2、3、4、5 赋值，然后按条件求和并除以子女数，计算出老年人的子女平均健康水平，然后把（0，3）（3，4）（4，5）分别用 1、2、3 表示。为防止出现遗漏变量导致实证结果出现较大偏误，本文纳入子女数量、性别与教育特征变量。子女数量，设定为连续型数值变量 nchild，包括老年人亲生子女、非亲生子女。子女的性别，设定为连续型数值变量 female，以女儿数量占子女总数的比重衡量。子女受教育水平，由老年人所有子女的平均受教育水平来衡量，中等教育水平以下、中等教育水平、高等受教育水平分别取 1、2、3，据此生成的虚拟变量参与模型分析。

控制变量：子女收入、子女身份特征、老年人的人口特征、老年人经济特征、老年人拥有 16 岁以下孙辈数。农村的村干部和普通村民身份特征不同，会影响到子女给予老人的代际支持，本文把子女身份特征（是否为党员衡量）作为控制变量。农村老人常常要为务工的子女照料孙辈，本文引入是否照顾孙辈、孙辈的数量（16 岁以下）进行控制分析。老年人的人口特征为年龄、性别、受教育水平、婚姻状况等。老年人经济特征是指年收入水平。变量的设定详见表1。

表1　　变量列表

统计量	变量代码	变量定义	预期方向（农村样本预期）		
			总净经济支持	净货币支持	净实物支持
总净经济支持	NeconomicFC	大于0=1，小于或等于0=0	—	—	—
净货币支持	Nmoney_sup ~ t	大于0=1，小于或等于0=0	—	—	—
净实物支持	Ninkind_su ~ t	大于0=1，小于或等于0=0	—	—	—
子女数量	nchild	截至调查时仍存活的子女数量	正向	正向	正向
子女性别	female	女儿在总子女数的占比	不明确	负向	正向
子女平均教育程度	averedum1	(0，4] 小学及以下=1，(4，7] 中专及以下=2，(7，11] 大专及以上=3	正向	正向	正向
子女婚姻水平	avermarry1	成婚率 (0，0.5] =1，成婚率 (0.5，1) =2，成婚率1=3，	不明确	不明确	正向
子女年平均收入水平	lnaverinco ~ 1	(0，5) 万元=1，[5，8) 万元=2，(8，12] 万元=3	正向	正向	正向
子女身体健康水平	averhealthC2	(0，3) 一般以下=1，[3，4] 一般及好=2，(4，5] 好以上=3	正向	正向	正向
子女中是否有党员	party	子女有党员=1，无=0	不明确	不明确	不明确
老人子女是否同住	live	是=1，否=0	负向	负向	负向
老人性别	gender1	男性=0，女性=1	正向	正向	正向
老人年龄	age1	[60，70]=1，(70，80]=2，(80，+)=3	不明确	不明确	不明确
老人受教育水平	edu	分为11等，以数值1~11分别表示从未读过书到博士毕业	不明确	负向	不明确
是否有配偶或伴侣	marry	是=1，否=0	不明确	负向	正向

续表

统计量	变量代码	变量定义	预期方向（农村样本预期）		
			总净经济支持	净货币支持	净实物支持
是否照顾孙辈	caregrandC	是 =1，否 =0	不明确	正向	不明确
老人身体是否健康	health1	是 =1，否 =0	负向	负向	负向
老人年收入水平	lnownincome1	老年人年收入取自然对数值	负向	负向	负向
拥有 16 岁以下孙辈数	ngrandC16	老人 16 岁以下孙辈数量	负向	负向	负向

（三）变量描述性分析

表 2 显示，从子女数量均值、性别来看，农村老年人拥有的子女数量明显高于城市老年人；无论城乡家庭，儿子在子女总数中的比例都显著高于女儿；在中等教育、高等教育水平上，城市老年人的子女普遍高于农村。子女的成婚率方面，城乡之间差异较小，但农村子女的健康水平、平均收入水平都低于城市。城市老年人的受教育水平、收入水平也显著高于农村老年人，农村老年人拥有年龄在 16 岁以下的孙子女数量，则高于城市老年人。基于以上分析，样本统计结果基本符合现实中的城乡差异性表征。

表 2　　描述性统计

Variable	农村（n =3068）		城市（n =886）		总样本（n =3954）	
	Mean	Std. Dev.	Mean	Std. Dev.	Mean	Std. Dev.
NeconomicFC	0. 824	0. 381	0. 602	0. 490	0. 774	0. 418
Nmoney_sup ~ t	0. 701	0. 458	0. 419	0. 494	0. 638	0. 481
Ninkind_su ~ t	0. 727	0. 446	0. 628	0. 484	0. 704	0. 456
nchild	3. 516	1. 470	2. 885	1. 382	3. 375	1. 474
female	0. 470	0. 271	0. 468	0. 322	0. 469	0. 283
averedum1	1. 592	0. 558	2. 143	0. 569	1. 715	0. 606
avermarry1	2. 419	0. 775	2. 517	0. 756	2. 441	0. 771
lnaverinco ~ 1	1. 612	0. 523	1. 834	0. 549	1. 662	0. 537

续表

Variable	农村（n=3068）		城市（n=886）		总样本（n=3954）	
	Mean	Std. Dev.	Mean	Std. Dev.	Mean	Std. Dev.
averhealthC2	1.973	0.699	2.192	0.673	2.022	0.699
party	0.151	0.358	0.293	0.456	0.183	0.387
live	0.365	0.481	0.371	0.483	0.366	0.482
gender1	0.446	0.497	0.384	0.487	0.432	0.495
age1	1.404	0.607	1.440	0.631	1.412	0.613
edu	2.861	1.670	4.571	1.976	3.244	1.883
marry	0.692	0.462	0.766	0.423	0.709	0.454
caregrandC	0.451	0.498	0.495	0.500	0.461	0.499
health1	0.649	0.477	0.793	0.405	0.681	0.466
lnownincome1	2.026	3.424	1.800	3.550	1.976	3.453
ngrandC16	2.575	2.118	1.824	1.523	2.407	2.024

（四）工具变量的选择

样本中80岁以下老年人约占样本总量的92%，在计划生育开始实施时均处于生育年龄的范围内，因此，计划生育政策确实对样本中家庭的生育行为形成外部影响①。此外，由于生育子女年份与计划生育政策实行年份，存在时间差，这会造成政策对家庭生育决策影响程度的不同，工具变量中还需衡量政策对不同家庭的影响程度。

本文以妇女完成生育计划平均所耗费时间以及家庭生育第一个子女的年份距1979年的时间差距，来测度政策对微观家庭生育决策的影响程度。若家庭第一个子女出生于1979年以后，家庭生育决策会受到人口政策的影响，工具变量值为1。若家庭所有子女均出生于1979年之前，控制人口政策对该类家庭的生育决策无影响，工具变量取值为0。样本中，60岁以上老年人生育子女时间主要集中在20世纪60~70年代，该时期家庭子女数量平均在3个及以上。按照Sharping（2002）的研究，中国城乡家庭在20世纪60~70年代生育子女的间隔时间约为2.5年[17]，根据这个生育间隔时间，本文样本中老年人完成生育计划所需时间约为12年。在1979年的前12年，即在1967年生育第一个子女的受访者家庭在

① 生育年龄的范围对于男性没有限制，而女性的生育年龄一般为15~45岁。样本中80岁以下的受访者在1979年时年龄的上限约为45岁，仍位于生育年龄的范围内，因此其生育行为同样受到计划生育政策的影响。

1979 年时已经完成家庭生育规划，计划生育政策对该类家庭无影响，该类家庭对应的工具变量取值为 0。而在 1967～1979 年生育第一个子女的受访者家庭由于距离 1979 年时间距离差异，受政策影响的程度各异，对应的工具变量取值为[12－(1979－firstchild_birth_year)]/12。

理论上，生育第一个子女的年份越靠近 1979 年，受到政策影响效果更大，生育子女数量更少，即工具变量与子女数量之间应为显著负相关关系。实证检验主要通过工具变量的第一阶段回归分析来实现。引入工具变量后第一阶段回归分析估计：

$$nchild_i = \theta_0 + \theta_1 IV_i + \gamma Z + v_i$$

其中，IV_i 为各受访家庭对应的工具变量的取值，Z 为设定模型中其他自变量以及控制变量的集合。具体部分回归分析结果如表 3 所示。工具变量与子女数量显著负相关，相关关系在 1% 的水平下均为显著，回归模型对应的 F 值显著高于 10，说明以计划生育政策设定的工具变量是有效的。

表 3　　工具变量第一阶段回归结果

变量	因变量：子女数量	
工具变量	−0.757*** (−0.0565)	0.365*** (−0.0473)
子女性别		0.484*** (−0.0619)
子女平均中等教育水平		−0.236*** (−0.0429)
子女平均高等教育水平		−0.682*** (−0.0704)
子女中等婚姻水平		0.510*** (−0.0652)
子女高等婚姻水平		−0.363*** (−0.0628)
子女年均中等收入水平		−0.0491 (−0.0465)
子女年均高等收入水平		−0.366*** (−0.0895)
子女身体中等健康水平		−0.260*** (−0.0589)
子女身体高等健康水平		−0.154** (−0.066)
子女中是否有党员		0.345*** (−0.0468)
观测数	3954	3954
R 平方	0.049	0.447
F 值	179.48	154.2

注：括号内数值均为稳健标准差，*、**、*** 分别代表在 10%、5%、1% 的水平上显著，下同。

三、实证结果分析

（一）子女给予老年人货币支持的回归分析

本文主要对农村样本的 ivprobit 回归结果进行分析（见表 4 因变量为净货币支持的 ivprobit 回归结果），从子女的婚姻状态（成婚率）看，农村家庭子女的成婚率达到 100% 时，对老年人的货币支持将显著提升 16.2%，但未婚的子女对老人货币支持呈下降倾向，而城市家庭这种现象不明显。这反映出在农村地区，由于整体经济水平偏低，通过婚姻方式改善家庭劳动力构成，能够为老年人提供更多的代际支持。进一步说明无论已婚子女夫妻关系和婆媳关系如何，成婚对老年人获得净货币支持都具有正向作用，因夫妻关系或婆媳关系不和，而对老年人获得净货币支持带来的负面影响，由此可以部分被抵消掉。

但是，当农村子女身体健康水平过低不仅降低自身对老人货币支持的能力，还会引致农村老人更多为子女付出支持，农村老年人从子女处获得的净货币支持会下降。当农村子女平均健康水平处于较高状态，农村老年人获得的净货币支持也有下降倾向。这可能是，子女拥有非常健壮的身体，更加全身心投入劳动力市场忙于创造财富增值而无暇顾及农村老年人，对农村老年人的代际支持反而淡化。

子女人数每增加 1 人，农村老年人获得货币支持的可能性显著上升 58.5%，城市地区上升 24.1%。这个计算结果与“多子多福”的传统观念比较一致，特别是在农村地区，养育子女人数较多，老年人晚年的生活越有保障，“养儿防老”的目标就比较容易实现，与预期作用方向一致。

子女获得中等以上教育水平，老年人获得货币支持可能性上升但不显著；子女受教育水平在高等教育水平以上，农村老年人获得货币支持的可能性显著上升 53.6%，城市地区效果甚微。这一结论也与伍海霞（2011）和牛楠、王娜（2014）的研究结论相似，说明农村具有高等教育水平的子女对父母的反馈能力更强。但女儿数量越多，农村老年人获得货币支持的可能性下降，城市地区则上升，表明拥有同样多的女儿时，城市父母从女儿那里获得货币支持更多些。这呼应了许琪（2015）、Wu & Li（2014）、Oliveira（2015）等学者们关于子女性别对家庭支持影响存在的争论现象。

子女的平均收入水平越高，农村老年人获得净货币支持的可能性越高。较于拥有低收入水平子女的老人，中等收入水平子女的老人获得净货币支持的概率高出 22.2%，而高收入水平子女的农村老人则较于其他情况获得净货币支持的概率将显著增加 53.3%。说明子女对老年人的经济支持，需要依赖子女自身创造财富

表 4　老年人获得净货币支持/净实物支持/总净经济支持可能性的 probit 回归

变量	因变量：子女给予老人净货币支持可能性				因变量：子女给予老人净实物支持可能性				因变量：子女给予老人总净经济支持可能性			
	probit		ivprobit		probit		ivprobit		probit		ivprobit	
	农村	城市	农村	城市	农村	城市	农村	城市	农村	城市	农村	城市
子女中等婚姻水平	0.0838	0.18	-0.148	0.0955	0.143 *	0.327 *	-0.0729	0.0706	0.200 **	0.259	-0.0914	0.0638
	(-0.0866)	(-0.171)	(-0.106)	(-0.279)	(-0.0827)	(-0.174)	(-0.111)	(-0.278)	(-0.096)	(-0.169)	(-0.117)	(-0.271)
子女高等婚姻水平	0.0369	0.0874	0.162 *	0.135	0.193 **	0.317 **	0.292 ***	0.431 **	0.199 **	0.297 *	0.315 ***	0.392 **
	(-0.0818)	(-0.155)	(-0.0854)	(-0.198)	(-0.08)	(-0.153)	(-0.0821)	(-0.174)	(-0.0882)	(-0.153)	(-0.0851)	(-0.176)
子女身体中等健康水平	-0.0636	0.232	0.0678	0.245	0.0651	0.00347	0.174 **	0.0455	0.0088	0.112	0.155 *	0.141
	(-0.0748)	(-0.162)	(-0.0827)	(-0.163)	(-0.0723)	(-0.164)	(-0.0771)	(-0.166)	(-0.0846)	(-0.159)	(-0.085)	(-0.155)
子女身体高等健康水平	-0.129	0.154	-0.0175	0.146	0.0326	0.104	0.119	0.078	-0.0545	0.0489	0.0696	0.033
	(-0.0875)	(-0.178)	(-0.0905)	(-0.178)	(-0.0872)	(-0.182)	(-0.0874)	(-0.184)	(-0.0987)	(-0.175)	(-0.095)	(-0.17)
子女数量	0.195 ***	0.110 **	0.585 ***	0.241	0.106 ***	0.144 ***	0.474 ***	0.503 *	0.194 ***	0.135 ***	0.643 ***	0.422
	(-0.0236)	(-0.0448)	(-0.104)	(-0.342)	(-0.0234)	(-0.0507)	(-0.117)	(-0.281)	(-0.0281)	(-0.0471)	(-0.0989)	(-0.304)
子女性别	-0.0509	0.306 **	-0.253 **	0.261	0.268 ***	0.292 **	0.0532	0.152	0.0897	0.367 ***	-0.166	0.255
	(-0.0908)	(-0.138)	(-0.103)	(-0.19)	(-0.0924)	(-0.138)	(-0.12)	(-0.186)	(-0.1)	(-0.136)	(-0.113)	(-0.194)
子女平均中等教育水平	-0.0232	0.0518	0.0701	0.0863	0.0273	0.0421	0.108 *	0.137	-0.0997	-0.0398	0.0242	0.0393
	(-0.0549)	(-0.155)	(-0.0591)	(-0.182)	(-0.0544)	(-0.16)	(-0.0587)	(-0.174)	(-0.0611)	(-0.157)	(-0.0653)	(-0.178)
子女平均高等教育水平	0.297 **	-0.0063	0.536 ***	0.0806	0.0482	-0.0777	0.294 *	0.173	0.0332	-0.204	0.350 **	-0.0007
	(-0.148)	(-0.193)	(-0.149)	(-0.307)	(-0.148)	(-0.197)	(-0.158)	(-0.282)	(-0.161)	(-0.194)	(-0.159)	(-0.301)

续表

变量	因变量：子女给予老人净货币支持可能性				因变量：子女给予老人净实物支持可能性				因变量：子女给予老人总净经济支持可能性			
	probit		ivprobit		probit		ivprobit		probit		ivprobit	
	农村	城市	农村	城市	农村	城市	农村	城市	农村	城市	农村	城市
子女年均中等收入水平	0.237***	-0.114	0.222***	-0.107	0.131**	0.324**	0.130**	0.318**	0.152**	0.0681	0.140**	0.0781
	(-0.062)	(-0.132)	(-0.06)	(-0.133)	(-0.0617)	(-0.134)	(-0.06)	(-0.132)	(-0.0689)	(-0.132)	(-0.064)	(-0.129)
子女年均高等收入水平	0.513***	0.00729	0.533***	0.0663	0.29	0.266	0.333*	0.413*	0.345	0.105	0.380**	0.232
	(-0.193)	(-0.216)	(-0.167)	(-0.265)	(-0.202)	(-0.215)	(-0.192)	(-0.229)	(-0.219)	(-0.214)	(-0.188)	(-0.245)
子女中是否有党员	-0.0335	0.0283	-0.185**	-0.0198	0.138*	0.101	-0.0159	-0.0411	0.0516	0.105	-0.138	-0.0063
	(-0.0724)	(-0.104)	(-0.0809)	(-0.166)	(-0.0743)	(-0.107)	(-0.0929)	(-0.157)	(-0.0825)	(-0.105)	(-0.0899)	(-0.163)
老人子女是否同住	-0.202***	0.0668	-0.176***	0.0822	-0.0521	-0.0752	-0.0457	-0.0256	-0.136**	-0.0494	-0.110**	-0.0122
	(-0.0517)	(-0.0944)	(-0.0512)	(-0.0999)	(-0.0513)	(-0.0968)	(-0.0492)	(-0.101)	(-0.0577)	(-0.0951)	(-0.0538)	(-0.0998)
老人性别	0.129**	0.185*	0.0334	0.175*	0.174***	-0.0549	0.0837	-0.0754	0.151**	0.0886	0.0324	0.0647
	(-0.0564)	(-0.1)	(-0.0629)	(-0.105)	(-0.0566)	(-0.102)	(-0.0656)	(-0.098)	(-0.0637)	(-0.101)	(-0.0686)	(-0.104)
老人中等年龄	0.039	-0.113	-0.465***	-0.242	-0.0297	0.0644	-0.484***	-0.307	0.0405	0.00203	-0.549***	-0.288
	(-0.0667)	(-0.117)	(-0.156)	(-0.354)	(-0.0674)	(-0.116)	(-0.159)	(-0.322)	(-0.0766)	(-0.115)	(-0.158)	(-0.334)
老人高等年龄	-0.0736	-0.055	-0.808***	-0.258	-0.0992	-0.0063	-0.771***	-0.577	0.0119	-0.0546	-0.854***	-0.505
	(-0.12)	(-0.203)	(-0.231)	(-0.566)	(-0.12)	(-0.215)	(-0.246)	(-0.492)	(-0.143)	(-0.207)	(-0.246)	(-0.521)
老人受教育水平	-0.0256	-0.0870***	-0.0216	-0.0828***	-0.0171	-0.0717***	-0.0148	-0.0570*	-0.0113	-0.0688***	-0.0083	-0.0581*
	(-0.0169)	(-0.026)	(-0.0161)	(-0.0294)	(-0.0169)	(-0.026)	(-0.0159)	(-0.03)	(-0.0188)	(-0.0262)	(-0.017)	(-0.0302)

续表

变量	因变量：子女给予老人净货币支持可能性				因变量：子女给予老人净实物支持可能性				因变量：子女给予老人总净经济支持可能性			
	probit		ivprobit		probit		ivprobit		probit		ivprobit	
	农村	城市	农村	城市	农村	城市	农村	城市	农村	城市	农村	城市
是否有配偶或伴侣	-0.200***	-0.0402	-0.168***	-0.0142	0.0607	0.243**	0.0622	0.297**	-0.157**	0.032	-0.122*	0.0874
	(-0.0604)	(-0.116)	(-0.0599)	(-0.134)	(-0.0593)	(-0.119)	(-0.0573)	(-0.118)	(-0.068)	(-0.118)	(-0.0648)	(-0.128)
是否照顾孙辈	0.200***	0.0542	0.293***	0.0978	-0.0599	-0.0489	0.0517	0.0782	0.131**	0.0341	0.245***	0.13
	(-0.0531)	(-0.0941)	(-0.0528)	(-0.145)	(-0.0527)	(-0.0953)	(-0.0621)	(-0.141)	(-0.0592)	(-0.0939)	(-0.0567)	(-0.137)
老人身体是否健康	-0.0125	-0.0416	0.0347	-0.0224	0.0176	0.095	0.0576	0.142	-0.0831	0.00032	-0.0158	0.0426
	(-0.0531)	(-0.109)	(-0.0528)	(-0.122)	(-0.0529)	(-0.113)	(-0.0522)	(-0.119)	(-0.0603)	(-0.11)	(-0.0581)	(-0.119)
老人年收入（自然对数值）	-0.0238***	-0.0161	-0.0164**	-0.017	0.00325	0.00744	0.00723	0.00404	-0.0194**	-0.0034	-0.0108	-0.0055
	(-0.0071)	(-0.0125)	(-0.00736)	(-0.0125)	(-0.00728)	(-0.0127)	(-0.00702)	(-0.0126)	(-0.00786)	(-0.0124)	(-0.00775)	(-0.0121)
拥有16岁以下孙辈数	0.0267*	0.0441	-0.0706**	0.00479	-0.0279**	-0.0646*	-0.112***	-0.169**	-0.0145	-0.0108	-0.122***	-0.0968
	(-0.0147)	(-0.0351)	(-0.0314)	(-0.11)	(-0.014)	(-0.036)	(-0.0289)	(-0.0856)	(-0.0168)	(-0.0365)	(-0.029)	(-0.0983)
常量	-0.0935	-0.576**	-1.230***	-0.944	-0.141	-0.562*	-1.176***	-1.568*	0.243	-0.33	-1.131***	-1.145
	(-0.137)	(-0.284)	(-0.339)	(-0.993)	(-0.137)	(-0.295)	(-0.354)	(-0.827)	(-0.152)	(-0.288)	(-0.354)	(-0.903)
观测数	3068	886	3068	886	3068	886	3068	886	3068	886	3068	886

能力，只有子女的收入水平比较高，才有能力支持父母的老年生活。如果子女的收入能力比较低或者捉襟见肘，那么对老年人的支持也只能心有余而力不足。

从身份特征来看，农村老人的子女属于党员者，会显著降低老人获得的净货币支持概率。可能存在这样几个原因：一是农村含有党员的子女家庭对老人的货币、实物等物质支持可能具有一定的选择效应，他们可能更多地注重对老人的精神支持。二是从总样本数据结构来看，含有党员子女的老人不照顾孙辈占比达到60%，这一比例高于那些子女属于非党员的老人。同时，他们有伴侣占比（74.2%）和身体健康占比（73.6%）也显著高于子女为非党员的老人（分别为70.2%、66.9%）。而与不照顾孙辈的老人相比，照顾孙辈的农村老人获得的净货币支持概率高出29.3%，体现了代际支持中的互惠交换机制。

根据老年人婚姻状况，有伴侣的农村老年人获得货币支持的可能性下降16.8%，无伴侣老人获得净货币支持可能性更高。农村女性老年人获得净货币支持的概率较于男性具有升高倾向，但不显著（城市女性老人获得净货币支持的概率比男性老人高出17.5%），但随着年龄的增长，老人获得的净货币支持概率和净实物支持（见下一节）均会显著下降。年龄越大，越多的老人选择与子女同住（样本中年龄在80岁以上老人与子女同住占比为40.3%，远高于80岁以下老人与子女同住的35%~36%的比例）；年龄越大的老人，对于孙辈的照顾更加力不从心，更多地选择不照顾，因此获得的货币或实物支持概率下降；但从以年龄分层的老人健康来看，差别不大。而与子女共同居住的农村老年人，获得货币支持的可能性下降17.6%，而城市老年人却呈上升趋势。其原因在于，当农村老年人与子女共同生活在一起时，老年人已经获得了比较好的生活保障，子女也就无须向老年人支付过多的货币收入。

老年人受教育程度越高，获得货币支持的概率越低，一种可能性是教育水平越高的老年人其收入水平或养老保障水平都比较高，无需子女太多的支持。老年人自身收入每增加1%，获得货币支持可能性显著下降1.64%，表明老年人的经济实力能够保障自己的晚年生活，子女的赡养压力比较小。从拥有的孙辈数量来看，拥有孙辈数量越多的农村老人其获得的净货币支持越少，一方面，相对于农村而言，孙辈孩子越多其生活压力越大，老人给予子女的支持越多。

（二）子女给予老年人实物支持的回归分析

与货币支持的分析结果相似（见表4因变量为净货币支持回归结果），当子女全部成婚后，无论城市老人还是农村老人，其获得的净实物支持会显著上升，但若仍存在未婚子女，农村老人获得的净实物支持可能性会有下降倾向，但对城市老人的影响不大。而子女身体越健康，对老人提供净实物支持可能性越高，且农村高于城市，这个分析结果与货币支持的分析结果相反。

子女人数每增加1人，农村老年人获得实物支持的可能性上升47.4%，而城市老年人获得实物支持的可能性提高50.3%。但农村老年人与城市老年人因子女人数增加1人，获得实物支持的可能性存在较大差距。可能的原因在于，城市子女较高的收入能够为老人购买更多的物品，而农村子女往往通过进城打工获得收入，属于城市中的低收入群体，为老人购买物品的经济实力明显有限。但无论城乡子女，都给予老年人实物支持，这仍符合“多子多福”传统价值观。

女儿人数占总子女数的比重每上升1%，农村老年人获得实物支持的可能性上升5.32%。但子女对农村老年人的经济支持存在性别差异，女性提供的实物支持比例较高而货币支持的比例较低，作为儿子的男性提供货币支持的比例相对较高而提供的实物支持偏低，这种性别差异非常符合农村地区男性掌控着资源支配权、男主外女主内的现实。

与中等教育水平以下的子女相比，中等教育水平的子女为老年人提供实物支持的可能性上升10.8%，高等教育水平子女对老人的净实物支持概率显著上升29.4%，表明农村教育水平由初级向高级提升时，为老年人提供生活保障的能力也在增强，这个结果与当前现实状况基本相似。子女教育水平与提供代际支持之间的正向关系受到生命周期约束，在生命发展的不同阶段完成的教育水平越来越高，对老人的代际支持能力也会逐渐增强。城市老年人获得实物支持的可能性也随着子女平均受教育水平的上升而上升，但不如农村显著。

子女处于中等收入水平时，农村老年人获得实物支持的可能性会显著增加13%，子女具有高等教育水平的，则会显著增加33.3%。城市中等、高等收入水平子女，为老人提供实物支持的可能性分别显著提升31.8%、41.3%，说明子女平均收入水平越高，老年人获得净实物支持的可能性越高。无论是实物支持还是货币支持，老年人获得子女的经济支持都需要依赖子女的经济能力，如果子女收入低下而无暇自顾，老年人的养老问题令人担忧。这反映了当前的社会养老、社区养老的滞后性。

与那些未与子女共同生活的老年人比较，与子女同住的农村老人获得实物支持的可能性有下降倾向，但不明显。农村老年人与子女共同生活，很多日常生活开支是与子女共享的，明确区分的实物支持就相对偏少，但并不意味着老年人没有获得子女照顾，而是子女对老年人的照顾更加日常化、生活化。此外，农村女性老人获得净实物支持的可能性高于男性老人，而城市则不存在这种现象。

受教育程度越高的农村老人，获得净实物支持的概率越低，农村已婚老人获得净实物支持的概率较高，但这二者均显著低于城市，这个分析结果与前文的净货币支持分析相似。当老年人帮助子女照顾孙辈，获得正净实物支持的可能性会提高，但不如获得净货币支持上升显著。而拥有孙辈人数较多的老人获得净实物支持的可能性也会显著降低，这表明子女养育孩子越多，越无暇顾及对老人的照顾。

总之，农村老人子女人数、平均教育水平、身体健康水平、收入水平及婚姻状况，对老年人获得净实物支持的可能性，均有不同程度的正向影响，与预期作用方向一致。但子女性别及子女是否党员身份，对老年人获得实物支持的可能性影响甚微。

（三）稳健性检验

为了检验实证结果的稳健性，将子女的人数、性别、受教育水平、婚姻、健康水平等变量的设定进行替换，重复上述实证分析过程，结果如表 5 所示。

表 5　　稳健性检验

解释变量	区域	被解释变量		
		净经济支持可能性	净货币支持可能性	净实物支持可能性
avermarry2	农村	0. 379 *** （ -0. 0907）	0. 255 *** （ -0. 0941）	0. 332 *** （ -0. 0946）
	城市	0. 346 （ -0. 225）	0. 0745 （ -0. 251）	0. 390 * （ -0. 213）
averhealthC3	农村	0. 129 （ -0. 0823）	0. 0466 （ -0. 0798）	0. 155 ** （ -0. 0746）
	城市	0. 116 （ -0. 152）	0. 222 （ -0. 159）	0. 0512 （ -0. 163）
IV15	农村	0. 575 *** （ -0. 105）	0. 507 *** （ -0. 106）	0. 370 *** （ -0. 121）
	城市	0. 276 （ -0. 319）	0. 133 （ -0. 338）	0. 446 （ -0. 282）
female3	农村	-0. 193 *** （ -0. 072）	-0. 211 *** （ -0. 0656）	-0. 0473 （ -0. 0777）
	城市	0. 17 （ -0. 135）	0. 13 （ -0. 128）	0. 117 （ -0. 133）
averedum3	农村	0. 341 ** （ -0. 142）	0. 485 *** （ -0. 136）	0. 205 （ -0. 144）
	城市	-0. 045 （ -0. 179）	-0. 00667 （ -0. 183）	0. 0327 （ -0. 17）

全部已婚子女样本 avermarry2 设为 1，未婚子女样本 avermarry2 设为 0，进行稳健检验。子女全部结婚的农村老人，得到的货币支持概率会显著增加 25. 5%，得到的净实物支持概率显著增加 33. 2%，而城市老人得到的支持也有增加倾向，因此此处检验结果与前文结果分析基本一致。

子女平均健康水平设为 averhealthC3，按照是否二分变量进行再分析，调查统计子女身体健康平均水平在 3 以下为不健康，表示为 0，否则为健康，表示为 1；稳健检验结果与前文分析结果也基本一致。

子女数量方面，新的工具变量（IV15）把家庭平均完成生育计划所需时间由 12 年延长至 15 年，以 1979 年开始实行计划生育政策计算，1964 年与 1979 年共同构成新工具变量的时间节点。若老年人在 1979 年之后生育第 1 个子女，老年人拥有的子女数量会受到人口政策约束，工具变量取值为1；若老年人在1964年之前生育第1个子女，老年人生育子女数量基本不受人口政策，工具变量取值为0；若老年人在1964~1979年生育第1个子女，老年人拥有的子女数量会部分受计划生育政策影响，则工具变量取值依据等式［15-（1979-firstchild_birth_year)］/15的计算结果。由表5可知，每多养育1个子女，农村老年人获得经济支持的可能性显著增加57.5%，获得货币支持的可能性显著增加50.7%，获得实物支持的可能性显著增加37%。子女数量与农村老年人获得的各类经济支持的可能性之间均为显著正相关，但在城市地区不明显。

子女性别变量设定为虚拟变量female2，老年人拥有女儿占比超过50%，表示为1，否则为0。稳健检验结果显示，女儿数量偏多的农村老年人获得货币支持的可能性显著降低21.1%，稳健性检验结果与前文以v12为工具变量进行实证分析的结果基本一致。

对子女教育水平由三等级划分调整为二分工具变量（averedum2），即中等教育及以下为0，高等教育为1。回归结果显示，子女受高等教育水平的农村老年人，获得货币支持的可能性显著增加48.5%，获得实物支持的可能性增加20.5%。总体来看，子女受教育水平的提高可以显著增加老年人获得各类经济支持，该结果与上轮回归分析结果基本一致。综上所述，模型稳健性基本可靠。

四、结论与政策回应

从老人获得的总净经济支持回归结果看，子女人数、教育、婚姻、收入、健康等特征，对老人获得的总净经济支持具有明显正向影响，其中子女数量、高等教育水平、100%的成婚率、中等或高等收入水平、中等健康水平等特征，对农村老人获得总净经济支持具有非常显著作用。子女性别对农村老人获得的货币支持可能性负向影响显著，但对实物支持获得的可能性存在正向影响，最终导致其对农村老人获得的总净经济支持的影响不确定。

本文实证发现，已全部成婚或有伴侣的子女，为老年人提供的代际支持的概率更高，未婚或没有伴侣的子女给予老年人的代际支持概率偏低。这表明，在低端的经济收入水平状态下，婚姻能够为子女及其父母提供抵制贫穷的防御作用。子女婚姻和身体健康水平对给予老年人的代际支持具有门限效应，只有当子女婚姻状况满足一定高度，才会显著提高对老年人的净货币支持和净实物支持概率，且对提高净实物支持的概率弹性更大。

同时，当子女处于中等健康水平时，老人获得的净支持概率才呈上升倾向，且中等健康水平显著提高老人获得的净实物支持和总净经济支持的概率。但货币支持分析显示，子女健康水平过高反而为老人提供的代际支持概率偏低，表明处于高健康水平的农村子女与老人之间的货币相互支持关系在某种程度上会出现淡化，农村健康的子女与老人间的支持互动关系，需要更多地通过非正式场景下多元（非亲情）关系的塑造来得到进一步发展。基于此，本文也提供了一些政策含义。

第一，完善科学合理的生育制度，建成政—民并行的养老体系。随着国家计划生育政策的调整以及现代人生育意愿下降，农村家庭生育子女数量平均最多只能两个，但老年人口数量却在快速增长。面对这“一少一多”所产生的养老困境，一方面，需要加快完善农村基层养老保障体系，在政府主导支持下开展乡村社区多元化养老方式探索，减缓子女赡养父母的压力；另一方面，寻找乡村发展的新模式，使更多的农村家庭不再在城乡二元格局中疲于往返，父母、子女、夫妻不再天各一方而无法彼此照顾。

第二，进一步倡行男女平等、性别平等的理念，剔除乡村重男轻女的陋习。从本研究可引申出，儿子与女儿在经济支持的具体形式上各有侧重，但都会给予老年人一定数量的养老支持。这表明，生儿生女对老年人的养老支持没有差异，从代际支持角度消除重男轻女腐朽观念，不仅能够缓解新生人口性别失衡，还会切实加强老年人的养老保障。

第三，进一步完善农村教育体系，提高农村子女教育水平和就业技能。子女受教育水平越高，农村老年人获得各类经济支持的可能性越高。总体来看，亲代对于子代教育投入的回报率依然可观。因此，提高农村子女受教育水平，不仅可提高其文化知识和道德修养，还可赋予其就业技能，提高其收入水平，进一步增强对老人的代际支持力度。

参考文献

[1] 周律，陈功，王振华. 子女性别和孩次对中国农村代际货币转移的影响 [J]. 人口学刊，2012 (1)：52-60.

[2] Szinovacz, M. E., Davey, D. Changes in adult children's participation in parent care [J]. Ageing & Society, 2013, 33 (4): 667-697.

[3] 王世斌. 高等教育回报与农村父母养老意愿——基于代际关系视域下的考察 [J]. 广州大学学报（社会科学版），2013，12 (6)：54-59.

[4] 张川川. 健康变化对劳动供给和收入影响的实证分析 [J]. 经济评论，2011 (4)：79-88.

[5] 秦立建，秦雪征，蒋中一. 健康对农民工外出务工劳动供给时间的影响 [J]. 中国农村经济，2012，30 (8)：38-45.

[6] 杨志海，麦尔旦·吐尔孙，王雅鹏. 健康冲击对农村中老年人农业劳动供给的影响——基于 CHARLS 数据的实证分析 [J]. 中国农村观察，2015 (3)：24-37.

[7] 何善军. 农村家庭养老出现的新问题及其对策 [J]. 人口与经济, 1995 (3): 49-52.

[8] 阎云翔. 私人生活的变革: 一个中国村庄里的爱情、家庭与亲密关系 [M]. 龚小夏, 译. 上海: 上海书店出版社, 2006.

[9] 桂华, 贾洁. 家庭矛盾中的妇女自杀——基于大冶市 X 村的调查 [J]. 妇女研究论丛, 2010 (5): 34-41.

[10] 张建雷, 曹锦清. 无正义的家庭政治: 理解当前农村养老危机的一个框架——基于关中农村的调查 [J]. 南京农业大学学报 (社会科学版), 2016 (1): 132-143.

[11] 韦艳."厚此薄彼" 还是 "同时兼顾"? ——农村已婚女性的代际支持研究 [J]. 妇女研究论丛, 2017 (3): 16-26.

[12] 钟涨宝, 路佳, 韦宏耀."逆反哺"? 农村父母对已成家子女家庭的支持研究 [J]. 学习与实践, 2015 (10): 92-103.

[13] 黄庆波, 胡玉坤, 陈功. 代际支持对老年人健康的影响——基于社会交换理论的视角 [J]. 人口与发展, 2017, 23 (1): 43-54.

[14] 孙鹃娟, 冀云. 家庭 "向下" 代际支持行为对城乡老年人心理健康的影响 [J]. 人口研究, 2017, 41 (6): 98-109.

[15] 张震. 家庭代际支持对中国高龄老人死亡率的影响研究 [J]. 人口研究, 2002, 26 (5): 55-62.

[16] 王兆萍, 王典. 社会保障、代际支持如何影响城镇老年人退而不休? [J]. 人口与经济, 2017 (3): 24-34.

[17] Sharping, T. Birth Control in China, 1949-2000 [J]. American Journal of Sociology, 2002, 34 (177): 221-221.

(与张义、庹琳合作完成, 原载《财经科学》2018 年第 12 期)

家庭贫困与增长：基于代际传递的视角*

一、引言

发展经济学对居民福利增长、家庭贫困的研究，一直以来主要专注于居民收入水平、家庭贫困人口数量以及受教育年限等方面，体现在对贫困的表层化、泛数字化分析，未能触及到贫困得以长期延续的刚性特征——代际传递性。20 世纪 60 年代以来英美经济学家在研究贫困阶层长期贫困过程中，发现贫困群体存在贫困在代际之间传承的现象，随后在大量实地调查基础上，对非洲、东南亚、南美和加勒比海地区，以及芬兰、美国等国家社会底层阶级进行广泛深入研究，从社会学的代际流动研究范式中演变出“贫困代际传递”这一概念。在研究过程中，不同经济学家对贫困代际传递的定义有所差别，有的认为贫困的代际传递是贫穷父母将其贫困和不利因素传给子女的过程；有的直接定义长期贫困为贫困的代际传递；联合国 2005 年世界青少年报告明确定义贫困代际传递是贫困在几代人之间的转移，既包括个人也包含公共范围。目前，学者们对贫困代际传递的概念基本达成共识，即家庭贫困状态以及导致贫困的相关条件和因素，在家庭内部由父母传递给子女，使子女在成年后重复父母的境遇——继承父母的贫困和不利因素并将贫困和不利因素再次传递给后代的循环遗传链，也指在一定的社区或阶层范围内，贫困以及导致贫困的相关条件和因素在代际之间延续，使后代重复前代的贫困境遇。

探讨贫困代际传递现象增强了发展经济学对家庭福利增长与贫困的解释力，动摇了长期以来治标不治本的扶贫战略的有效性。虽然学者们关于代际传递的观点彼此独立、分散，各种观点之间还不具有严谨的逻辑衔接和耦合力，但基于代际传递视角的研究无疑为发展中国家针对贫困家庭福利增长与动态贫困问题制定

* 基金项目：湖北省社会科学基金资助项目“基于贫困代际传递视角的湖北省民生问题研究”（2009065）；武汉市社会科学基金资助项目“武汉城市圈民生问题研究”（08047）。

综合、系统性政策工具，提供了新的探索路径。

二、贫困代际传递的家庭内部因子

在家庭内部可导致贫困代际传递的驱动因子有很多，比如，父母素质与父母受教育程度，直接影响了父母对小孩的早期喂养能力与早期教育能力、情绪控制能力以及自信能力等，特别是女性的受教育程度直接关系到孩子的教育；家庭成员结构决定家庭获得生产性资产的能力、投资资本与社会参与能力；家庭成员良好的健康与营养是获取财富、资产的关键；家庭拥有的生产性资产是为家庭提供资产性收入的重要来源，等等。在这些因素中，父母素质与父母受教育程度、性别与营养投资、基因遗传与疾病是主要影响因素。

1. 父母素质与父母受教育程度。20 世纪 60 年代的“布劳—邓肯模型”是最早反映父母的教育和职业地位如何影响子女获取社会地位的模型。该模型通过复杂而严谨的递归分析，计算出各种先赋性因素和后致性因素对被调查对象职业地位的影响程度。如果以父辈的教育程度和职业地位为指标，可以解释儿子职业地位中约 20% 的变异量，另外约 80% 不受其父辈的教育程度和职业地位的影响。这意味着，社会出身以外的因素对个人职业地位的影响远大于社会出身的影响。反过来说，如果父母的教育和职业地位对子女后来的经济和社会地位的影响较大，则贫困代际传递的可能性也较大。在“布劳—邓肯模型”基础上发展起来的“社会资源理论”，将家庭以外的各种社会关系也纳入分析框架，从而进一步丰富了对地位获取机制的研究。

不论是发达国家还是发展中国家，父母的受教育程度和财富状况与孩子的入学年龄、学习成绩和受教育程度之间的关联程度一直都是许多学者研究的核心。虽然各个国家和地区之间存在巨大的差异，但在通常情况下，父母的受教育程度与孩子的受教育程度之间仍然存在很大的关联。在一份有关菲律宾农村地区的研究中，Quisumbing 就祖父母的受教育程度、亲近关系和财富状况对子孙辈的受教育程度和土地分配情况的影响程度进行了分析。他发现父辈与孩子受教育程度之间的关联能够通过多种渠道和方式发挥作用，即使是在发达国家，这些渠道和方式也很少被人们深入研究和完全理解。而且，教育成就和相关因素能够通过多种渠道和方式在社会经济动态中得到反映和体现[1](18~33)。Yaqub 曾引用了 3 个相关的研究，在这 3 个研究中，受教育程度对收入水平和收入动态的影响是负面的、消极的和不明确的[2](30~38)。受过教育的父母可能更倾向于希望孩子也接受教育，能够理解教育的潜在利益，并能够帮助孩子进行学习。父母的受教育程度同样也可能反映和代表父母的财富状况，受过教育的父母能够提供更多的学费和教育资源、营养食品，以及更加舒适的家庭环境，不太可能强迫他们的孩子做童工，在经济萧条时期，也不太可能被迫让他们的孩子退学。

2. 性别与营养投资。Christiaensen 和 A lderman 运用 1995 ~ 1998 年福利调查中的典型家庭数据，分析认为父母教育水平和物价水平的高低是影响儿童营养的主要因素，特别是母亲关于营养知识的了解程度与儿童营养情况有很大关系。Blackman 和 Litchfield 认为发展中国家的贫困家庭更倾向于牺牲孩子的教育，强迫他们去工作。教育是儿童贫困的主要原因，家庭的收入、父母的受教育程度和家庭人口数量都会影响孩子的受教育年限，而且母亲的营养不良、孩童时期长时间的贫困也驱使贫困在代际之间传递。他们的研究结论是一致的，即提高妇女在营养和健康方面的知识水平对打破贫困在跨代之间的传递具有重要作用。

在最基本的层次上，无论是照看小孩还是赡养老人，或者是提供劳动力、商品和服务，人力资本都能够在代际之间进行传递。大部分学术性的、具有政策指导意义的文献都把重点放在童工与教育的平衡关系上，有关子辈负面的和正面的结果一直以来都被认为是贫困代际传递的重要进程，而且可能贯穿于子辈的整个孩童时期，甚至是子辈的一生[3]。这与父母对孩子投资的一系列更广泛的行为有关，通常情况下，这种关系取决于子辈的“数量”与“质量”之间的平衡关系，这一观点是由贝克尔和刘易斯提出并推广的[4]。在所有家庭影响因子中，关于性别、年龄和出生顺序的习俗规范对父母投资的影响非常大。许多研究都把重点放在父母对子女不同的投资，以及在教育、培养、健康、营养和一般抚养方面的资本差异上。尤其在南亚地区，对女儿的投资更少，尽管南亚地区各国之间在这方面略有差异[5]。此外，与男性相比，女性的受教育程度和资源控制力对孩子（尤其是女孩）福利的影响通常会更加突出。目前，不发达地区投资的性别歧视所造成的代际影响基本是负面和消极的，即造成对女性和女孩低投资的恶性循环。与此相关的是，在很多研究论题中，女性户主已经成为贫困和教育代际传递研究中一个备受关注的焦点[6](10)。到目前为止，大多数研究表明家庭结构（例如依赖程度、缺乏养家糊口的男性或女性）通常对资本、财富或贫困在贫困家庭跨代之间传递的影响更大、更明显，而且这将成为当前研究中的主要议题。

3. 基因遗传与疾病。虽然智力或认知能力的基因遗传在贫困的代际传递中也可能发挥作用，但是，科学界和社会学界仍然对遗传学的相对重要性持有争议。Guo 和 Harris 明确阐述了 5 种非遗传的关键因素[7]，这些因素平衡和调节了家庭贫困对孩子智力发展的影响，包括孩子认知能力的激发、抚养和培养的方式、自然生态环境、健康状况以及孩子在出生和孩童时期的不健康等。特别需要指出的是，孩童时期的营养对于孩子的长期健康和受教育状况来说至关重要，因为营养不良对孩子的身体、智力、精神以及社会发展的影响非常显著。实际上，女孩糟糕的身体状况会对她们将来的孩子的健康造成负面的和消极的影响。在越来越多的撒哈拉沙漠以南的非洲国家和地区中，艾滋病目前是导致婴儿死亡的主要原因。像其他疾病一样，母婴传染型 HIV 除了造成孩子的不健康和死亡之外，还会使贫困家庭的贫困状况和程度恶化，因为这些家庭必须花费时间和金钱来治病和看护，失去劳动力并影响家庭其他成员的福利。导致贫困代际传递的家庭内部因子中，还包括生存空间的性质和特点（就居住的拥挤状况以及卫生设施和条件而言）、获取营养食物的能力等。

三、贫困代际传递的家庭外部机制

约束家庭福利增长、跨代传递家庭贫困的外部机制，体现在文化背景、社会摩擦与偏见、收入分配制度与税收政策、女性群体的权益保障机制、族群宽容与排斥性公民制度以及自然生态环境等诸多方面，而文化背景、政策制度与机会平等尤为突出。

1. 文化背景与分层。最早从文化角度讨论贫困代际传递的是美国著名人类学家奥斯卡·刘易斯（Oscar Lewis）。1959 年，他在《五个家庭：关于贫困文化的墨西哥人实例研究》一书中，首先提出了“贫困文化”（the culture of poverty）的概念，并从社会、社区、家庭、个人等层面对其作了系统分析。刘易斯在对贫困家庭和社区的实际比较研究中发现，贫困是一种自我维持的文化体系，穷人与其他收入阶层成员在社会文化方面是相互隔离的。在长期的贫困生活中，穷人形成了一整套特定的文化体系、行为规范和价值观念体系，如贫民窟中形成的特有的群体意识和归属感，使生活于其中的人形成特殊的生活方式（如赌博、举债、靠典当度日等）和行为方式（如自我控制力较弱、自暴自弃等）。刘易斯把这称为一种脱离社会主流文化的贫困亚文化，它使生活在其中的人逐渐脱离主流社会生活，在封闭状态下世代复制着父辈的贫穷和落后。

基于奥斯卡·刘易斯的理论，贫困者的信仰、态度和行为不仅会影响贫困在跨代之间传递的方式和渠道，而且本身也是财富或贫困跨代传递的一种形式。持续数代的贫困相对来说更不容易被发现和研究，因为那些生于“贫困文化”之中的人不能或不愿意利用突然出现的机会和机遇。另外，有的贫困文化论者试图把贫困归咎于穷人在智力上和文化上的缺陷，将贫困的主要责任推给穷人，认为穷人应该对自己的贫困负责。这一论点为某些强势集团谴责穷人提供了理论工具，但它显然忽视了导致贫困的其他社会因素。

2. 政策制度是否有利于贫穷家庭？Aliber 的研究表明，建立有效的财产代际传递机制对于缓解贫困在家庭跨代之间传递、提升后代家庭生活质量也许是非常重要的方法和手段。在缺乏有效法律制度的贫困或落后地区，债务通常会成为一种“负面的、消极的遗产”从上代传递给下代，而且债务的恶性循环以及作为抵押和担保的劳动产品（尤其是在南亚的部分地区）仍然是非常有效的和常见的贫困代际传递机制和形式。在南非，一种非捐助的全国养老金制度被证明是一种极其重要的支持和资助体制，不仅对老年人来说是如此，对老年人的家庭来说也是如此，而且对于那些靠养老金生存、占人口四分之一的南非黑人孩子更是如此[8](11~28)。Aliber 证实了接受养老金的女性对其女儿全面的、综合身体素质可以产生极大的影响，而接受养老金的男性在这方面的影响不大，儿子也不会受到这种影响。

Agnes Quisumbing 通过对人生历程——子女幼年时期、成年时期和老年时期——的分析，探讨贫困代际传递中物质资本和人力资本的作用。该研究集中于三个关键点：在阻碍最优投资上，信贷约束的负作用；在受教育和获得物资资本上，男女的性别差异；婚姻市场的作用，即为了孩子能找到更好的对象，家长会考虑加大对孩子的投资。根据发展中国家的数据，Agnes Quisumbing 提出了几种能帮助贫困家庭积累资本并将其转移给下一代的公共政策：加强并透明化遗产及公共财产的产权和法律保护；提供安全网支持以保证贫困家庭在经历某种突发性冲击后仍能获得基本的物资财产；通过奖学金制度和现金转移等方式使贫困家庭的孩子能上得起学、看得起病。Quisumbing 之所以把重点放在人力资本和物资资本上，一方面是因为关于这两方面资本的数据充足和它们的易测性，同时也是因为存在许多缺乏物资资本和人力资本的贫困家庭，父母不能给孩子充足的营养和保护，无法让孩子上得起学。

3. 穷孩子能否有平等机会？贫困家庭缺乏广泛的社会网络资源和良好的社会背景，穷困孩子过早地品尝人生甘苦、求学就业的艰辛而无法获得及时足够的社会关注，不平等的社会际遇难免使贫困孩子产生自卑、失望或失衡心理，影响其创造财富的能力的发挥。Ario、Moisio 和 Niemela 运用芬兰统计局 1970 ~ 1995 年的数据，包括 1960 年后出生的 70000 芬兰人的数据，从社会流动与贫困关系入手，使用转换表和对数线性模型分析芬兰贫困家庭的孩子长大后的贫困概率，结果表明贫困家庭也将机会不平等传递给下一代，孩子的贫困主要是由机会不平等的传递造成的。Bhargava、Mathur 和 Rajagopal 收集有关家庭与孩子的数据，运用定性和定量的方法分析家庭贫困与环境资源退化、人均土地、家庭欠债、疾病、儿童教育等之间的关系，指出社会不公平和妇女地位低下在贫困跨代传递中尤其重要，要打破贫困的传递，必须建立起能给贫困者提供脱离代际贫困或生命历程贫困的潜在机会和政策环境。

Bird 和 Shinyekwa 根据家庭调查、乡村级数据资料、深层次的生活交谈、定点组团讨论等多种方式，证实长期贫困的家庭一般都是同时面临着很多生存问题，几乎没有脱离贫困的任何机会。Blanden 和 Gregg 运用贫困转换表研究了英国的贫困代际传递问题，发现在英国的20世纪70年代中期，如果男性在16岁是处于贫困的话，则其中的19%在成人后仍然贫困，在16岁时不是处于贫困的男性，有10%的人在成人后会陷入贫困；对女性来说，这两个百分比分别是29%和17%。这个研究表明，社会底层的男性与女性在机会不平等方面存在明显差距。

从现有的文献来看，种族与种族划分、社会等级制度、家族集团与家族荣誉、国籍与民族，以及宗教和信仰等都从家庭外部延续着贫困在代际之间的传递[9](1~15)。从某种程度上讲，有些因素可能更富有灵活性，这些因素能够自动地在家庭和家族中以及在社区和社会中传递，如与资助者和赞助者的联系，政治或民间社会组织的成员，以及与关键的决策者、发展机构和政府机构之间的联系等。在许多种情况下，这些社会政治因素的代际传递通常会进一步深化财富或贫困在代际之间的传递，并伴随着其他社会财富、社会资本向贫困的传递或转化。

四、促进贫困家庭福利增长的制度安排

贫困家庭的子女缺乏主动选择的余地，被动地继承了父辈贫困和一切导致贫困的不利条件和因素，个人因素（如能力）和社会因素（如社会安全网）及其相互作用严重影响着儿童成人后成为贫困者的可能性。作为一种社会现象的贫困一旦形成，就会产生一种在短时期内无法被改变的、与主流行为规范相悖的价值观和行为模式。因此贫困的代际传递是不可能通过紧急动员的方式加以解决的，只有在体制和制度层面做出必要的调整和安排，促进贫困家庭收入和福利的增长，改善贫困者的生活状况，才能使贫困者的后代不再重复上代人的生存方式。

1. 消除妇女儿童贫困、促进性别平等。正如美国学者Anke Wessols所说："我们不承认越来越贫困和弱势是做母亲不可避免的结果，而是考察了男性中心的观念如何被用来剥夺母亲获取经济稳定的机会，并说明要使母亲免遭经济上的无保障，先要改变这些社会建构。""如果妇女既要成为尽心的母亲又要成为经济行为人，她们就造成了政治领域和经济领域的断裂。因此，贫困妇女做了母亲开始承担照看孩子的工作以后，即使她们人还在工作岗位，现行的规则和限制也使她们失去了平等进入劳动市场的机会。因此，政府目前的任务是制定经济政策，推翻而不是强化提供经济成功机会的男性中心的观念。"[10]

根据国外的经验，消除儿童贫困的最有效办法是实施"儿童发展计划"和贫困地区"妇女教育计划"，政府扶贫工作中应把人力资本投资的重点放在妇女和儿童身上。鉴于母亲教育程度高低对儿童完成中学教育的可能性有重大影响这一事实，加强母亲教育尤其是加强女童教育的投入尤为迫切和重要。有研究显示，提高妇女的教育水平或增加她们的营养知识对儿童营养改善的效果要比收入提高

而带来的影响更大更快速。进一步而言，贫困儿童营养健康状况改善了，将来贫困家庭获取财富和社会资源的步伐也就更快更容易。在中国除了认真实施救助失学女童重返学校的“春蕾计划”外，还应制定和实施教育成年妇女的“母亲计划”，以及促进性别平等的制度改革。正如有人所说，作为贫困地区资源财力支柱的勤劳女性，“你给她一个机会她肯定给你一个奇迹”。

2. 实施积极的教育反贫困战略。德国伦理学家弗里德里希·包尔生曾经指出，世代继承下来的贫困会削弱人的占有意识，在极其贫困的家庭里长大的孩子不可能具有获取和占有的欲望。他们的愿望超不出日常需要的范围，或者即使表现出了某种超出日常需要的愿望，这种愿望也不过是一种痴想，永远也不会发展为强烈的意志力量。当这种状态变成一种习惯的时候，人们就会变得没有远见，满不在乎或苟且度日。教育反贫困的意义就在于斩断这条恶性循环链，通过增加对贫困者的教育支出帮助他们超脱囿于疾苦的意识和习俗，培养积极进取的人生精神。有研究表明，在我国贫困地区每增加 1 万元的教育投资，就可使 9 个人脱贫。相对于物质捐赠等扶贫方式，教育反贫困有助于缓解反贫困过程中扶贫资源分配不公和贫富差距拉大的趋势，同时可以使扶贫资源具有广泛覆盖性和扶贫运作具有极强的针对性，做到公平与效率的有机统一。

3. 提升贫困群体的社会资本。社会资本作为一种支持性的网络关系，可以减少人们实现目标的成本。贫困者在寻求工作或寻求帮助的过程中，如果能有更多的支持性关系，将会减少成本并增加成功率。在我国，贫困群体社会资本欠缺，主要有以下原因：（1）贫困群体大多数都已经下岗、失业或者退休，与他们原来主要依靠的体制性社会资本——单位脱离了关系，他们不知道从何种途径去获得正式的社会支持；（2）贫困群体的家人、亲友一般也是弱势群体，不能提供良好的家庭和亲友支持系统；（3）贫富差距拉大，使得人与人之间的垂直距离拉大，社会资本强势群体对社会资本弱势群体提供的支持越来越少。每个阶层都有自己的价值理念、生活方式和交往圈子，其他阶层难以介入，特别是贫困群体和强势群体之间的隔阂很大，甚至常常表现为一种对立状态。贫困家庭的交往对象往往都是与自己一样贫困的社会下层人士，而社会下层所拥有的社会资源非常稀缺，这使得贫困家庭常常难以获得有效的支持。提升贫困群体的社会资本，需要各级政府、社会、社区和贫困家庭自身的共同努力，寻求新的正式性和非正式性网络支持，积极开拓各阶层之间的沟通渠道，促进不同阶层之间的垂直沟通和流动，使社会资本得以流动到贫困家庭，惠及底层群体。

五、结束语

从目前国外有关代际传递的研究来看，许多研究是从儿童贫困及其相关数据来分析贫困的代际传递的，同时从不同角度提出瓦解贫困传递的政策建议。世界贫困群体绝大部分生活在发展中国家，但在一百多个中低等发展中国家中（根据UNDP1998年的定义），只有极少数发展中国家拥有可以用来进行贫困动态分析的家庭数据，少数中低等发展中国家的研究时间跨度都小于5年，或者仅仅拥有两组数据。这种数据资料的欠缺成为发展经济学进行贫困代际传递研究的一个主要障碍。因此，为了开展对贫困代际传递的研究，进一步制定消除长期贫困的有效政策，发展中国家特别是中国应当将静态数据库扩展成为纵向面板数据库和横向跨行业调查数据库，一些样本的数据必须有终生甚至是几代人终生的历史记录。

参考文献

[1] A. Quisumbing. Better Rich or Better There? Grandparent Wealth, Coresidence, and Intrahousehold Allocation [R]. FCND Discussion Paper No. 23, 1997.

[2] S. Yaqub. Intertemporal Welfare Dynamics: Extents and Causes [C]//Globalization: New Opportunities, New Vulnerabilities. Carnegie Endowment Workshop, 2000.

[3] K. Moore. Supporting Children in Their Working Lives: Obstacles and Opportunities within the International Policy Environment [J]. Journal of International Development, 1999, 12 (4): 531 - 548.

[4] G. Becker, G. Lew is. On the Interaction between Quantity and Quality of Children [J]. Journal of Political Economy, 1973, 19 (2): 23 - 25.

[5] D. Filmer. The Structure of Social Disparities in Education: Gender and Wealth [J]. Social Science and Medicine, 1997, 44 (11): 168 - 173.

[6] T. Castañeda, E. Aldaz - Carroll. The Intergenerational Transmission of Poverty: Some Causes and Policy Implications [R]. Inter - American Development Bank Discussion Paper, 1999.

[7] G. Guo, M. Harris. The Mechanisms Mediating the Effects of Poverty on Children's Intellectual Development [J]. Demography, 2000, 137 (4): 431 - 447.

[8] M. Aliber. An Overview Study of the Incidence and Nature of Chronic Poverty in South Africa [R]. CPRC Working Paper No. 89, 2001.

[9] J. Behrman, et al. From Parent to Child: Inter generational Relations and Intrahousehold Allocations [R]. Upjohn Institute for Employment Research, 1997.

[10] 安可·维塞尔斯. 剥夺母亲的工作和福利救济 [J]. 国际社会科学杂志（中文版），2004, 21 (1): 79 - 87.

（与肖晓荣合作完成，原载《中南财经政法大学学报》2009年第4期）

当代发展经济学的家庭经济研究

传统发展经济学对收入与贫困的研究主要是库兹涅茨假说、洛伦兹曲线和基尼系数等，把发展等同于经济增长，研究的领域主要集中在农业与工业化、城市与农村、资本积累与技术进步、资源与环境、贸易与增长等宏观经济问题上。但在过去的几十年间，世界上贫困问题却未见好转，贫困的人数在扩大。在近几年经济研究中，发展问题已经超出了纯粹经济学范畴，许多学者注重用大量的经验事实从收入与健康、营养关系，以及家庭的经济决策等方面探讨家庭贫困问题，发展了发展经济学对贫困问题的研究。

一、家庭收入与健康正相关分析

许多发展经济学家认为在贫困和营养之间存在紧密的内在联系，尤其在低收入国家。当收入很低时，个人很难给自己及其家庭成员供应充足的食物和营养消费，营养不良所引起的健康恶化反过来降低获取收入的工作能力。德布拉吉·瑞（Debraj Ray）假设所有的收入都被转化为营养，营养与工作能力之间将呈S形曲线关系，并且呈现三个不同的阶段：在最初摄入食物阶段，大部分营养被用于维持人体基本的新陈代谢，在这个阶段，剩余下来并用于工作的能量相当少，因此，在此区间内工作能力接近于0，随着营养水平的上升，工作能力增加也不会太快；第二阶段：一旦基础新陈代谢问题被解决，工作能力就会随着营养的增加而显著上升。第三阶段：由于人体的极限会限制把增加的营养转化为更高的生产能力，最后存在一个边际报酬递减的阶段。因此，贫困家庭有可能存在一个低收入—营养不良—低收入的恶性循环。对于那些处于饥饿、贫困阶段的人来说，更好的营养将会提高工作能力，从而进一步增加创收的能力，收入的增加直接导致购买力上升，强购买力又增加了营养水平，尤其在初始的营养水平较低时，情况尤其如此[1](249~288)。

收入与营养的正相关关系也得到了约翰·斯特劳斯（John Strauss）和邓肯·托马斯（Duncan Thomas）的首肯，他们通过比较美国和巴西人均身高（代表身体健康）与工资水平，得出的结论是：身高占优势的人获得的收入也高，身高增加 1 个百分点，收入的增加是 8 个百分点。斯特劳斯和和托马斯根据个人健康产出与投入构建了一个个人健康生产函数，健康产出包括身高、身体素质、疾病、体力劳动等，健康投入包括营养摄入、体育锻炼、吸烟、免疫能力和医疗保健等。个人健康生产函数为：

$$H = H(N, L, A, B', D, \mu, eh)$$

H：健康成果；N：健康投入向量；L：劳动供给；A：社会特征（性别）；B′：父母健康；D：环境因素；μ：个人内在健康素质；eh：测量误差；其中 μ 和 eh 是难以测度的。

假设个人的真实工资（w）等于他的边际劳动，那么个人收入函数是：

$$w = w(H, A, S, B, I, \alpha, ew)$$

S：人力资本；B：家庭背景（包括父母受教育程度）；α：暂时难以考察的要素，如能力等；I：非健康类变量[2]。

在以上模型基础上，斯特劳斯和托马斯比较分析了美国和巴西的统计数据资料，系统验证了富人穷人之间的收入与健康关系、健康—劳动供给效应、健康—劳动需求效应、健康对跨部门就业和自我雇佣效应、健康与劳动市场产出、健康与消费约束等，得出了与瑞一致性的结论：健康营养决定了个人收入与消费状况、生活与工作状况，健康问题（如营养不良）可以使人更加虚弱，低于健康门槛的穷人存在严重的功能性障碍，他们在劳动力市场上境况堪忧，更有可能陷于营养不良的恶性循环状态；信贷市场约束限制了低收入家庭，特别是贫困、农村地区低收入家庭的借贷行为，结果是他们的健康投资低于正常效率水平。因此，对于政策制定者来说，对健康设施的公共投资和政策干预有益于提高劳动生产率和促进经济增长。帕克森（C. Paxson）和卢波斯基（D. Lubotsky）更注重对儿童健康的研究，认为儿童健康与家庭长期平均收入紧密联系，有慢性疾病（不包括感冒、胃痛等临时、偶发性疾病）的低收入家庭儿童比高收入家庭儿童更有可能出现健康恶化，且父母收入对儿童健康影响还具有代际传递性[3](897~930)。贫困家庭的儿童有较多的慢性疾病和失学时间，进入成人时期总体健康状况要差些，所有这些又反过来影响到他们将来的收入水平。富裕家庭能够为孩子提供更好的医疗保健、营养食品、安全环境和教育等，孩子的健康更多地受父母性格基因、行为等方面影响。帕克森的研究表明，收入和人力资本互为因果关系，这种互为因果关系与人力资本投资回报存在规模报酬递增，再加上信贷市场的不完善，将导致贫困陷阱的出现。相对较富裕的家庭能够投资于人力资本，使得他们进而能够获得足够的收入以维持比较富裕状态。反之，穷人无力投资于人力资本，他们的收入继续持低，仍然维持在贫困状态。

二、公正、平等与健康关系分析

另外一批经济学家并不完全赞同收入与营养是严格正相关的，认为收入增长并不是营养改善的充分条件，甚至也不一定是必要条件。传统发展文献研究营养（卡路里）与收入关系不外乎两条不同线索：第一条，来自莱宾斯坦（H. Leibenstein）、米尔利斯（Mirrlees）和斯蒂格利茨效率工资论（efficiency wages），该理论假设劳动生产力非线性依赖于营养。第二条，营养由收入和食物需求决定的卡路里恩格尔曲线（calorie Engelcurves）表示。这两种思路的共同点是，认为随着经济的增长饥饿和营养不良会逐渐消除，对卡路里的需求逐渐增加。布斯（H. E. Bouis）和赫达特（L. J. Haddad）用卡路里有效性、卡路里摄入、总消费和当前收入作为因变量和解释变量，基于以下两点对卡路里—收入弹性做了一个简单回归分析：其一，测定食物购买的任何随机误差被转移到卡路里有效性和总消费；其二，随着收入增加，家庭卡路里摄入与家庭卡路里有效性的残差作为总食物消费的一个百分点也会上升。回归分析的结果是，卡路里有效性—总消费弹性是 0.03 ~ 0.59，把卡路里摄入—总消费作为测量家庭卡路里摄入随收入变化的最合适变量，它们的弹性区间在 0.08 ~ 0.14，显然这一计算结果不足以支持传统理论[4]。布斯和赫达特通过对菲律宾经验数据库的抽样调查表明，一些发展中国家过去的经济政策过于集中在收入变化的百分比上，而对收入的绝对变化关注不够，对于穷人来说，即使收入上升的百分比非常大也不足以改变他们低收入水平的经济状况，如果收入绝对量有微小的增加，将对他们的生活产生很大效应。营养改善不能够单独解决贫困地区的发病率等问题，但如果经济是持续增长，且增长部分能够以非常大的比例向穷人倾斜，那么收入对营养改善具有单独价值。因此，政策的重点应该是保持经济长期稳定增长，保证增长的收入能有效分配。

丁童（A. Deaton）也认为传统理论的有效性值得怀疑，他通过分析非线性收入效应、信贷约束、营养陷阱、公共物品供应等一组机制，比较富国和穷国收入不平等与健康关系及收入不平等对死亡率、死亡模式的效应等，认为收入不平等与健康状态没有直接联系，收入不平等本身并不一定导致健康危险，生活在非常不平等地区的人并不一定更容易死亡[5]。收入分配能否改善人口健康并不取决于收入不平等的直接效应，存在其他不平等因素影响着人们的健康状况，如不公平、其他社会环境等。丁童对印度 563 个乡村的 5630 个家庭卡路里—总消费弹性抽样调查，使用非参数回归技术测算卡路里与总消费关系，最终研究表明收入的增长并不一定导致营养大量改善。丁童研究结果的政策含义是，有利于经济增长的经济政策并不一定能消除饥饿，即使一项政策增加了最贫困人口的收入，但并不一定能够改善他们的营养健康状况。世界上普遍实行的贸易政策、价格和税收政策、项目评估等提高了人们的真实收入，却没有达到发展的目标，改善不发达地区人口健康状况的有效政策是提供良好、公正、公平的社会环境，包括医疗保健等基础设施。

一般经济学家假设健康、营养状况与教育水平会影响一个人的劳动能力，健康、营养水平的改善可以增加个人的生产能力和收入，斯特劳斯、托马斯和丁童的研究却认为，实际上营养—收入弹性接近于0。结果不同的原因在于传统的标准估计方法有四个方面被高估了：第一，由于存在着从营养到生产力的反馈作用，收入可能是外生的。第二，很多关于卡路里需求的预测是通过比较宽泛的食物分组支出报告，然后运用标准的营养表计算并转化为卡路里数值的；当收入上升的时候，人们可能在这些食物分组中消费一些更加昂贵的食品，这就高估了所计算的卡路里的需求收入弹性。第三，贫穷的国家所消费的食物中，相当一部分是人们在自己的农场生产的，因此也是收入的一个组成部分。这样无论是从收入看，还是从卡路里数值看，对自己农场食物生产方面的度量错误都会导致高估弹性。第四，一些食物馈赠并没有被记录下来，而其中大部分可能是比较富裕家庭转移到贫困家庭，这就会导致贫困家庭卡路里消费被低估，而富裕家庭卡路里消费水平被高估，也导致所估计的弹性偏高[6]。

三、家庭生产、消费决策分析

家庭的行为决策体现在家庭生产、消费、资源配置、规模经济等方面。巴丹（P. Bardhan）通过一个农业家庭模型证明，在完善市场和不完善市场条件下，家庭的生产、消费决策是不同的[7](7~15)。在完善市场条件下，家庭优先考虑最大化利润，然后在标准的预算约束下最大化其效用。家庭的生产决策与消费决策是相互独立的，即存在“分离特性”，家庭选择土地及劳动力来最大化利润，而在某块土地上所作的决策只取决于该土地的价格及其特点，与家庭的禀赋和偏好无关；如果存在多种市场的不完善，分离特征不再成立，家庭也不再最大化利润，生产决策取决于家庭的偏好和禀赋。土地和劳动力市场的不完善导致农场规模与耕作集约程度成反比例关系，即使劳动力市场是完善的，但生产中存在风险，而家庭是厌恶风险的，在不存在保险市场的情况下，也会产生类似结果。斯特劳斯和托马斯把上述农业家庭模型做了些许拓展，家庭不仅仅可以从市场上购买消费品，也可以通过家庭劳动来生产自己所需的部分消费品。假定个人效用取决于消费向量、健康程度，而健康程度又取决于花费在生产“健康”方面的时间。那么家庭面临的问题是：

$$\underset{c,l,L^c\geqslant 0}{\mathrm{Max}}\ U(c,\ H,\ l)$$

约束条件是：

$$pc + wl + wL^c = F(L) - wL + wL^c$$
$$H = H(c,\ L^c)$$

其中，L 是农场所用的劳动力，H 表示健康，l 表示闲暇，p 是产品价格，w 为劳动力工资，L^c 是用于生产健康所花费的时间。对于农场的生产活动，分离特性依然成立，健康的生产取决于偏好。分配给健康的劳动一阶条件为：$\partial H/\partial L^c = w\lambda(\partial U/\partial H)^{-1}$，其中，为对应于预算约束的拉格朗日因子。因此，家庭内部健康的生产取决于保持健康所用产品价格、工资率以及家庭效用函数的参数和土地、劳动力禀赋条件。

自从贝克尔开创了对个人行为经济分析先河之后，家庭内部资源配置成为人们研究的新视点。曼瑟（M. Manser）和布朗（M. Brown）使用了一个纳什合作博弈模型来分析家庭内部资源配置问题。该模型假定在家庭内资源配置是有效的，所选择的特定帕累托有效配置是由家庭个人的“威胁点”（threat points）决定的。个人“威胁点”是指，如果家庭成员无法得到资源分配协议时，该个体所取得的效用。相对于家庭其他人而言，一个人的威胁点越高，均衡状态下其效用越大。在这里，经济学家对威胁点的解释稍微有所不同。曼瑟和布朗认为，家庭成员的威胁点是由他（或她）在离婚时的可得效用决定的，而有的经济学家则假设相关的威胁点是由某种家庭内部的非合作博弈均衡决定的。在早期的贝克尔模型中，家庭资源配置不仅要有效率，而且必须要有一个家庭成员（利他主义者）关心其他家庭成员的效用，并有足够的收入对每个家庭成员进行转移支付。只要这些支付为正，家庭内收入的重新配置对任何人的消费毫无影响，因为此时进行转移支付的人可以通过支付来补充任何变动。只要每个家庭成员的效用对利他主义者是正常商品，每个家庭成员就有动机选择那些使家庭效用最大化的行动，这样，家庭的总行为与一个面临同样预算约束下个人所选择的行为是完全相同的。

四、家庭生育决策分析

事实上，对于广大发展中国家家庭来说，家庭资源如何配置不仅仅与收入相关，更同家庭人口数量相关，因为发展中国家最突出的特征是家庭人口平均增长率高于发达国家，家庭平均人口数量普遍高于发达国家。因此，许多经济学家越来越重视研究家庭人口、家庭生育决策问题。巴舒（K. Basu）和范（P. H. Van）描述了一个存在多重均衡的家庭生育决策简单模型。该模型假设：（1）家庭的偏好是，除非成年人的工资太低，否则父母不会让子女去工作赚钱。由此，小孩的闲暇是奢侈品；（2）生产技术中，成年人与未成年人的劳动可以相互替代；（3）未成年人的工作能够为家庭提供净经济收益，即他们工作所产生的收益高于他们的消费。在这三个假设基础上，生育率决策与劳动力市场产出的互动关系会产生多重均衡：第一个均衡是，在该模型中，如果经济完全由小家庭组成，劳动力相对稀缺，成年人的工资比较高，家庭就会有足够的收入不让未成年子女进入劳动力市场，其结果是每个家庭都愿意保持较小的规模；另外一个均衡是，劳动者工资较低、家庭太低的收入使得未成年孩子必须去赚钱养家糊口，最终结果是，家庭决定多生育孩子。相对于穷国来说，第二个均衡的可能性更高，因为，如果给定其他家庭选择高生育的条件，对每个家庭而言，选择高生育率是最优决策。巴舒—范（Basu－Van）模型的政策意义在于，在降低人口出生率方面，公共政策的重要性显得非同寻常，但由于协作失灵的存在，设计合适的公共政策并不是一个简单问题。

家庭生育决策除了改变家庭人口结构和收入问题之外，还产生外部效应：每个家庭生育孩子的决策促成一个文化模式，而文化模式又反过来影响其他家庭。有的经济学家认为生育决策所产生的外部效应是战略互补性的，而战略互补性进而又可能引起多重均衡。在库珀—约翰（Cooper－John）模型：假定每个家庭在决定本家庭子女数目时，其他家庭的决策是既定的，那么家庭 i 就求解以下形式问题：$\max_{X_i} U_i(X)$，假设 $X_{-i} \equiv (X_1, \cdots, X_{i-1}, \cdots, X_{i+1}, \cdots, X_m)$，且家庭子女数目的边际效用递减，那么，对任何 X_{-i}，存在一个特定的 X_i，如 X^*，可以解家庭 i 的问题。$X^*(X_{-i})$ 是家庭反应函数，它描述在其他家庭行为给定时本家庭的反应。如果所有的家庭都有相同的偏好，考虑对称的纳什均衡，令 z 为其他家庭的孩子总数，因此，$X_{-i} = (Z, Z, Z, \cdots, Z) \equiv Z$。

丁童认为衡量个人家庭生活水平的一个基本先决条件是测算家庭规模经济，因为规模经济、家庭大小和食物需求之间存在内在联系。他把家庭消费品分为两类：家庭公共物品和个人物品，最合理的规模经济分析源泉是家庭公共物品，家庭公共物品可以被家庭成员共享，其功能不需要按照家庭成员数量以同比例增减或复制。丁童利用以下数据资料：美国 1990 年消费者消费调查、英国 1992 年家庭消费调查、法国 1990 家庭预算调查、中国台湾 1990 年个人收入分配、泰国 1992 年社会经济调查、巴基斯坦 1991 年生活水平调查、南非 1993 年生活水平调查；所有数据包括：所有消费项目的家庭总消费、食物总消费、家庭成员不同年龄阶段和性别以及其他社会变量等，通过采用非参数、参数和半参数恩格尔曲线分析，得出结果是，人均总消费不变时，随着家庭规模扩大，人均食物需求递减，特别是在最穷的国家。在家庭人均总消费不变时，人均食物消费随着家庭人口增加是下降的，这个结果不仅仅存在于美国，在英国、法国、中国台湾、泰国、巴基斯坦以及非洲等国家和地区都存在。在美国、英国和法国，随着家庭规模的扩大，食物消费下降很小部分，而在中国台湾、泰国和南非国家，食物下降比例很高。在最穷的国家，人均食物消费与家庭规模是完全负相关的，当人均食物消费值是常量时，家庭规模以对数上升一个单位，家庭食物预算支出下降 5 个百分点，人均食物消费支出下降 10 个百分点以上。

五、结论

目前，发展经济学对家庭经济的研究方兴未艾，许多研究成果为发展经济学理论研究与发展中国家的现实相互趋同作出了特殊贡献。由于对家庭经济的研究在发展经济学中尚还处于起步阶段，理论中有很多问题还没有达成共识，需要做进一步的探讨。例如，穷人的声音如何被倾听，如何将改善医疗、扩大教育的政策与政府旨在促进投资和基础设施的增长行动更好地结合起来，公共政策对家庭生育决策影响有多大，家庭中是否存在或为什么存在利他主义，贫困家庭内部的收入再分配对家庭消费决策的影响等，这些问题的深入研究将使发展经济学的家庭经济理论更加完善和系统。

参考文献

[1] Debraj Ray. Development Economics [M]. Princeton: Princeton University Press, 1998.

[2] Strauss, J., Thomas, D.. Health, Nutrition, and Economic Development [J]. Journal of Economic Literature, 1998 (36): 766 - 817.

[3] Case, A., Lubotsky, D.. Economic Status and Health in Childhood: The Origins of the Gradient [Z]. NBER Working Paper, No. 8344.

[4] Bouis H. E., Haddad, L. J.. Are Estimates of Calorie - Income Elasticities Too High? [J]. Journal of Development Economics, 1992 (39): 333 - 364.

[5] Deaton A., Paxson, C.. Economies of Scale, Household Size, and the Demand for Food [J]. Journal of Political Economy, 1998 (106): 897 - 930.

[6] Subramanian, S., Deaton, A.. The Demand for Food and Calories [J]. Journal of Political Economy, 1996 (104): 133 - 162.

[7] 普兰纳布·巴德汉. 发展微观经济学 [M]. 北京大学出版社, 2002.

（原载《中南财经政法大学学报》2006 年第 3 期）

身份经济学研究述评

经济学在某种程度上是关于个体（individuals）的，而且是毫无争议的个体。而个体被当今经济学家视为单个的个人、群体、单个人的不同自我，那么这三种不同个体是如何相关呢？这一问题其实隐含着两个疑问：（1）单个的个人为什么有不同的社会身份——不同的自我？（2）许多不同的人为什么可以组成一个共处的社会群体——拥有相同的社会身份？为了解答这些疑问并厘清身份与社会福利、财富之间的关系，近年来不少学者围绕此类问题展开了多角度的探讨，形成了现代经济学的一个新方向：身份经济学（identity economics）。

一、身份与经济学

近年来不少学者在经济学领域研究身份或社会身份问题，但比较有代表性的分析思路主要有三种：Sen 的命运幻象之说、Akerlof 的身份认同之说、能力空间理论等其他混合型理论，前两种思路的影响尤为深远。

（一）命运幻象假说

以“归属社群”（commitment to social groups）概念重构个体行为选择理论，是 Sen（2004，2006）近年来对经济学身份研究的独有贡献。Sen 指出，同一个人可以毫不矛盾地既是美国公民又来自加勒比地区，还可以拥有非洲血统，也可以是一名基督徒、自由主义者、女权主义者、戏剧爱好者、环保积极分子、网球迷等，这里的每一个群体都给了她属于该群体的一种特定身份，没有一种是她唯一的或单一的身份。但事实上，世界已经被视为各种宗教或文化的联盟，人们的其他身份则被完全忽视，这是对人类身份的“单一主义”认识，这种认识将人们仅仅视为属于某种单个群体。当把世界按照宗教、社群、文化、民族或者文明进行划分，并根据这种划分来处理战争与和平问题时，是对人们所共享的人性的粗暴挑战。这种单一划分的世界比人们实际生活其中的多重而有差异的世界更具分裂性。

Sen（2004，2006）认为，当把个人身份贴上社群属性的标签，是把丰富的人性之美塞进单一狭隘的身份盒子里，是一种高级理论的低级应用，延续到今天的冲突与暴力都受这种单一身份的幻想影响。宗教和族裔可能是人们重要的身份认同，但世界上的人民不能仅仅从宗教归属的角度加以认识，自由和平的生活需要包容性，需要从严重分裂的身份冲突中解放出来。与全球化中的经济问题和政治问题相比，更亟待追问的是塑造对世界整体看法的价值观、伦理和归属感。世界稳定地迈向和平需要尊重人性及人的多样性，允许人们对多重身份的自由思考。出身于某种特殊社会背景本身不是文化自由的实践，因为它不是出于选择的行为，相反，决意留在传统模式内，或脱离某种既有行为模式，可以算是一种自由实践。在自由思考和理性选择下，一个可能的、有共同归属感的世界是可以预见的。Sen 通过对文化多元性、恐怖主义和全球化的分析，强调现代人身份的复杂性与多维度，倡导人们有选择自己身份的自由，而不是被给定的单一身份固化。“正宗欧洲人”“正宗美国人”“整个中东”“西方文明”等惯用的身份标签在 Sen 的理论中被完全颠覆。

（二）身份认同假说

Akerlof & Kranton（2000，2002，2010）是率先把社会学的“身份”概念引进标准新古典效用分析框架的经济学家。引入“身份”元素后，个人效用函数取决于三个变量：个人自己的行为、群体中其他人的行为、个人自我身份认同。除了自己的行为之外，实现个人效用最大化还来自群体中其他人对自己的影响以及自己在群体中的自我认同感。Akerlof 把“身份”定义为是与特定的社会范畴相联系的自我感受，身份能改变自己的行动支付（action payoffs）也能改变他人的行动支付，身份选择是经济行为、机会和福利的关键决定要素。另一方面，身份认同虽是心理的自我意识（sense of self），但它同时也是左右群体/机构成败的规范。决定一个群体/机构是否运转良好的最重要因素不是薪酬奖励机制，而是组成该群体的个体对该机构是否产生认同感，如果缺乏认同感，个体将寻求从奖励机制中谋自利而不是追求该机构的目标。

与 Sen 关注自由选择身份的研究目标不同，Akerlof 主要是论述外生的身份，如性别或种族，它们不是纯粹地由个人喜好选择的，是生而有之的，但它们又是社会准则的反应：男性应刚强勇猛，女性要温柔细腻。反之，如果男性是温柔细腻型，女性是刚强勇猛型，则属违背与身份对应的社会准则。把身份作为一自变量纳入新古典效用函数，从人们的身份以及社会准则角度审视其行为决定，可以为许多经济学问题找到另种答案。这是 Akerlof 的新贡献。但 Davis（2009）、Fine（2009）等学者批评 Akerlof 混淆了个人身份（personal identity）与社会身份（social identity）；在一系列可供的身份集中，选择哪种身份为效用函数中的代表性身份，Akerlof 也未解释。Fine 尖锐地指出，把身份作为效用函数的变量，既未撼动主流经济学核心，也未引发经济学现代革命，在方法论上，既非异端邪说也非跨学科交叉研究，更未对经济思想史构成冲击，Akerlof 的身份研究只不过是标准技术工具的新应用，不足以视为对经济学的特别贡献，与其称他的理论为身份经济学，不如称为现代经济学的身份研究更贴切。

（三）能力空间理论

分析某种身份的行为选择，Sen 是基于偏好选择理论，Akerlof 是基于效用最大化理论。在 Akerlof 模型中，人们不仅关心自我利益，也在乎把自己融合到一个特定的社会范畴中，即纯粹自我利益与相关身份的偏好共同存在，最终，人们的行为选择趋向于较高的个人福利。但 Kirman（2006）等人则认为，人们选择的行为并不总是为了最大化的自我利益。那么，当某种行为并不是基于她自己效用最大化时，如何评价她的福利状态呢？Sen 和 Akerlof 对此并没有涉及，Kirman 则把这种状态称为能力空间中的身份（identity in the capability space）。Kirman 认为个体不是根据自利原则选择某种行为，而是通过参与不同社会群体寻求个人品格与期望的自我形象（self-image）一致，人们生活在某个社会环境中，其行为并不是完全基于私人利益，他们也关心社会规范与行为约束。

为此，Kirman 构建了一个动态的经济代理人身份模型，论证人们的社会身份是如何影响行为，以及这种不基于自我利益最大化的行为特征给其福利评价带来怎样的挑战。他认为经济代理人的身份并不是由一个固定不变的偏好序给出，而是面临持续变动的程序：代理人现在是什么、正在做什么（what），期望自己成为什么样的人（who），要选择加入的社会群体在哪里（where）。这三个“W”构成了“身份三角区”的三个角，即能力空间（space of capability）的三个向量。为了使自己成为所期望的那个人，代理人将选择加入某个社会群体，该群体的品性能够使自己趋近期望中的自我。通过选择加入不同的社会群体，代理人逐渐转变自己当前的品性，向理想中的自我形象靠拢。代理人把社会群体当成获得品性的一种工具，帮助自己成为期望中的自我。当然，这一身份认同过程包括两部分：个体选择群体，自身品性被改变；群体的品性随加入者而改变，因此，在个体选择与社会互动中，个体与所属群体的品格都发生演化。

自我形象（self-image）是 Akerlof 与 Kirman 身份研究中共同的核心词汇，但 Akerlof 把自我形象的实现归功于社会范畴，而 Kirman 把实现自我形象归因于个体在社会群体中的参与，个体自我形象的塑造不是通过社会范畴的认同，而是直接通过本人与群体中其他人的互动。在身份选择问题上，Sen 从宽广的人性角度给予充分肯定，Kirman 认为是从能力空间中选择，Akerlof 也认为身份具有选择性但选择受到约束。尽管学界对 Akerlof 的身份理论偶有批评，但把身份作为生产函数中的重要变量，这种技术工具的新应用方式被经济学家推广为研究宗教、性别、种族等身份与经济产出关系的普遍模式。

二、社会身份与经济行为

（一）身份与偏好关系

地理边界所产生的相互独立的地域空间，既是政治、经济、文化和历史的分界线，也是人们心理距离的边线，它使相同区域的人有相同的偏好、伦理、价值观，Olsen（2004）把这种因地理边界而产生的心理边界称为社会身份。外地人只有建立与本地人共同的价值、集体意识、理念和归宿感，才能享有本地人的社会身份。Chen（2004）等人则认为社会身份是一个人作为一个社会群体成员的自我知觉。社会身份有三个重要组成部分：归类、认同和比较，归类是把人们贴上标签（如女性、战士等）放入某个范畴，认同是把自己与某个范畴相联系，比较是把自己的群体与其他群体区别开来。Chen 通过实验室检验的方式测度群体身份感对参与者社会偏好的影响，发现当参与者属于某个群体内成员，在他们获得较高支付时会更加慈善，即使收入落后他人也很少嫉妒，在其他条件相同的情况下，参与者对群体内成员比群体外成员更积极互惠、更易原谅过错。

经济学中的自利原则在投票行为中有时很弱势，穷人不一定为广泛的收入再分配政策投票，富人有时也支持那些他们无法预期获利的福利项目，种族、阶层和宗教似乎对公共政策偏好举足轻重。Klor（2010）等人的实验表明，当个体认同一个群体时，她不仅关心自己的私利更关心群体的地位，对再分配政策的偏好取决于她所属群体的成员们的支付（payoff），即对群体的身份认同感决定着她对政策的态度。当社会身份偏好于那些有利于其群体利益的公共税收政策时，社会身份成为影响投票行为的一股重要力量。Benjamin（2009）等人使用社会心理学方法分析民族（ethnic）、种族（racial）和性别等不同身份范畴对时间和风险偏好的影响效应。吸毒、抽烟、沉迷赌博、啃老本、高额负债和耗竭储粮等是测度与生命时间折扣相关的行为，无保险、自雇职业、跳槽和居无定所等是与风险偏好相关的行为。社会身份对这些行为偏好有明显影响，当民族是首要身份时，亚裔对这些行为表现出更多的忍耐和宽容；当种族是显著身份时，非裔美国人更趋于风险规避；当性别是主要身份时，性别对跨期选择或风险偏好没有影响。

（二）身份与教育、职业的关系

经济学文献对教育的论证主要集中于资源对教育产出的影响、教育服务与市场结构等，经典的教育分析模型中，学生被刻画为理性决策者，按教育的成本—收益选择自己的求学、好学等行为，学校如同制造产品的工厂，教材、实验室、教学楼、师资、学生本人的才智和家庭背景等被视为教育的投入，从学校走向社会的产业大军就是这种“人力资本”的产出。这种理论框架忽视了一个基本事实：学生很在意自己在学校中的定位以及与其他同学的交往。按照当代社会学家、教育家的观点，学校不只是传授技能的机械制造厂，更是塑造学生的价值观、人生观，塑造完美人格、秉性和行为，承担社会目标的机构。学校的固定程序、各类集会、校舍公告、教学设施、教室—体育馆—走廊日复一日地穿梭、教员对学生的褒奖等“学校社会范畴”（school's social category），学生是否认同它们或如何认同它们，很少被经济学家考察。

Akerlof（2002，2010）建立了一个以社会范畴、规范与理想、身份效用中的收获与损失为变量的模型，以领群羊、书呆子、倦怠者三类不同身份学生为例，验证社会范畴，及这些范畴的约束如何影响学业成就，学校如何影响学生的选择。如果学校期望学生成为怎样的人与学生本人对自己的期望是吻合的，学生背景与学校规范吻合，那么学生就认同学校而不是排斥学校。如果学生不能适应学校的规范与理想，就有两种坏的选择：要么成为书呆子，继续遭受不适应带来的恶果，或干脆成为逃学威龙。Akerlof 模型的结论是，决定学生是否努力学习的重要因子，不是教育收益（高工资、体面的工作），而是身份，是学生能否与学校社会范畴的契合，当学生无法认同学校并接受学校权威，勤奋学习就不会出现。Akerlof（2005）以相同方式创建一个简单的委托—代理模型，把身份效用模型进一步推及到公司组织。对公司、合作组或工作的认同是员工努力工作的动力，对公司有很高认同感的职员并不一定索求高昂回报，企业可以通过对员工身份认同感的投资获取利润。因此，在公司/企业/集团中，个体与所属群体之间相互的身份认同感是彼此互动的核心，彼此的认可是获取公司利润/个人收益的根源。

Lang & Lee（2005）认为身份理论揭示的是与个体角色相关的行为（role-related behaviors），个体身份是动态的、多层面自我的构造，是调解个体行为与社会结构关系的助推力。Lang 把人们是谁/人们应该怎样做人定义为“角色身份”（role identity），角色身份一部分源于社会结构，一部分源于个人，是社会与自我的联结。Battu（2007）等人发现，当一个社群或团体受到处于优势或主流地位的群体的排斥时，部分个体会选择认同主流文化，部分个体选择对立身份（oppositional identity）排斥主流社会价值观和文化。他们用白人组（white group）、非白人组（nonwhite group）定义主流、非主流群体，通过民族偏好与效用关系模型揭示出非白人的民族偏好对其劳动力市场影响强大，那些远离白人文化者在劳动力市场寻找工作的成功性相对较小。

（三）性别、种族身份与经济绩效关系

在财富与收入差异中，性别身份犹如职场壁垒阻碍女性获得与男性同样的投资机会，文化、传统以及性别歧视约束着女性在劳动力市场上的参与。Croson & Gneezy（2009）发现性别的身份差异除了体现在消费、投资和劳动力市场之外，还体现在风险偏好、社会偏好和竞争偏好中，男性视面临的风险为挑战而不是威胁，女性比男性有更高的风险规避倾向，但对于管理者或企业家来说，风险偏好中不存在性别差异。

传统的性别分工把没有报酬的家务工作分配给妇女，虽然有些国家妇女有偿就业的比例在增加，男性日常家务工作份额也在增加，但妇女仍然保留了照顾儿童和其他家务劳动的全部义务。妇女必须奉献给家务劳动的时间、责任和能量是没有明确限度的，这就对她们在公共领域中作为公民行动的自由产生了影响。当有偿工作与无偿工作合在一起，男性和女性都要从事其中某些劳动时，由于家务劳动无始无终性和零碎性，女性的劳动负荷比男性要重得多，这就使女性更容易受到“时间贫困”的影响，意味着女性具有更少的休闲时间。把时间贡献给无偿的家庭照护和由社会保障制度提供的有偿工作，这种对时间的分化处理，阻碍了妇女进入公共领域谋取高报酬高产出的职位和获取社会公民权利（R. Lister，1997，2003）。

不仅仅是 Sen，其他经济学家对种族（或民族）身份同样关注。比如，J. Stewart（1997）试图使用贝克尔的家庭生产函数使身份经济学分析具有形式化（formation）特征，Stewar 抛弃传统的关于种族是一个生物概念的理念，把种族—文化身份（race-cultural identity）等同于一个身份生产函数（identity production function），群体中的个体种族—文化身份是可以通过使用市场商品、市场服务和自己的时间生产出来的，它不仅与性别、宗教、阶层内在相关，也与那些为了实现人们福利最大化而选择的产品生产技术是内在相关的。Bodenhorn & Ruebeck（2003）认为，在某种社会环境下，种族和民族身份是可以自我选择的而不是固定的，例如混血儿。自我选择身份可能意味着接受主流社会规则和渗入主流文化，远离非主流群体、被主流群体接纳或提升个人平台。Bodenhorn 通过比较黑人和混血者的财富差异发现，财富差距在很大程度上源于种族身份，混血统家庭的财富积累明显高于黑人家庭。Darity（2006）等在研究种族身份与产出差异之间的关系时，把恒定的种族身份作为一种社会规范，当每个人按照个人主义规则追求一种身份认同时，不管是市场的社会互动还是非市场的社会互动，种族是不重要的；当每个人按照种族主义规则追求一种身份认同时，不管是市场的社会互动还是非市场的社会互动，种族都是很重要的。当一个种群具有控制公共资源和私人资源的特权，而其他种群不具有这样的权力时，就产生了财富不平等。

三、宗教身份与经济产出

根据自我归类理论（self-categorization theory），当宗教身份作为一个显著高于其他范畴的身份时，宗教信仰中的行为规范明显占优于其他范畴的行为规范，宗教规范对经济的影响力比其他范畴突出。但一直以来，经济学对经济增长决定因素的经验性研究忽视了宗教对经济产出的影响。Barro & McCleary（2003，2006）指出，虽然韦伯（Weber，1930）早就提出信仰与宗教活动对经济增长具有重要影响，但经济学家很少把宗教作为经济增长的决定因素。Barro 等运用 1981～2005 年间 41 个国家有关宗教信仰的 7 组国际调查数据，考察了宗教信仰和礼拜（或宗教仪式）活动对经济增长的影响。研究结果表明，人们信奉天堂地狱会提升 GDP 增长率，原因在于这种信念（好人上天堂恶人下地狱的因果报应）会带来良好的职业操守、诚实、信任和节俭行为。宗教活动通过强化人们的信仰，影响和优化个体行为习惯、特征秉性，最终会促进生产率的提高。同时，Barro 等也指出，当把宗教作为因变量时，就必须考察经济发展和政治制度是如何影响宗教的。

Barro 的研究意味着信仰宗教者在经济活动中具有良好合作性，Ruffle & Sosis（2007）就此做了进一步的比较分析，他们把积极参加宗教集体活动的教会成员的合作行为，与居住在世俗居民区中的普通民众的合作行为进行对比，发现二者之间有明显差异，频繁地参与宗教集体活动者更具有合作性和高度信任。定期举行的公共宗教仪式可以增强参与者的集体责任感、团结精神和相互信任，最终转化为促进团体内成员之间的协作。Rupasingha & Chilton（2009）证实宗教信奉（religious adherence）是美国县域经济增长的一个重要决定因素。

Barro、Ruffle 等的研究反映出宗教仪式活动可以为经济合作问题提供一种独特的解决方式，Guiso（2003）等也得出类似结论。Guiso 等使用世界价值观调查（The World Values Survey）中涉及世界 80% 人口的 66 个国家 1981～1997 年间的数据，分析宗教与合作、政府、妇女、法律规则、市场经济及其公正性、节俭等六组变量的关系，考察人们在看待这六组变量时，宗教信仰对其态度形成的影响。总体来看，宗教是有益于这些态度的形成并有利于经济增长的。有宗教信仰的人可能更信任他人、信任政府和法律制度，更愿意相信产出是市场公平的结果，很少愿意触犯法律、骗税和行使贿赂。有的宗教对骗税强烈反感，有的宗教支持私人所有制、赞成市场竞争，有的信仰者愿意为了激励机制而承受更高的收入不平等。当然，Guiso 等也指出，并不能就此而认为某种宗教比其他教派更有利于经济增长。

世界经济的日益国际化使跨国投资呈现多样性特征，但各国法规对投资者的权益保护不同。Stulz & Williamson（2003）认为，在考察国家间投资保护措施存在差异时，不能忽视以宗教和语言为表征的文化差异。大陆法系、英美法系对涉及债权、股权的法律规范之所以不同，是因为其法律体系源自不同的宗教、语言、制度和价值观等。与国家的开放性、语言文化、人均收入或其他的法律源泉相比，一个国家的主体宗教（principal religion）对债权保护的影响会更大。Benjamin（2010）等人通过随机变换宗教身份方式对不同宗教信仰是否影响经济产出进行实验室检验，实验结果显示，有的宗教增加了对公共产品的贡献，在一个劳动市场礼物互换（gift-exchange）游戏中，有的宗教增加了劳动者双方在礼物交换中的互惠；但在独裁统治游戏中，宗教信仰对无效的工作努力、折扣率或拥有宽容豁达之心没有明显影响。

Barro 和 Stulz 等从宏观经济层面论证了宗教信仰总体上有利于经济增长，Kumar，Page & Spalt（2009）等人从微观经济层面强化了该观点。不同宗教的风险准则影响着企业的投资决策和个人的股票投资组合，金融市场受宗教信仰的影响明显高于其他经济因素的影响。宗教信仰强烈地影响着人们对赌博的态度，这种态度左右着投资者的股票选择、公司决策和股票收益。有的宗教把投机/赌博视为社会、经济、道德品行、好政府的致命危害，但有的宗教认为只要不沉溺于赌博而玩忽职守，赌博不应被看成罪恶；有的宗教对适度赌博持宽容态度，甚至把某些游戏活动中的赌资作为慈善筹款的一个重要基金来源。Hilary & Hui（2009）从公司文化对公司行为影响分析中得出与 Kumar 相似的结论。公司管理者的宗教背景决定着他们对绩效激励的反应，并影响着公司政策趋向。当公司高层管理者意欲跳槽变更雇主时，往往更愿意选择具有相同宗教环境的公司作为新事业起点，个人宗教信仰与风险规避的正相关性影响着公司的组织行为。那些处于深厚宗教信仰国家的公司，面对的风险程度相对较低，获得的投资收益较高。

Arano & Blair（2008）使用来自密西西比的 245 组家庭数据证明宗教信仰虔诚度与经济产出存在双向因果关系（bicausal relationship）。常常虔诚地参与宗教活动总体来说是有利的，但低收入家庭在宗教活动中并不积极活跃，宗教虔诚度不高的家庭往往也不是高收入家庭。Arano 等以“宗教资本”（religious capital）概念解释这一现象，高收入家庭在积极虔诚参与宗教活动中获得更多社会网络关系，宗教活动中时间消费的正效应高于其负效应，增加对宗教资本的投资能够提升家庭的经济地位及社会资本等，并最终影响到整体的经济增长。但对低收入家庭来说，频繁参与礼拜活动是对从事生产性劳动等谋生时间的挤占和耗费。

当从不同收入水平国家的家庭行为考察宗教信仰对收入影响时，Bettendorf & Dijkgraaf（2010）强调这一影响并不具有同质性而是异质的，高收入国家家庭的宗教活动具有正效应，低收入国家则相反。这一结论是从欧美 15 个高收入国家、

11 个低收入国家的比较分析中得出的，其研究范围不包括亚/非洲国家。Bettendorf 表示，从单个国家的经验研究中获得的结论不适用于其他国家，完善宗教信仰与收入之间的关系研究需要加入其他更多国家的数据资料。然而，不管是研究一国还是多国，宗教身份与经济绩效不相关的论调是被排斥的（M. Noland，2005）。Barro 等学者虽然没有像 Akerlof 那样重新设计以宗教身份为主要变量的生产函数，但他们无疑都证实宗教身份确实攸关产出水平，在技术工具应用上与 Akerlof 的研究亦无二致。

四、简评

每个人都隶属于宗教、性别、职业等多种社会身份，每种身份都有与其相对应的行为规范或准则，这些规范/规则构成了经济产出的社会机制。当社会学的“身份”被引入经济学理论体系后，特别是经过 Sen、Akerlof 和 Barro 等大家的开拓，身份研究几乎渗透到经济学的每个角落，包括金融、投资、贸易、产业组织、国际经济、劳动力市场等。身份不再是一个单纯的社会学或政治学概念，而是与经济产出、财富收入及其他社会产出密不可分的显性因素。然而，经济学并没有像社会学那样严格定义“身份”，在身份经济学的研究中，分别出现了“身份”（identity）、“个人身份”（personal identity）、“社会身份”（socialidentity）、“个体身份”（individual identity）等多种表达方式。按照 Davis（2009，2011）从语言学、伦理学和经济学方法论等层面的界定，个人身份是强调第一人称单数的“我”的身份认同，社会身份是第一人称复数的“我们”的身份认同，个体身份是突出第三人称的身份认同，而社会身份是个人身份与个体身份的一个联结。Davis 的定义目前还尚未取得共识，多数经济学家至今都没有明确区分这几个概念，有时甚至混合使用它们。对经济学家来说或许使用哪个概念并不重要，重要的是“身份”本身。

参考文献

［1］ Akerlof，G. A. & R. E. Kranton（2010），Identity Economics，Princeton University Press.

［2］ Akerlof，G. A. & R. E. Kranton（2002），“Identity and schooling：Some lessons for the economics of education”，Journal of Economic Literature 40（4）：1167 – 1201.

［3］ Akerlof，G. A. & R. E. Kranton（2000），“Economics and identity”，Quarterly Journal of Economics 115（3）：715 – 753.

［4］ Arano，K. G. & B. F. Blair（2008），“Modeling religious behavior and economic outcome”，The Journal of Socio – Economics 37：2043 – 2053.

［5］ Barro，R. J. & R. M. McCleary（2003），“Religion and economic growth across countries”，

American Sociological Association 68 (5): 760 - 781.

[6] Battu, H., M. Mwale & Y. Zenou (2007), "Oppositional identities and the labor market", Journal of Population Economics 20: 643 - 667.

[7] Benjamin, D. J., J. J. Choi & G. Fisher (2010), "Religious identity and economic behavior", NBER Working Paper No. 15925.

[8] Bettendorf, L. & E. Dijkgraaf (2010), "Religion and income: Heterogeneity between countries", Journal of Economic Behavior & Organization 74: 12 - 29.

[9] Bodenhorn, H. & C. S. Ruebeck (2003), "The economics of identity and the endogeneity of race", NBER Working Paper 9962.

[10] Croson, R. & U. Gneezy (2009), "Gender differences in preferences", Journal of Economic Literature 47 (2): 1 - 27.

[11] Darity, W. A., P. L. Mason & J. B. Stewart (2006), "The economics of identity: The origin and persistence of racial identity norms", Journal of Economic Behavior & Organization 60: 283 - 305.

[12] Davis, J. B. (2009), "Identity and individual economic agents: A narrative approach", Review of Social Economy 67 (1): 71 - 94.

[13] Davis, J. B. (2011), Individuals and Identity in Economics, Cambridge University Press.

[14] Esteban, F. K. & M. Shayo (2010), "Social identity and preferences over redistribution", Journal of Public Economics 94: 269 - 278.

[15] Fine, B. (2009), "The economics of identity and the identity of economics?" Cambridge Journal of Economics 33: 175 - 191.

[16] Gilles, H. & K. W. Hui (2009), "Does religion matter in corporate decision making in America?" Journal of Financial Economics 93: 455 - 473.

[17] Guiso, L., P. Sapienza & L. Zingales (2003), "People's opium? Religion and economic attitudes", Journal of Monetary Economics 50: 225 - 282.

[18] Kirman, A. & M. Teschl (2006), "Searching for identity in the capability space", Journal of Economic Methodology 13 (3): 299 - 325.

[19] Lang, J. C. & C. H. Lee (2005), "Identity accumulation, others' acceptance, job-search self-efficacy, and stress", Journal of Organizational Behavior 26 (3): 293 - 312.

[20] Lister, R. (1997, 2003), Citizenship: Feminist Perspectives, Macmillan.

[21] Ruffle, B. J. & R. Sosis (2007), "Does it pay to pray? Costly ritual and cooperation", The B. E. Journal of Economic Analysis & Policy 7 (1).

[22] Sen, A. (2006), Identity and Violence: The Illusion of Destiny, New York: W. W. Norton.

[23] Stulz, R. M. & R. Williamson (2003), "Culture, openness, and finance", Journal of Financial Economics 70: 313 - 349.

（原载《经济学动态》2011 年第 10 期）

当代发展经济学研究新趋势

P. Bauer（1987）曾经尖锐地批评发展经济学存在对现实的忽视：（1）早期发展经济学家非常热忱的“贫困恶性循环理论”与发展中国家的现实严重背离；（2）对经济计量方法的滥用掩盖了其形式的空洞，为制定政策服务的基本模型掩盖了简单的事实或基本情况。数学公式和经济计量方法的采用有对自然科学的错误模仿之嫌，使得经济学家及其读者游离于现实之外，经济学研究成为“颠倒的帝王”。Bauer 指出，由于许多经济学家忽略基本的经济规律和大量事实，发展经济学事实上倒退了。这种对理论研究的质疑和批评，引发许多发展经济学家开始关注现实性问题。20 世纪 90 年代以来信息资料与分析工具的改善，许多研究范围的深入扩大了对发展中国家微观经济的调查、设计和分析，发展经济学家不再用有限的事实对发展过程进行“高谈阔论”，而是走出象牙塔，使理论研究越来越收敛于现实。

一、从一般均衡转向多重均衡

以理想主义的完善市场结构和灵敏价格体系为基本前提的一般均衡理论在解释发展中经济时遭遇到了困惑，无法解释经济如何从初始的不均衡调整到均衡状态。新一代发展经济学家认为大多数发展中经济并不存在唯一的均衡，而是蕴含有多个不同的均衡，关键是如何跳出低水平均衡陷阱进入一个工业化高收入的均衡状态。Murphy、Shleifer 和 Vishny（1989）以多重均衡分析取代一般均衡理论，通过把 Rosenstein - Rodan（1943）的大推进理论合理化，使多重均衡思想逐渐被完善与推广。

1. 多重均衡与预期。早期发展经济学一个主要核心是，通过在很多部门同时增加投资并以部门间相互需求来保证经济的自我持续增长，因此，各个部门之间的一致性投资对于工业化发展是非常重要的。在大推进理论中，帕累托均衡的存在要求经济能够维持两种替代水平的产业，也就是说，单个产业在低的总工业化水平上是没有利润的，即使单个部门的投资无法维持该部门的生存，当有大量的其他部门实现了工业化，那么单个产业是有利润的。Murphy（1989）等对大推进的解释是，同时存在两个有同样参数值的均衡，如果企业预期到其他企业投资且收入上升，所有企业就会进行投资，如果企业预期到经济是静止的，就都不投资。也就是说，总经济活动水平严格依赖于预期，当所有人只有一种预期，产出与该预期是一致的，当所有人具有另外预期时，产出也与那种预期是一致的。均衡是好是坏取决于所有企业的预期。

2. 多重均衡与互补性。互补性的基本思想是：存在着一种外部性形式，一个经济体的行为可以增加那些采取同样行为的人的边际收益。Rosenstein－Rodan（1943）提出，欠发达可以看成一种大规模的协作失灵，导致协作失灵的主要原因是需求互补性。需求互补性的存在意味着现实经济中的各种投资之间存在密切相关性，单独的投资项目具有很大风险，而广泛的互补性投资的风险却要小得多。D. Ray（1998）在 Rosenstein－Rodan 基础上进一步补充了互补性：由于代理人特定行动使其他人在采取同样行动时发生的相对偏好的改变，因此，互补性导致了各种均衡的产生，如：同样基础条件下的两个均衡，一个是行业的长期停滞，一个产业的"萎靡不振"将影响到另一个产业的决策行为；一个是行业的扩张，每个产业的兴旺刺激其他产业的扩大规模；正是由于这种互补性，一个企业家认为市场需求大幅减少，他就会减少投资，如果所有企业家根据相同的预期减少投资，整个经济就会由于投资不足而降低对所有产品的需求，欠发达成为一种自我实现的预期。

3. 多重均衡与金钱外部性。金钱外部性是通过市场机制的相互依赖由价格变动所引起，当一个企业的利润不仅取决于它自己的活动，而且取决于其他企业的活动时，金钱外部性就存在。在大推进理论中，由于相对价格效应，任何产业或企业不能孤立地进行投资，因而市场规模受到限制，只有通过协调或大推动才能提高社会总福利。Venables（1996）证明在规模经济和不完全竞争条件下，由于存在需求互补性，上游产业的规模扩张使成本降低的好处溢出到下游产业，下游产业规模扩大也有利于上游产业，金钱外部性由此产生。金钱外部性导致多重均衡的存在：一个高水平的均衡，是成本低、生产分散的下游产业；一个低水平的均衡，是成本高、集群的上游产业。Murphy、Venables 等不仅模型化了罗森斯坦的大推进理论论证多重均衡的存在，而且在此基础上进一步用模型证明了产生多重均衡的主要原因是不完全竞争所导致的金钱外部性。

4. 多重均衡与历史。虽然 Murphy 等对 Rosenstein－Rodan 的一些论点做了形式化处理，精确了多重均衡所需的条件。但这些研究都忽略了 Rosenstein－Rodan 提出的一个核心问题：一个经济是如何从坏的均衡走向好的均衡？在纯一致性博弈中，历史的作用在哪里？为什么一个初始协作失灵能自我转换或继续下去？Ray（1998）认为，预期的良性循环能导致多重潜在均衡下的帕累托最优状态，也即是，经济主体的信仰和预期成为均衡的支撑，而预期的形成是受历史制约的。换句话说，正是历史（初始条件）在选择社会处于何种均衡状态，基础经济结构相同的经济，会由于初始条件的不同而出现完全不一样的经济绩效。初始条件不仅影响着一个社会的经济走向，同时通过对教育制度、培训规则和孩子抚养等文化模式的影响，影响着下一代的行为选择，进而决定了未来社会处于何种均衡状态。对于贫穷国家来说，初始条件往往体现为不完善的资本市场，穷人对资本和资源的占有是微弱的，进行生产和投资的能力更是有限的，随着贫富差距日益扩大，严重不平等的初始条件使经济长期停滞在低水平均衡状态。

由于不发达经济多呈现为非帕累托排序的多重均衡特征，而历史起着至关重要的作用，因此，促使经济从“坏”的均衡转向更“优”均衡的有效途径是政府的政策干预和法制，如果政策和法制在某一时点对经济系统的扰动足够大，其影响往往具有持久性，能够推动经济沿着向另一个均衡收敛的方向前进。如，当劳动力供给曲线向后弯曲的时候，劳动力市场存在两个均衡：一个是低工资、高劳动力供给和高利润的市场均衡；一个是高工资、低劳动力供给和低利润的市场均衡。一般来说，劳动者偏好于后一个均衡，资本家偏好于前一个均衡。如果这时采取强制性政策改变收入分配机制，如：通过最低工资法、破产法、禁止使用童工等“剔除”掉低工资均衡，可以促使经济达到高工资均衡状态（Miller & Stiglitz，1999；Basu & Van，1998）。

二、从宏观模型转向微观个案

早期发展经济学主要是以宏观框架研究发展中经济的刚性结构转换，虽然 D. Lal（1985）的挑战性批评是针对当时的“国家统制教条”，但 Lal 所描述的方向已经预示着发展经济学流行模式的改变，这种模式的改变其实就是发展经济学从宏观理论模型向微观分析的转变。最近几年来，发展经济学对微观个案的探讨不仅引人注目，而且势不可挡。

1. 家庭收入与营养分析。近几年来，新一代发展经济学家运用大量经验事实探讨发展中国家家庭贫困、收入与健康营养关系等。J. Strauss 和 D. Thomas（1998）通过比较美国和巴西的统计数据资料，系统验证了富人穷人之间的收入与健康关系、健康—劳动供给效应、健康—劳动需求效应、健康对跨部门就业和自我雇佣效应、健康与劳动市场产出、健康与消费约束等，得出结论：健康营养决定了个人收入与消费状况、生活与工作状况，健康问题（如营养不良）可以使人更加虚弱，低于健康门槛的穷人在劳动力市场上状况堪忧，更有可能陷于营养不良的恶性循环状态；同时，信贷市场的约束限制了低收入家庭，特别是贫困、农村地区低收入家庭的借贷行为，结果是他们的健康投资低于正常效率水平。D. Ray（1999）认为在贫困和营养之间存在紧密的内在联系，营养不良所引起的健康恶化反过来降低获取收入的工作能力，贫困家庭有可能存在一个低收入—营养不良—低收入的恶性循环。D. Lubotsky 和 C. Paxson（2001）通过对儿童健康营养与家庭收入关系的研究，表明收入和人力资本互为因果关系，相对较富裕的家庭能够投资于人力资本，使得他们进而能够获得足够的收入以维持比较富裕状态。反之，穷人无力投资于人力资本，他们的收入继续较低，仍然维持在贫困状态。

H. E. Bouis 和 L. J. Haddad（1992）用卡路里有效性、卡路里摄入、总消费和当前收入作为因变量和解释变量的分析表明，营养改善不能够单独解决贫困地区的发病率等问题，但如果经济是持续增长，且增长部分能够以非常大的比例倾斜分配到穷人，那么收入对营养改善具有单独价值。A. Deaton（1996）通过分析非线性收入效应、信贷约束、营养陷阱、公共物品供应等一组机制，比较富国和穷国收入不平等与健康关系，及收入不平等对死亡率、死亡模式的效应，认为收入不平等与健康状态没有直接联系，收入不平等本身并不一定导致健康危险，而是存在不公平、社会环境不平等等因素影响着人们的健康状况。

2. 家庭规模经济分析。现代发展经济学家把家庭作为一个企业，从生产、消费、资源配置、规模经济等方面全方位地论证家庭的各种经济行为。Cooper 和 John（1988）认为生育决策所产生的外部效应是战略互补性的，而战略互补性进而又可能引起多重均衡，其中有些均衡优于其他均衡。Basu 和 Van（1998）描述了一个存在多重均衡的家庭生育决策简单模型，认为生育率决策与劳动力市场产出的互动关系会产生多重均衡：一个均衡是，成年人的工资比较高，家庭有足够的收入不让未成年子女进入劳动力市场，家庭规模较小；另外一个均衡是，劳动者工资较低、家庭太低的收入使得未成年孩子必须去赚钱养家糊口，最终结果是家庭决定多生育孩子。

A. Deaton（1996）认为衡量家庭生活水平的一个基本先决条件是测算家庭规模经济，因为规模经济、家庭大小和食物需求之间存在内在联系。当人均总消费不变时，随着家庭规模扩大，人均食物需求递减，特别是在最穷的国家。在家庭人均总消费不变时，人均食物消费随着家庭人口增加是下降的，这个结果不仅仅存在于美国，在英国、法国、中国台湾、泰国、巴基斯坦以及非洲国家都存在。

3. 二元结构的微观分析。随着理论研究的深入推进，人们逐渐意识到发展中国家的二元经济结构和收入分配差距存在着紧密的相关性。K. Deininge 和 L. Squire（1998）认为库兹涅茨假说没有考虑到人力资本积累对工资水平的影响，及个人进行迁移决策的行为基础。认为初始分配不平等与随后的经济增长之间存在内在关系，这种关系是通过两种渠道传递的：一是信贷市场。由于信息的不完全，且获取信息需要成本，在给定的人均收入水平下，分配越是不均等，受到信贷约束的人越多，这部分人无法投资有利可图的项目，包括后代培养和自身教育投资。二是个人资产地位决定了他的政治参与度。由此实证分析的结果是初始不平等的经济，其增长率较低，消除贫困也较缓慢，发展中国家要改变二元结构模式促进发展和摆脱贫困，有效途径是必须提高低收入者的财富获取能力。P. J. Tinbergen（1975）提出分配不平等最终是由技术和教育各自对熟练劳动供求的影响，进而对相对工资的影响所决定，但 Tinbergen 对这一论点没有进一步的形式化说明。T. S. Eicher 和 C. G. Penalosa（2001）在 Tinbergen 研究基础上将其思想模型化，构建了一个人力资本的二元结构模型考察人力资本积累与经济增长和收入不平等之间的关系，从而更加微观化了二元结构理论。

4. 劳动力市场微观分析。早期的发展经济学理论往往存在一个隐含的假设，即发展中国家劳动力市场是统一的，不是分割的。新一代发展经济学家认为贫困国家并不存在处于唯一均衡状态的、统一的劳动力市场，多重均衡状态的存在表明了劳动力市场是分割的。Barhdan（1999）的研究表明发展中国家劳动力市场可分为：一个是工业劳动力市场，拥有固定工资的产业工人和一大批流动的民工；一个是农业部门的双层劳动力市场，长期合同工与季节性劳工并存。Ray（1999）把发展中国家农村劳动力市场分为长期市场和临时性市场。临时劳动力市场一般无法提高劳动力的营养水平，雇主不得不雇用营养状况不良的劳动力，雇员因营养不良付出代价，雇主通过雇用低效率的劳动者而付出代价。在长期劳动力市场，如果不同季节之间将工资平均化，签订长期合同的劳动力为了高工资中止合同跳槽，而违约跳槽则会导致雇主采取惩罚性措施，如果一个社会人员的流动性较低而信息流动性较强，惩罚性措施的存在诱使更多的劳动力签订长期劳动合同，减少违约概率。

G. Bose（1996）指出，发展中国家的农业雇主支付给雇员的是效率工资，人们的消费水平与劳动生产率有着显著正相关性。但是，当城市工资上升和非农业化转移更富有吸引力时，农业雇主的理性策略是降低工资水平，这反过来又推动了农业剩余劳动力从农村流向其他领域。K. Krishna（2002）认为，在市场经济里，劳动者获得的工资等于他的边际产出，劳动力在各部门的配置是有效率的；在转型经济里，国有部门支付的是平均工资，农业劳动者一般获得的都是固定工资而不是他们的边际产出，且与能力的联系很松散。如果其他部门没有扭曲，支付的是效率工资，那么最好的工人就被吸引到未扭曲的部门，低能力者仍然在扭曲部门。

三、从知识资本转向社会资本

新增长理论把知识看作非竞争性的物品，认为知识的积累不仅推动了技术的进步，也是最大限度地增加利润的动力。20世纪90年代，一些经济学家把“社会资本”添加到增长的源泉之中，使其成为解释“索洛余值”的一个有效概念。虽然，目前在不同学者著述里，社会资本有不同的理解，但大家一致认为社会资本体现为一种社会关系、社会网络、社会规范或准则。

1. 公民社会资本。Meier（2000）认为“公民社会资本”体现为调节人际互动和产生外部性的信任、互惠、人际网络、合作以及协调，是个人在社会生活中所能够利用的权威关系、信任关系、规范以及各种社会资源。

公民社会资本的主要功能是作为家庭支持的来源，以及作为家庭外的网络获得的收益来源，强调个人社会关系和社会资源对经济发展的推动作用。Helliwel和Putnam（1999）研究了社会资本与教育投入之间的相互影响，认为家庭的社会资本（人际关系状况）、父母对孩子教育参与程度与孩子的成绩、成长都密不可分。家庭良好的人际关系可以抵消一些低收入家庭和低教育的父母对孩子的不利影响，当父母参与到孩子的学校事务时，学校的教育会变得更有效，孩子会取得更优异的考试成绩。缺乏诚信或家庭人际关系恶劣（如父母离异）则会影响到孩子教育质量的提高。Fukuyama（1996）则认为社会成员之间的信任是文化影响经济的表现形式，它产生于一个行为规范、诚实而合作的群体中，依赖于群体中每个公民的素质和共同遵守的规则。这些规则不仅包含公正这种深层次的“价值”问题，而且还包括世俗的实实在在的规则，如职业规则、行为准则等。

公民社会资本是基于血缘、地缘、业缘之上形成的制度、网络、信任与承诺等合作关系，是在某种特定的文化背景下，由社会成员在实践当中长期的彼此信任与承诺等规范行为逐步展现出来的，一旦社会成员发生迁移，这种信任网络关系就会被打破。而公民的信任程度与经济发展呈正相关关系，经济发达、社会富裕的地区，其个人信任程度一般都较高，而贫困、欠发达地区的个人信任状况往往令人担忧。经济欠发达地区的信任关系并不表现为一个唯一的低信任度均衡状态，而是多重均衡的：一个是高信任度均衡，社会成员拥有较强自发性交往，中间层社团丰富多样化，个人获得的人力资本积累收益较高，企业创新能力较强，如温州私营企业的发展；一个是低信任度均衡，社会成员自发性交往能力较弱，缺乏构建大规模的、高效率的经济组织。Putnam还指出，信任、互惠规范和网络，作为社会资本的存量，往往具有自我增强性、可积累性，以良性循环的方式形成高水准的合作、信任、互惠、公民参与和集体福利，引致高信任度的社会均衡；与此相反，缺乏这些品质的非公开精神共同体，如背叛、猜疑、逃避、利用、鼓励、混乱和停滞，在恶性循环、令人窒息的有害环境里，也会自我增强、相互强化，形成低信任度的社会均衡。

2. 集体社会资本。集体社会资本主要是指以企业、家族、协会、机构、行政区等为社团单元所产生的社会关系、网络结构，这些行动和资源必须是有利于群体成员的，而不是由消极情绪所导致的障碍（J. H. Turner，2000）。

目前，发展经济学对集体社会资本的研究主要是面向企业。Barr（2000）强调企业所具有的社会网络关系能够为企业获取新技术提供非常有效的信息渠道，Fafchamps（2004）和 Greif（1993）等的研究证明社会网络可以帮助企业免受惩罚或欺诈，并有效决策有所为有所不为，从而提高企业整体效率。集体社会资本提高企业效率的表现形式有：其一，信任关系。信任有助于使企业在行业或协会中为共同的目标而团结合作，使行动者能够精诚协作并自愿与他方交换资源，促使个人或集体取得良好的进展。其二，信息共享。企业间的信息共享，可以实现企业的互动认识和正式制度内在化，强制签约方履行契约，降低未来不确定性因素。其三，行动协调。企业内部各经济部门互不协调行为或投机行为，可能导致法律的失效，使市场失灵，而企业通过在各个个体之间建立反复的相互作用来减少投机行为，可以加强信任机制。这点可以从标准的“囚犯困境”支付矩阵中反映出来（见图 1）。

	合作	不合作
合作	1，1	-a，b
不合作	b，-a	0，0

图 1　囚犯困境

很显然，在这个支付矩阵中，如果 a > 0，b > 1 时，存在唯一的纳什均衡。但是，当两个参与人都是利他的，那么他们的总效用为参与人 i 的效用与参与人 j 的效用之和，在这个博弈中，（不合作，不合作）就不再是最优策略选择，唯一的纳什均衡策略是（合作，合作）。

Akerlof 和 Kranton（2000）、Fershtman 和 Gneezy（2001）都证明了在信任博弈过程中，如果每个参与人都能够表现得更为利他主义和友好合作，他们彼此都会获取更高的声誉和团体收益。Putnam（1993）认为社会资本是能够通过推动协调行动来提高社会效率的信任、规范和网络，是社会组织的特征，它们能够通过促进合作行为来提高社会的效率。对于企业来说，交换和生产行为不仅有市场调节，而且一系列正式的和非正式的安排也会起到调节作用，规范、信息网络、声誉和社会奖惩机制等社会资本有时能够代替正式的实施机制发挥积极的作用。

3. 政府社会资本。政府在提供公共产品和服务时，通过建立适合社会和政治程序的正式规则构造一种制度环境，从而影响到经济运行的绩效。能够使法律、法规、教育、健康以及“好政府”的益处具体化的社会资本被看作“政府社会资本”（Meier，2001）。目前，人们主要是从制度、文化信念、政府机构能力等方面探讨发展中国家的“政府社会资本”。

由于不发达经济是协作失灵的结果，这种失灵更多地体现为制度的失灵而不是市场的失灵。很显然，政府社会资本在弥补制度失灵方面起着举足轻重的作用。M. Aoki（1996）通过运用博弈论、契约论和信息经济学的分析，认为制度是博弈的均衡结果，是经济、社会和政治交易领域博弈的内生性解决方案，制度的产生不是由历史而是由文化决定的。North（1990，1997）认为，文化信念是制度结构的基本决定因素，不仅经济学，而且心理学、社会学、政治学、人类学、法学和历史学，都应该回答文化信念带来的问题，和它们如何随时间的推移而导致制度变革与社会资本形成的问题。与之不同的是，在 Ray（1998）看来，战略互动导致了作为均衡结果的制度的产生，初始的历史条件和文化观念则会影响到对一种特殊均衡的选择，初始条件方面一个很小的差异可能会在长期内随着时间的推移被逐渐放大，致使初始社会资本区别不大的国家在历史发展中可能会有相当不同的表现。

因此，A. Chibber（2000）认为制度环境的可预见性和连贯性在提高经济成果方面非常重要，其关键在于政府行为与其治理能力相匹配，在某些发展中国家，脆弱和专横的政府可能加剧不发达市场的不稳定性。公民和企业的经济行为都是在既定的组织机构下进行的，面对制度失灵，他们往往以资本逃逸或移民的方式来表示不满。当这些不满与政府和制度环境密切相连，很可能会导致政治上的动荡和社会变革，使社会资本受到破坏，无法维持经济在持续健康的稳定状态中发展。

总而言之，尽管社会资本难以确切地度量，但某些考察协调行为、合同可实施性和政府机构效率的实证分析表明，对社会资本的研究有助于解释发展中国家经济增长速度的差距。

参考文献

[1] Aoki, M. & Y. Hayami (2001), Communities and Markets in Economic Development, Oxford University Press.

[2] Bardhan, P. & C. Udry (1999), Development Microeconomics, Oxford University Press.

[3] Bouis, H. E. & L. J. Haddad (1992), "Are estimates of Calorie-income elasticities too high?" Journal of Development Economics 39: 333 - 364.

[4] Case, A. & D. Lubotsky (2001), "Economic status and health in childhood: The origins of the gradient", NBER Working Paper, No. 8344.

[5] Collier, P. (1998), "Social capital and poverty", World Bank Social Capital Initiative Working Paper 4.

[6] Dasgupta, P. & I. Serageldin (2000), "Social capital: A multifaceted perspective", The International Bank for Reconstruction and Development/The World Bank.

[7] Deaton, A. & C. Paxson (1998), "Economies of scale, household size, and the demand

for food", Journal of Political Economy 106: 897 – 930.

[8] Deininger, K. & L. Squire (1998), "New ways of looking at old issues: Inequality and growth", Journal of Development Economics 57: 259 – 287.

[9] Fukuyama, F. (1996), Trust: The Social Virtues and the Creation of Prosperity, NY: Free Press.

[10] Dorn, J. A., S. H. Hanke & A. A. Walters (1998), The Revolution in Development Economics, Washington D. C: Cato Institute.

[11] Lal, D. (1985), The Poverty of Development Economics, Cambridge: Harvard University Press.

[12] Meier, G. M. & J. E. Stiglitz (2001), Frontier of Development Economics: the Future in Perspective, Oxford University Press.

[13] Murphy, K., A. Shleifer & R. Vishny (1989), "Industrialization and the big push", Journal of Political Economy 97: 1003 – 1026.

[14] Murphy, K., A. Shleifer & R. Vishny (1989), "Incomedistribution, market size, and industrialization", Quarterly Journal of Economics 104: 537 – 564.

[15] Putnam, R. (1993), Making Democracy Work: Civic Traditions in Modern Italy, Princeton University Press.

[16] Ray, D. (1998), "History and coordination failure", Journal of Economic Growth 3: 267 – 276.

[17] Ray, D. (2000), "What's new in development economics?" The American Economist 44 (2).

[18] Ray, D. (1998), Development Economics, Princeton University Press.

[19] Rosenstein – Rodan, P. (1943), "Problems of industrialization of eastern and southeastern Europe", Economic Journal 53: 202 – 211.

[20] Steven, N. D. & M. Fafchamps (2004), Social Capital, NBER Working Paper, w10485.

[21] Strauss, J. & D. Thomas (1998), "Health, Nutrition, and Economic Development", Journal of Economic Literature 36: 766 – 817.

（原载《经济学动态》2006 年第 1 期）

经济增长与转型研究的近期进展

经济增长与转型问题在经济学研究中常常富有挑战性，亚当·斯密首创了劳动分工的增长理论，把经济学纳入了整体性研究体系，也为后来者留下了许多颇具争议性的探索空间；马尔萨斯动态增长进程模型把死亡率和出生率作为人均收入的主要决定变量引发了200多年无间断的思辨；新古典增长模型通过引入物质资本投资率努力弥补马尔萨斯模型的缺陷；斯蒂格利茨、克鲁格曼等人引入规模报酬递增的假定，使现代增长理论的解释力大大提高。① 以克拉克等人为代表的经济学家从纵贯历史的百年和千年变迁中，寻找不同经济增长状态、不同经济转型阶段的内在驱动机制和动力源头，努力推陈出新，以便探索全球、北方与南方越发展，彼此越遥远的经济现实。在此，我们对这些经济学家的近期主要研究成果作一简单介绍和评述。

一、基因—文化论及其相关

克拉克（G. Clark）于2007年发表了《告别施舍：世界经济简史》（*A Farewell to Alms*：*A Brief Economic History of the World*）一书，其中重新回答了一个历史性经典诘问：为什么工业革命以及随之而来、史无前例的经济增长会发生在18世纪的英国，而不是亚洲的中国或日本？为什么工业化没有让全世界富裕起来，反而让某些地区更加贫困？从李约瑟之谜到戴蒙德（J. Diamond）的《枪炮、病菌与钢铁》和彭慕兰（K. Pomeranz）的《大分流》，许多经济学家和史学家企图从不同角度解释这个疑惑。克拉克提出了一个大胆、全新又引人争辩的答案：决定人类穷与富的命运，并非剥削、地理因素或天然资源——文化才是决定性因素。克拉克指出，经过长期达尔文式的生物竞争，英国的经济富裕者渐渐取得了生育优势并取代经济上较不成功者，富裕者的行为方法或价值观以及创造经济成

① 王爱君：《当代发展经济学研究新趋势》，《经济学动态》2006年第1期，第69~73页。

就的文化，随之被传递到各个阶层成为整个民族的主流文化，“这些后来造就了动态经济的特性——耐心、勤勉、机灵、创新和教育——遂通过遗传及教养等过程传予全英国人民”；“英国的优势不是煤矿、不是殖民地、不是宗教改革、不是启蒙运动，而是出于制度稳定和人口的机缘……基于这些原因，中产阶级的价值观最早嵌入英国的文化，甚至基因之中”①。当这种成功者的文化被替换到一定程度时，英国就突破了马尔萨斯陷阱的束缚。

为什么英国而不是中国、印度或日本能首先跳出马尔萨斯陷阱呢？克拉克认为，关键在于人口结构是否有利于保存或扩大某些“优秀的人群”：在未工业化地区，贫富阶层的生育率基本一致，不具有上层人口向下流动的机制，无法产生现代经济所必需的中产阶级。欧洲大陆、中国与日本都曾处于人口增长被饥荒抵消的状态，优质人口群与劣质人口群同样受到生物性因素的控制，致使少数精英的聪明才智无法延续和发挥，或利用社会力、经济力抵消甚至超越生物性的限制。克拉克认为，欧洲18世纪总体生育率的下降及上层人群相对较高的生育率，是西方社会首先突破马尔萨斯陷阱的关键。未工业化地区的上层社会生育率无法明显超越下层阶级，以至于整体的劳动力素质无法显著提升，使之停滞于工业经济前的社会状态与生活水平。未经历过上层群体基因文化向下层覆盖的地区，其低层次的社会结构、人群构成和文化基因无法适应或接受高级经济体设计的制度和技术，生物进化的物种选择助推着大分流格局从马尔萨斯时代一直持续至今日。克拉克以中国和日本为例，这两个国家在1600至此1800年努力迈向一个体现勤勉、耐心、诚实、理性、求知欲及学习等中产阶级价值的社会，但它们比英国走得缓慢，是因为它们的富裕阶级没有生育足够的子嗣，以至于催生工业革命与现代经济所必需的知识和技能无法扩散。克拉克不仅主张社会达尔文主义（富者生存），并且还带有优生学（文化—基因论）色彩。在克拉克看来，西方国家对欠发达国家提供任何经济援助虽然立意良善，但无法改变现状，全球经济体之所以贫富如此不均是因为劳动力素质的差异。换句话说，全球贫富差距、南北差距在克拉克眼里就是“文化”或“基因”问题。

克拉克的新著质疑“贫穷社会可以通过外力介入达到经济发展”的观念，挑战“制度是一些社会致富的原因”，他提出“制度无从致富，文化才能决定命运”的定理，引发人们的不同贬褒和对经济增长与转型问题的新争议。《纽约时报》评价道：“这部见解丰富的著作极可能是经济学领域的下一部巨著。它为我们诉说了一个冒险故事：良好的制度如何打下经济基础，如何走出周而复始的贫

① Gregory Clark, *A Farewell to Alms: A Brief Economic History of the World*, Cambridge: Princeton University Press, 2007, pp. 8, 11.

穷”。[1] 琼斯（E. L. Jones）也不吝赞美之词：“本书很快就会成为经济发展史的基本教材，并导致同行的验证、精炼或是驳斥。克拉克对于‘帝国主义有其经济贡献’以及‘劳工是工业化的最大受惠者’的观点也将触怒‘正义之士’”。[2] 沃斯（H－J. Voth）称赞该书“是独一无二的，是大胆的，是真知灼见的，是有趣和博学的”，但沃斯也不肯定“该书的关键——有差异的生育成功——能否经受得住时间的检验”。[3] 格兰瑟姆（G. Grantham）承认，克拉克新著从古典经济学和历史社会学综合视角中解答了农业社会向工业社会的转变，但认为他的解答存在很多疑问。[4]

迈克洛斯基（D. N. McCloskey）对克拉克著作的评判更具体：“克拉克是一位称职的科学家，他提供的大量事实证据都受到其他科学家的认同，但是，有必要严格区分他著作中的正确观点和错误之处，目的就是让人们可以认为其正确理论是为了更好地支持其错误理论的。毫无疑问，该书的绝大部分内容都是正确的……。跳出马尔萨斯陷阱是世界历史中的一个非常重大事件，其根源是创新而不是资本积累，在这个过程中劳动的报酬增加了，但资本和土地的报酬是下降的，世界上的穷人是最大的受惠者”。[5] 但迈克洛斯基不赞成基因—文化之说，比较 1600 年的富人与 2000 年的富人，带给他们富裕的根源是完全不同的，但在克拉克眼中却都一样。迈克洛斯基认为，克拉克的著作充斥着大量奇妙的、展示他对历史想象的数字推演，但对关键的历史问题，光靠数字推演是无法完成如何睿智提问、如何睿智回答的。艾伦（R. C. Allen）认为，克拉克的主要观点都站不住脚。按照艾伦的观点，产业革命是英国对 1500 年后全球化经济创造的机遇和挑战的积极反应，世界上欠发达地区贫困落后的原因应该从制度、文化、国家政策和创新意识中寻找，而不是基因的问题，克拉克著作的核心思想与众所周知的事实是矛盾的，与人们对未来世界的乐观憧憬是抵触的。

对于这些不同的评议，克拉克早有预知：“无疑，本书提出的一些论点将来会被证明为太过简单，或根本是谬误。它们当然会引发争议。……但它们就算出错，也远胜过学术界常犯的那些惹人生厌的过失——刻意的模棱两可、堆砌行话

---

① Gregory Clark, *A Farewell to Alms*: *A brief economic history of the World*, Cambridge: Princeton University Press, 2007, p. Back Cover.

② 转引自葛瑞里·克拉克：《告别施舍：世界经济简史》，洪世民译，台湾财信出版社，2008 年，封底。

③ Hans－Joachim Voth, Clark's Intellectual Sudoku, *European Review of Economic History*, Vol. 12, 2008, pp. 149－155.

④ George Grantham. Explaining the Industrial Transition: A Non－Malthusian Perspective, *European Review of Economic History*, Vol. 12, 2008, pp. 155－165.

⑤ Deirdre N. Mccloskey, “You know, Ernest, The Rich Are Different from You and Me”: A Comment on Clark's A Farewell to Alms., *European Review of Economic History*, Vol. 12, 2008, pp. 138－148.

而内容空洞。”①

二、统一增长理论及其相关

工业革命之前和之后的经济增长进程在加洛尔（Oded Galor）的统一增长模型中被划分为三个不同的历史时代：马尔萨斯缓慢增长时代、后马尔萨斯时代和现代持续快速增长时代。马尔萨斯时代是指工业革命之前人均产出近乎静止或停滞的漫长的几千年，其缓慢技术变迁带来的产出增长幅度与人口增长基本同步，该时期人均收入与人口增长的关系正好相反于现代经济增长模型。后马尔萨斯时代是马尔萨斯时代向现代化工业社会的转型期，这一时期，马尔萨斯时代的人口规模扩大所引发的技术变迁实现了经济的起飞，人均收入逐步缓慢提高，但人均收入与人口增长的关系保持马尔萨斯时代的特征。加洛尔指出，1500～1700年间欧洲的年均产出增长率是0.3，1700～1820年间的年均产出增长率是0.6，这两个时期新增产的2/3被新增人口消耗掉。② 在不均衡的技术进步状态下，生产中熟练劳动相对报酬的上升诱使家庭对子女的投入更注重质量而不是数量。人均产出随着人口增长率上升和人力资本积累而增加，最终，较高人力资本积累下的快速技术进步导致人口出生率转向长期下降的阶段。加洛尔的观点是，加速的技术进步是后马尔萨斯时代与马尔萨斯时代的核心差异，而工业革命后的人口转型是划分后马尔萨斯时代与现代快速增长时期的标志。

人口（增长）、技术（变迁）和产出（或生活水平）及其相互关系的历史演变，是加洛尔把人类发展的三个不同经济阶段置于统一增长模型的枢纽，该模型的新思想包括：第一，对人口出生率下降作出不同解释。高收入水平促使父母养育更少和更优质的孩子，是大多数人口转型理论对出生率下降后的人均收入上升到远高于基本生存线的解释。但他认为，父母养育更少和更优质的孩子并不是对收入水平的反应，而是对技术进步的反应。技术进步最终将提高教育（人力资本）收益率的预期，促使父母宁愿生育更少的孩子，为孩子提供更多的教育，这反过来又会提升技术进步率。第二，父母对孩子受教育水平的选择影响技术进步进程，高人力资本的后代更能开创技术进步或选择更高端的技术行业。第三，把人口规模与技术进步率和摆脱马尔萨斯陷阱联系起来。当教育水平既定时，技术进步速度是总人口规模的正函数。在给定的教育水平下，人口规模越大，供给和

---

① Gregory Clark, *A Farewell to Alms: A Brief economic History of the World*, Cambridge: Princeton University Press, 2007, p. x (Preface).

② Oded Galor and David N. Weil, Population, Technology, and Growth: From Malthusian Stagnation to the Demographic Transition and Beyond, *The American Economic Review*, Vol. 90 (4), 2000, pp. 806–828.

需求也越大，新创意的出现就越快，但加洛尔并没有提出具体的数据来支持该观点。第四，存在技术进步下的人均产出将超过维持基本生存的消费，人口总量上升并使土地—劳动比下降，如果没有更高的技术进步，工资退回到最初的基本生存水平状态。这样，人均收入实现了自动均衡调整。因此，可持续的技术进步通过克服人口增长的负效应来实现可持续的收入增长。

统一增长模型构建了一个马尔萨斯“伪稳态”：它存在于很长的历史中，但内生地消失于长时期。在马尔萨斯时代，人均产出在悠远历史中一直很稳定，缓慢技术进步仅仅是保持产出和人口同步增长，对土地—劳动比的冲击只引起实际工资和出生率的临时变动，最终仍驱使人均收入回复到它原来的静止均衡状态。缓慢技术进步中的教育回报率很低，对以孩子质量替代孩子数量，父母缺乏动力，但人口规模对技术进步率的影响最终使马尔萨斯“伪稳态”在长时期中消失掉。

在充分大的人口规模下，人口—技术进步之比足以使父母意识到对孩子进行人力资本投资是最优选择。一个良性循环在此出现：较高的人力资本投资促进技术进步，技术进步反过来促进人力资本改善。技术进步最初对人口增长有两个效应：一是改良后的技术缓解了家庭的预算约束，能够为抚养孩子消费更多的资源；二是促使家庭资源的重新配置更多倾向于孩子的质量。在后马尔萨斯时代，家庭的预算约束的缓解占主导地位，导致人口上升。然后，人力资本持续提高加速了技术进步，更快速的技术进步推动人口增长实现转型：工资和人力资本回报率继续上升，减少孩子的数量越来越重要，人口出生率进入下降阶段。在现代经济增长时代，技术和人均产出急剧上升，但人口增长相对平缓。加洛尔认为，从停滞阶段到增长阶段是发展进程中的必然产物，技术水平与人口规模和人口结构之间的马尔萨斯式内在互动关系加速了技术变迁的步伐，并最终强化了人力资本在生产过程中的重要性。[①] 在第二阶段的产业化进程中，人力资本需求上升及其对人力资本构成、人口转型的影响，共同催发了巨大的技术进步并伴随生育率下降和总人口增长。技术进步和要素积累所产生的结果能够大部分地转化为人均收入的增长而不是人口增长，同时为经济的可持续增长开拓道路。

加洛尔指出，国家间的收入水平、人力资本和人口增长的高低或程度差异并不是从低级阶段向高级阶段转型的决定性因素，它们仅仅影响本国处于某阶段的一些具体特征（如地理要素与历史事件，制度、人口和文化的多元化，贸易模式，殖民状态和公共政策等），对转型具有决定性作用的两个重要视域是：加速

---

① Oded Galor, The Demographic Transition and the Emergence of Sustained Economic Growth, *Journal of the European Economic Association*, Vol. 3 (2 - 3), 2005, pp. 494 - 504; Oded Galor, Multiple Growth Regimes—Insights from Unified Growth Theory, *Journal of Macroeconomics*, Vol. 29, 2007, pp. 470 - 475.

度的技术进步率和人口增长率、加速的人力资本积累和减速的人口增长率。加洛尔用统一增长模型把工业革命以来200多年的经济增长历史综合在一个共同框架内，引起不少学者重新怀念马尔萨斯时代。汉森（G. D. Hansen）把1800年前马尔萨斯时代使用的土地密集型技术称为“马尔萨斯技术”，把1800年后的现代产业经济使用的技术称为“索罗技术”，建立一个总要素生产率持续正增长的、从马尔萨斯时代向现代增长阶段转型的统一增长模型，但他们并没有考察人口增长先递增后递减的转变过程。汉森比较了1725～1800年、1800～1989年两个时段的英国经济和1870～1990年的美国经济，发现作为生产要素投入之一的土地显得越来越不重要，土地产出收益（或租金）在GNP总值中的所占份额在过去两个世纪中急剧下降。汉森的研究结论是，生产中土地收益内生地减少的过程就是从“马尔萨斯技术”向“索罗技术”的转型过程，当利润最大化的企业为了适应技术进步开始减少使用土地密集型技术时，从停滞阶段向现代化增长阶段的转型就开始了。

帕伦特（S. L. Parente）① 把一个国家使用资源来生产现代产品和服务的效率所能够达到的临界点（critical point），作为该国家开始向现代经济增长转型的标志。各个国家效率水平的临界点之所以不同是因为各国公民在获取知识和技术时社会强加的限制不同。落后国家赶上先进国家的唯一方式是清除掉技术应用过程中的社会障碍。与加洛尔的统一增长模型集中于人力资本积累及孩子数量与质量的转变有所不同，斯图利克（H. Strulik）在加洛尔的基础上使用两部门模型（工业—农业）解释马尔萨斯时代以来的人口转型问题②：生育率对两个部门的生产力和收入增长的反应程度是不同的，当农业生产力提高和收入增长时，食物容易促使养育孩子的成本低，这时的生育率自然就比较高；工业生产力的提高和收入增长使成为商品的粮食成本上升，养育孩子的成本昂贵使生育率趋低。农业革命被工业革命内生地延续，并伴随生育率内生地从高点走向低点，当经济收敛于稳态均衡路径时，人口增长率和经济增长率都处于零状态。在加洛尔的三阶段增长中，现代经济增长是内生的且由人口规模扩张所引发，但克瑞福茨（N. Crafts）并不认同后马尔萨斯时代的人口规模扩张对技术进步具有正的反馈作用。加洛尔也意识到自己模型存在缺陷，但没有给出解决答案。克瑞福茨使用克拉克等人的数据，分析英国在1300～1900年之间的实际工资变化、人口增长与技术进步及其它们之间的关系，数据分析的结果是，马尔萨斯时代存在静态均衡实际工资水平，16世纪中期至18世纪后期出现人口快速增长和技术的进步，1800年的人口

① Stephen L. Parente & Edward C. Prescott, A Unified Theory of the Evolution of International Income Levels, http: //www. sciencedirect. com/science/article/B7P5F－4HP4N1N－B/2/0ce6158ab5a246ad72f3974d49f6a853.

② Holger Strulik & Jacob Weisdorf, Population, Food and Knowledge: A Simple Unified Growth Theory, *Journal of Economic Growth*, Vol. 13, 2008, pp. 195－216.

规模达到1500年的3倍。[①] 但是，1800年之前的技术进步率的增长速度并没有超过人口增长率，1820年左右技术进步率达到历史顶峰时期，但该时期对劳动力的需求增长缓慢，没有证据显示技术进步与人口增长具有突出的相互促进作用，但这一时期大西洋两岸的国际贸易活动和资本主义制度的原动力传播了产业革命，应该从激励结构中考察马尔萨斯停滞阶段向现代经济增长的转型。

三、南北方增长差异及其相关

当北方国家在技术推动下越来越富裕时，以国际贸易和跨国公司等方式获得北方技术的南方，使用着北方的技术却未能缩小与北方的差距。不少学者对北方技术在南方的适宜性作了基础性的研究，阿赛莫格卢（Daron Acemoglu）在此基础上提出，南北方的产出差异不是来自资本—劳动比率或产业规模，而是来自熟练劳动（skilled-labor）供给。北方国家的劳动供给是高技能型的，南方国家的劳动供给则由大量非熟练劳动力（unskilled-labor）和低技能型劳动力构成，技能偏向型技术变迁（biased technical change）是南北方差距扩大的根源。阿赛莫格卢使用联合国数据库测算了22个国家的27家三位数码制造业的总要素生产率（TFPs），美国与南方国家在技能集中型部门（skill-intensivesectors）的TFPs差距达到最大值，在9个较低技能集中型部门（least skill-intensivesectors），南方国家的TFPs只有美国的22%，在9个强技能集中型部门（most skillintensivesectors），南方国家的TFPs只有美国的30%。[②] 南方对新技术有很大的需求空间，但南方的经济条件、要素价格、气候、地理和文化等不同于北方，北方研发出来的高新技术是为了充分适合于富国工人的高技能和高人力资本条件，这些高新技术即使无任何障碍地转移到南方，却常常不适宜于南方。南方工人普遍低技能甚至无技能，与北方高技能工人操控同样的高新技术设备，带来的产出水平明显低于北方，南北方的产出差异因为使用由北方研发的技能偏向型技术（skill-biased technology）而进一步加大。在大规模引进北方国家技能偏向型技术时，南方国家低技能型的劳动供给与从北方国家引进的技术之间的错位，是南北方产出差异的根源。更为重要的是，技术变化并不是生产过程中的一种无意识的副产品，而是有明确目标的行为，北方R&D公司是基于技术的盈利能力——利润驱动——来决定技术创新方向，北方相对充足的技能型劳动供给为其技术创新提供了要素保障。

---

① Crafts, Nicholas & Terence C. Mills. From Malthus to Solow: How Did the Malthusian Economy Really Evolve? *Journal of Macroeconomics*, Vol. 31, 2009, pp. 68 –93.

② Daron Acemoglu & Fabrizio Zilibotti, Productivity Differences, *The Quarterly Journal Economics*, Vol. May, 2001, pp. 563 –606.

阿赛莫格卢分别对分权竞争经济（decentralized competitive economy）、集权型经济（centralized economy）、垄断和寡头经济中偏向型技术变迁的最优化均衡进行分析，提出“绝对偏向”（absolute bias）概念，即引致的技术变迁影响其偏向要素的供给和价格水平。技术变迁的均衡结果是：第一，均衡技术变迁偏向于丰裕要素。如果要素之间的替代弹性充分大，某种要素秉赋充裕且能够增大供给时，均衡发展的技术进步就偏向于该丰裕要素并足以提高该要素的相对价格，但面临非—要素—增大（non-factor-augmenting）的选择时就不适用该结论。第二，出现弱绝对均衡偏向（weak absolute equilibrium bias）。当某种要素充裕时，使用该要素的技术具有更高价值，确保了其技术变化的方向是增加对该要素的需求和提高该要素的均衡价格水平，因此，丰裕要素供给的增大总是引发先进技术绝对地偏向使用该要素。第三，出现强绝对均衡偏向（strong absolute equilibrium-bias）。当增加某种丰裕要素供给时，偏向型技术变迁能够充分提高该要素的边际产出（要素价格），使内生技术要素（endogenoustechnologyfactor）的需求曲线向上弯曲。一旦作技术调整，增加该要素的供给就会增加该要素的边际产出。阿赛莫格卢指出，当经济中的生产可能性边界在均衡点是非凸的，强绝对均衡偏向才会存在；如果生产可能性边界不是非凸的，则不存在强绝对均衡偏向。①

技术变迁对要素选择具有强烈的偏好，阿赛莫格卢把产生利润动力的两个效应——要素价格效应和市场规模效应——作为影响技术偏向的两个主要力量。稀缺要素的高价格激励着对该稀缺要素进行技术创新，以便生产价格更高的产品，丰裕要素的较大市场规模下潜在的高额利润推动着技术变迁。不同要素之间的替代弹性决定着价格效应与市场规模效应的大小以及技术变迁的方向，相对要素供给的变动调整着要素价格。创新可能性边界（the innovation possibilitiesfrontier）——在现有技术基础上不同类型创新的相对成本——也主导着技术创新的方向。② 除了技能偏向型技术进步外，阿赛莫格卢还从产出效率差异、制度差异和公共产品供给差异等方面展开对南北差距的广泛探讨，例如，制度不仅决定着政府如何作出集体决策，也决定着地方政府与中央政府的互动方式以及政治权力的分配；生产效率的决定性因素如地方公共产品的分配和财产权利的保障等，是受政府权力和政府决策控制的，即生产效率是受制度决定的，一个低制度水平的国家不仅效率低下，而且国民收入低下③。阿赛莫格卢认为，缩小南北方产出差距的自然补救良方是鼓励研发适宜于南方劳动力特征的技术并增加南方国家劳动力供给，如果南方国家继续大量引进美国等先进国家的高科技，南北差距将进一步扩大。

① Daron Acemoglu, Equilibrium Bias of Technology, *Econometrica*, Vol. 75 (5), 2007, pp. 1371 - 1409.

② Daron Acemoglu, Directed Technical Change, *Review of Economic Studies*, Vol. 69, 2002, pp. 781 - 809.

③ Daron Acemoglu. *Productivity Differences Between and within Countries*, http://www.nber.org/papers/w15155.

魏斯（M. Weiss）同样承认技术进步具有技能偏向的特性，但认为，即使工资和价格水平是完全弹性的，持久的技能偏向型技术变迁并不一定导致工资不平等的持续扩大。生产要素的价格取决于其边际产出的价值，在一个可以生产多种不同层次产品的经济体中，不同技能水平的劳动者在生产中具有不同的比较优势，那些不通过生产率的提高即从技术进步中直接获益的劳动者，可以从产品价格的良序变化中直接受益。在技术变迁对要素相对价格的影响过程中，消费需求的替代性与劳动需求的替代性具有同等重要程度，如果消费需求是互补的，"低技术"产品的相对价格在技术进步中上升，如果"低技术部门"是低技能密集型的，其产品相对价格的上升可以补偿其生产率的相对下降，这样低技能型劳动者的相对工资水平就会提高。依照魏斯的观点，工资不仅取决于生产率，也取决于商品价格，换句话说，要素价格不仅取决于企业的技术水平，也取决于消费者偏好。①

四、结论

克拉克等经济学家对工业革命以来南北世界富者愈富、贫者愈贫的全球经济发展模式等问题，大胆地以截然不同的崭新观点给予回答，他们的观点或理论都坦然客观地直面工业化与非工业化地区在文化环境、人口素质、技术水平、生产效率的悬殊差异。他们对经济增长与转型问题的研究提醒其同行与非同行们，发达国家并没有任何经济发展模式可供世界上其他贫穷国家直接复制，并没有一贴见效、保证经济安全增长的经济良方，也没有成熟的经济手术可为饱受贫穷所苦的社会缓解症状，就连经济援助这种最直接的礼物也无法达到刺激欠发达世界经济增长的目标。② 南方国家在寄望于北方伸出援助橄榄枝时，更有必要反躬自省如何借助北方的技术进步完成本国的科学技术革命（或产业革命），逐步实现经济发展模式向高级阶段的成功转型。

（原载《国外社会科学》2011 年第 3 期）

① Matthias Weiss, Skill-biased Technological Change: Is There Hope for the Unskilled? *Economics Letters*, Vol. 100, 2008, pp. 439 – 441.

② 葛瑞里·克拉克：《告别施舍：世界经济简史》，洪世民译，台湾财信出版社 2008 年版，第 15 ~ 19 页。

发展经济学方法初论

一、引言

根据发展经济学家迈耶的划分，发展理论的研究从诞生至今历经了两代人：大约从 1950～1975 年属于第一代发展经济学家；从 1975 年至今属于第二代发展经济学家。[①]

第一代发展经济学家在早期系统地提出了一些发展的战略，包括结构的转换和政府加大对制定发展规划与计划的介入力度，提倡由中央协调来配置社会资源，以纠正和避免市场失效。20 世纪 80 年代初以来的新一代发展经济学家在新古典基本原理的基础上，不仅致力于对经济现实的个案分析，而且从高度概括的模型转向分解型的微观研究，使发展经济学理论展现出新的面貌。

第二代发展经济学家以制度要素、知识要素为核心，借用各种技术性分析工具，对发展中的问题进行了更深入的探讨。但发展中国家内部日益明显的分化，对经济学家提出了更大的挑战。因此，理论和现实的发展都要求人们对发展经济学的研究方法进行必要的探讨。

二、第一代发展经济学的“传统”方法

第一代发展经济学家的研究方法主要表现为结构主义、新古典主义和激进主义方法，它们之间不仅差异明显，而且纷争激烈。本文主要从相互比较的角度来审视它们各自方法的特色。

---

① 杰拉尔德·迈耶、约瑟夫·斯蒂格利茨，2003，第 9 页。

(一)新古典主义与结构主义方法

新古典主义方法的显著特征是使用最大化，任何不采用最大化的解释都是无效的解释，所有真实世界的“不完全”和“扭曲”都被解释为是对模型中一个或多个假设的偏离。它强调反映机会成本和消费者偏好的自由市场，从穷国经济有伸缩性的假设开始，这种经济的特征是理性经济行为，即存在使风险和时间贴现的利润或效用最大化的经济主体。要素是流动的，供给曲线是富有弹性的，制度影响是有限的，这些确保了产品和要素市场的特征是充满竞争的。因此，新古典主义方法研究市场与价格，并预期它们一般能够很好地运行。在市场与价格运行有问题的地方，寻找完善这些起点的市场和定价机制，如税收和补贴。

而结构主义方法更强调结构的转换和变迁，倾向于提供一个不依靠市场力量和通过政府行为控制变化的理论基础。结构主义方法反对用一两个变量或几个变量，以简化形式构造一个模型分析来解释复杂的经济现象。在结构主义方法论中，世界是复杂的，线性组合为可测与不可测的变量建立了似是而非的联系。即使独立变量是被合理构建的，结构主义也无法接受用简化模型来证实复杂的现象。结构主义方法认为，任何既定的变量都有可能受到影响而发生改变，经济中没有一个变量可以独自决定另一个变量。早期结构主义以具体历史来建构理论，具有“论题一致性”。[①]“现实性”对于结构主义而言，不管是在其历史演变中，还是其现行方法上，比在新古典体系中更具有基础性作用。使一些国家更加富裕而另一些国家日益贫穷的动力是相互联系的，关键是区分彼此的运作机制。新古典主义和结构主义方法的根本分歧在于：前者相信资源对刺激能够作出反应，从而以最小成本从一种经济活动顺利而快速地转向另一种经济活动；后者相信组成经济的是僵硬的、特殊的要素，对刺激不能作出快速而灵活的反应。

发展经济学的结构主义方法采用了整体主义的方法，认为局部的功能应从系统和结构的整体特征上去认识，累积因果使经济系统具有不稳定的特征，是一个复杂的非线性动态过程，经济变化是典型的非均衡过程。初始条件和随机事件的相互作用导致了路径依赖的发展过程，经济分析要注重时间、地点的差异，体现出一种历史的分析方法。而新古典主义继承了传统的个体主义、整体分解的方法，在均衡框架内以最大化和最优方式来处理经济变化，采用了把偶然因素排除在外的决定论哲学观，坚持认为存在一种在一切时间和地点都适用的规律，是一种非历史的分析方法。

尽管在结构主义与新古典主义之间存在许多争论，实际上，这两者并不完全冲突。近年来，新古典主义有努力向结构主义方法靠拢的趋势，而达特（A. K. Dutt）

---

① Dutt, A. K. & Ros, J., 2003.

和詹姆森（K. P. Jameson）的研究工作有可能促使新古典主义与结构主义趋于收敛，或者使新古典主义最终有可能成为结构主义的一个译本，不过道路肯定是漫长而曲折的。

（二）新古典主义与激进主义方法

新古典主义与激进主义方法最基本的差异在于价值论，不同的价值论造就了它们不同的逻辑框架和分析工具。根据新古典主义发展观，交换关系不仅仅主宰或决定生产关系，而且也是阐释社会变迁的主要因素，而交换关系取决于市场中个人的偏好或选择，最终取决于主观效用。基于阶级分析或剥削概念之上的任何其他论述都被新古典主义视为诅咒，它所真正关心的是按照精心核算的投入—产出或成本—收益执行发展计划。拥有完全竞争之说的新古典方法论，认为供给与需求可以在经济各部门中自动调节。它不仅要运用安全竞争模型来解释为什么进口替代工业化和国民产出增长不能够减轻贫困，而且要解释财富与收入分配为何越来越不平等；它认为财政和金融工具产生的市场不完全性阻止了自由市场的要素投入和商品产出，最终导致资源不能得到最优配置。改变不完善市场的一揽子政策，如货币政策、外汇贬值和关税调整、取消外贸限制以及税收和消费改革等，最终都会使市场信号充分发挥合理配置资源的作用。

相反，激进主义方法首先强调的是基于生产关系的价值论，正是这些生产关系决定着交换关系。在不发达国家，国际资本主义的发展造就或再造了这些相互依赖的社会生产关系和不发达的生产力。资本主义不是通过使生产者独立于市场来推动不发达地区前进，而是更多地把它们融入世界市场。准确地说，资本主义的作用是有系统地把不发达地区的生产发展、整合、协调进一个国际商品和资本循环流中。从历史角度看，发达国家制造了一个复杂的生产、金融网络，促使不发达地区依附于中心地区，国际贸易变成联系和捆绑世界不同地区生产的机制，政治武器才是真正或潜在的推动力量。在国际劳动分工中，商品生产造就了一个唯一的世界，这个世界包含有两个不平等但却相互依赖的部分。在发展进程中，外围地区的需要和选择与它自己的历史和社会发展是相背离的，它只是按照比较优势和价格来扮演中心地区经济增长和政治权力的配角。中心—外围地区的关系不是静态的，而是与资本主义的发展进程相统一，那些对外围地区来说是外生的因素，对国际资本主义发展来说实际上是内生的。

与激进主义相比，新古典主义的不同之处体现在：第一，支配其理论框架的是交换关系。它忽视了生产的国际、国内关系，而正是它们产生了特定的制度环境和供给需求等式。第二，虽然新古典主义所提倡的政策，对于改革被扭曲的国内市场关系，使不发达经济能逐渐融入国际市场而言是必需的，然而国际市场又可能成为中心国家开发外围不发达国家的工具，从而限制不发达国家的独立发展。总之，新古典主义对生产关系的忽视导致了偏颇的政策结论和不可靠的预期。新古典理论不能够分析市场框架和交换关系之外的任何东西，只局限于供求分析，忽视了产生国际生产关系的历史动力，忽视了发展中国家与发达国家之间的本质区别。

（三）激进主义与结构主义方法

虽然激进主义与结构主义方法都考察发展中经济的结构因素，但激进主义方法强调结构约束和阶级的重要性，试图把发达经济的理论体系运用到发展中经济；而结构主义方法则强调特殊经济的结构（如寡占和部门分工）和不同经济的结构差异，目的是突出发展中经济的刚性特征。

激进主义方法虽然也包含了经济结构分析，但它的基本方法是解释建立在社会生产关系上的阶级斗争，它的所有论题都围绕着社会阶级，包括不同社会阶级是如何相关的，他们的利益是如何对立的，他们是如何斗争的，以及这些又是如何影响经济行为的。激进主义方法认为在经济活动中，个人、家庭和企业都不是最主要的决策单位，决定经济成果的关键是形成相互冲突关系的人群或阶级所产生的集体力量；不能从基础结构以及各种经济活动趋于均衡的假设出发，制定反映一个社会的经济过程发展的模式，相反，应该在“社会—经济”阶级的相互冲突中考察基础结构的不断变化，并用动态的不均衡模式来探索经济发展过程中辩证的和矛盾的特点。

激进主义方法除了利用马克思的理论广泛考察历史进程外，它更关心的是阶级斗争如何决定收入分配，收入分配如何决定资本积累率，以及技术变迁与资本积累如何通过相互影响促进资本主义经济增长。激进主义方法超出了纯粹的经济学领域，涉及社会经济结构与国家的变迁，以及经济条件、社会和宗教因素的相互影响，认识到了狭义的经济要素与广义的跨学科的社会逻辑和政治要素的内在联系。

结构主义往往使用要素的“规范化事实”，按照统计分类、习惯行为以及其他给定条件，建立能够决定各变量的完整模型，[①] 一般不去考察阶级斗争，也很少涉及阶级关系。结构主义方法强调发展中国家存在着二元结构特征，认为这种结构特征植根于发展中国家的政治、经济、文化、制度与国际环境等多个层面，是发展中国家普遍存在的独特表象。由于结构上的差异，经济发展带来的收入增长并不能够自动地、逐步而均匀地分配到各个地域和社会各阶层，发展过程往往伴随着收入分配不均等和利益冲突的加剧。

尽管在国内政策方面，结构主义与激进主义方法都反对新古典主义奉行的市

① Chenery, H. B. , 1975, pp. 310 – 315.

场化和自由化，主张国家干预、大工业化和内向发展，但在对外政策方面，它们之间的分歧却是相当大的。激进主义方法增大了对外贸易和投资中的“依附”成本，忽视了技术转移的收益；而早期结构主义者对农业、服务业的非传统性出口收益显得过分悲观。结构主义者认为，“刚性”结构特征限制了经济调节，有必要建立一个使国外经济政策与国内资源配置紧密相连的分析框架。

三、第二代发展经济学的新方法

第一代发展经济学家的方法彼此泾渭分明，而第二代发展经济学家则更体现了兼容并蓄的精神。他们既追随传统，也吸收现代经济理论的最新发展，用更多的分析工具和模型去论证经济发展中的现实问题，在合理地继承前辈的研究成果的基础上，开拓出了新的研究方法。

（一）多重均衡分析法

在标准的新古典主义方法中，一个市场上发生的一切通过价格机制影响到其他市场，经济系统只存在一个唯一的均衡。第二代发展经济学家更倾向于把现实经济看成一个生态系统，在其不断的发展演变过程中存在着多重均衡，而不是唯一均衡。

多重均衡分析法的核心思想是，经济不发达是大规模协作失灵的结果，而导致协作失灵的两个原因是产业联系和需求互补性。[①] 需求互补性的存在不仅仅意味着现实经济中的各种投资之间存在着密切相关性，还表明单独的投资项目具有很大风险，而广泛的互补性投资的风险却要小得多。其根源在于，在低收入国家，对大多数产品的需求极度缺乏弹性，低需求弹性使供给适应需求变得相当困难；在小规模市场上，因需求不能适应供给而带来的风险却大于一个大规模的正在形成的市场的风险。换言之，任何一个单个产业的任何一项投资所带来的风险往往很高，而不同产业的互补性投资反倒会降低风险。

互补性导致了各种均衡的产生，正是由于这种互补性，欠发达成为一种自我实现的预期。在多个均衡体系中，经济活动水平严格依赖于预期。当一位企业家认为市场需求大幅度降低时，他就会减少投资，如果所有企业家都怀着同样的悲观思想，需求会真正降低——悲观预期会自我实现，投资缺乏会导致所有产品的需求下降。

通过考察互补性、金钱外部性、规模经济等对大推进理论进行合理化的形式

① Murphy, K. A. Shleifer & Vishny, R., 1989, pp. 1003 - 1026.

分析，墨菲（K. A. Murphy）等不仅论证了多重均衡的存在、部门间投资的互补性与多重均衡关系，而且在此基础上进一步阐释了产生多重均衡的主要原因是不完全竞争所导致的金钱外部性。预期概念的引入将罗森斯坦—罗丹的需求互补性观点用模型赋予了新的生命，从而使多重均衡分析逐渐完善并被推而广之。

除了协作失灵、互补性、预期等构造多重均衡分析法的基点外，历史（初始条件）则决定着对哪种均衡的选择。当不发达是一种协作失灵时，它就是一个多重均衡的历史，经济代理人的信仰和预期成为均衡的支撑，而预期的形成是受历史制约的。历史（初始条件）不仅仅决定了预期的形成，还可以决定某种实质变量的水平。是历史在选择着社会处于何种均衡状态。在所有这些初始条件下，影响最大的是历史上形成的不均等的资产所有权分配。因此，基础经济结构相同的经济，会由于初始条件的不同出现完全不一样的经济绩效（新的均衡）。[①]

除了宏观层面外，家庭经济中同样存在多重均衡。[②] 有研究表明，家庭生育决策与劳动力市场产出的互动关系会产生多重均衡：第一个均衡是，如果经济完全由小家庭组成，劳动力相对稀缺，成年人的工资比较高，家庭就会有足够的收入不让未成年子女进入劳动力市场，其结果是每个家庭都愿意保持较小的规模；另外一个均衡是，劳动者工资较低、太低的家庭收入使得未成年孩子必须去赚钱养家，最终导致家庭决定多生育孩子。对于穷国来说，第二个均衡的可能性更高。家庭生育决策除了改变家庭人口结构和收入水平之外，还会产生外部效应：每个家庭生育孩子的决策促成一个文化模式，而文化模式又反过来影响其他家庭。因此，生育决策所产生的外部效应是战略互补性的，而战略互补性进而又可能引起多重均衡。

事实上，多重均衡方法并没有论及哪个均衡获胜，它在某种程度上其实是对收敛论的一种批评与修正。多重均衡分析法的含义是：第一，政策设计的目的是使经济从一个均衡转移到另一个均衡。第二，政策不必是长期或持久的，因为理想的结果状态也是一个缺少政策的均衡。实际上，不好的均衡在被政策进行整顿并形成较好的均衡后，政策就应该取消，新的状态应该自我运转。第三，在无需承担干预的责任时，应审慎地选择和严格地执行政策，以推动均衡由坏向好的转换。

（二）发展微观分析法

近年来，人们趋向于用大量经验事实来探讨发展中国家家庭贫困、收入与营养健康关系、家庭生育决策、家庭内部资源配置等各种问题，从动态的、发展的

---

① Ray, D. , 1998, pp. 267 - 276.

② 普兰纳布·巴德汉，2002，第 26 ~ 44 页。

视角对家庭经济进行微观层面研究，这种新方法就是“发展微观分析法”。

发展经济学家德布拉吉·瑞认为，在贫困和营养之间存在紧密的内在联系，尤其是在低收入国家。假设所有的收入都被转化为营养，营养与工作能力之间呈S形曲线关系。当收入很低时，个人很难给自己及家庭成员供应充足的食物和营养消费，营养不良所引起的健康恶化反过来会降低获取收入的工作能力。贫困家庭有可能陷入一个低收入—营养不良—低收入的恶性循环。①

约翰·斯特劳斯（John Strauss）和邓肯·托马斯（Duncan Thomas）根据个人健康产出与投入构建了一个个人健康生产函数，通过比较美国和巴西的统计数据资料，系统验证了富人与穷人之间的收入与健康关系，得出了与瑞一致的结论：健康问题（如营养不良）可以使人更加虚弱，健康状况欠佳的穷人存在严重的功能性障碍，他们在劳动力市场上状况堪忧，更有可能陷于营养不良的恶性循环状态。因此，对政策制定者而言，对健康设施的公共投资和政策干预有益于提高劳动生产率和促进经济增长。②

与瑞、施特劳斯和托马斯不同的是，另外一批经济学家并不完全赞同收入与营养是严格正相关的，认为收入增长并不是营养改善的充分条件，甚至也不一定是必要条件。布伊（H. E. Bouis）和哈达德（L. J. Haddad）通过对菲律宾的抽样调查表明，仅仅依靠营养改善并不能降低贫困地区的发病率。但如果经济保持持续增长，且增长部分能够以非常大的比例向穷人倾斜，那么收入对营养改善就具有单独价值。所以，政策的重点应该是保持经济长期稳定增长，以及增长的收入实行有效分配。③

迪顿（A. Deaton）通过分析非线性收入效应、信贷约束、营养陷阱、公共物品供应等一组机制，比较富国和穷国收入不平等与健康的关系，以及收入不平等对死亡率、死亡模式的效应，指出收入不平等与健康状态没有直接联系，影响人们健康状况的主要因素是不公平和其他社会状况。因此，有利于经济增长的经济政策并不一定能改善贫困人口的营养健康状况，改善不发达地区人口健康状况的有效政策是提供良好、公正、公平的社会环境，包括医疗保健等基础设施。④

卢博斯基（D. Lubotsky）和帕克森（C. Paxson）从儿童健康的角度论证了营养与家庭收入呈现正相关性⑤；巴德汉（P. Bardhan）把家庭作为一个企业，从生产、消费、资源配置、规模经济等方面来论证家庭的各种经济行为；曼瑟（M. Manser）和布朗（M. Brown）使用了一个纳什合作博弈模型来分析家庭内部

① 德布拉吉·瑞，2002，第231~266页。

② Strauss, J. & Thomas, D., 1998, pp. 766-817.

③ Bouis, H. E. & Haddad, L. J., 1992, pp. 333-364.

④ Deaton, A. & Paxson, C., 1998, pp. 897-930.

⑤ Case, A.; Lubotsky, D., 2001.

资源配置问题；巴苏（K. Basu）、范（P. H. Van）和库珀—约翰（Cooper - John）等比较重视研究家庭人口、家庭生育决策、家庭劳动力问题等；还有的学者则通过采用信息、风险契约分析，考察劳动、土地和信用市场的组织和联系，从“家庭农场”最大化行为的角度，对农业家庭成员所做的决定进行了深刻研究。

总而言之，信息资料与分析工具的改善使可供利用的微观数据日益增加，使许多经济学家可以使用定量分析工具，扩大对发展中国家微观经济的调查、设计和分析，特别是对具体国家、具体部门以及具体项目的实证分析，使新一代发展经济学方法更加趋向微观化、多元化，而且更关心“本质性”问题。

（三）现实主义制度分析法

20 世纪 80 年代，发展经济学家主要分析的是“新市场失灵”。人们普遍认识到，在发展中国家存在信息不完全、高交易成本、市场不完善、外部经济的不确定性、规模报酬递增、多重均衡和路径依赖性、未来市场的缺乏等现象，使市场失灵的范围超出了此前对公共物品和仅仅要求有选择的政府干预的关注。经济中的风险和信息的不完全与对发展的分析密切相关，而对新市场失灵的分析又为更广泛的政府干预提供了潜在基础。政府不仅是提供公共物品、保护自然环境的主体，还要满足公民对教育、健康的需要，减少贫困和改善收入分配制度等。

但是，在 20 世纪 90 年代，人们把不发达看成是协作失灵的结果，更重视的是制度失灵而不是市场失灵。青木昌彦运用博弈论、契约论和信息经济学的分析，认为制度是博弈的均衡结果，是经济、社会和政治交易领域博弈的内生性解决方案，制度的产生不是由历史而是由文化决定的。[①] 与此不同的是，在德布拉吉·瑞等人看来，制度是均衡的结果，而均衡是多重的，战略互动导致了作为均衡结果的制度的产生，初始的历史条件和文化观念则会影响到对一种特殊均衡的选择。初始条件中一个很小的差异可能会随着时间的推移被逐渐放大，致使初始条件区别不大的国家在历史发展中有了不同的表现。德布拉吉·瑞认为，收入、财富、福利在不同国家之间的经济收敛并不会自动实现，某些国家没有充分利用外部的经济机会，其原因不仅在于本身存在的不利内部条件，更为重要的是还在于采取了不适当的国内政策。[②]

为了更深入地探究不同国家发展绩效产生差异的原因，许多发展经济学家更关注政策制定中的政治决策行为。巴德汉运用一个简单的讨价还价模型对既得利益集团对制度变迁的阻碍进行形式化分析，重点探讨了穷国制度失灵的持久性原因、作为分配冲突结果的制度障碍问题以及加剧这些冲突的集体行动等，认为在

① 杰拉尔德·迈耶、约瑟夫·斯蒂格利茨，2003，第 19 ~ 20 页。

② Ray, D. , 1998, pp. 267 - 276.

许多发展中国家，地方社区层的制度失灵比宏观层面的制度失灵更为严重。如果进行制度创新，可能使讨价还价边界向外扩展，弱小一方的回报可能会上升，原先强大的一方最终可能在新的讨价还价均衡中丧失优势。[①]

第一代发展经济学家通常采用规范经济分析的方法。这种方法假定政府是由柏拉图式的保护人组成的，政府寻求公共利益的行为是慈善的。但第二代发展经济学家试图把政治家、官僚和行政官员的决定内生化，试图通过从公共选择、集体选择、交易成本、产权、寻租、直接谋求非生产性利润的活动等方面，分析政治市场的政治偏好、政治资源和政治限制，从而探寻国家政治制度的决策过程。另一些发展经济学家从“新政治经济学”理论的角度来解释政府行为，而在分析过程中使用的分析概念和分析原则与新古典主义方法相类似。有些学者从社会学角度出发，强调政治行为源于特殊环境，理论必须能够直接描述、解释和研究这种环境的特殊性和复杂性，即为什么相同的问题在不同的环境下产生不同的结果。

综上所述，第二代发展经济学家对发展中国家有了许多新的认识，并且对第一代发展经济学家的模型所关注的问题进行了补充。虽然新一代发展经济学家仍然在关注大问题，但他们从经济现实性与政策实用性的角度去选择小问题，把大问题、小问题和问题解决方案结合起来，丰富和繁荣了发展经济学的研究方法。

四、结论

历史表明，与其他经济学分支相比，发展经济学是多种不同思想交织在一起的学科，在发展经济学的文献中存在着不同的替代性方法。所有这些方法并不相互排斥，建立在这些方法之上的理论也并不完全对立。这些方法仅仅是进行分析的方式，不能被看作是对全部真实世界的描述。在对特定问题的分析中，可能因为某种理论的内在特征而使其体现出一定的优势。每种方法都有其历史特征，用不同的方法对某特定事物的分析会导致不同的含义。

因此，一种比较有效的发展中国家的理论应该包括各种方法。研究发展经济学应该不怕打破经济学的传统界限。一方面，最好的研究应该是注重问题本身，而不是注重分析技巧；另一方面，我们必须承认，经济学是相互依赖、不能分割的，从事发展经济学方法研究要求打破传统的经济学界限，并从史学、政治学、社会学、伦理学和制度等角度进行考察。

---

① 普兰纳布·巴德汉，2003，第192~206页。

参考文献

［1］德布拉吉·瑞，2002，《发展经济学》，北京大学出版社。

［2］普兰纳布·巴德汉，2002，《发展微观经济学》，北京大学出版社。

［3］杰拉尔德·迈耶、约瑟夫·斯蒂格利茨主编，2003，《发展经济学前沿——未来展望》，中国财政经济出版社。

［4］V. N. 巴拉舒伯拉曼雅姆等著，2000，《发展经济学前沿问题》，中国税务出版社。

［5］Arndt，H. W.，1987，*Economic Development—History of an Idea*，University of Chicago Press.

［6］Bardhan，P.，1993，Economics of Development and the Development of Economics，in *Journal of Economic Perspectives*，Vol. 7.

［7］Bouis，H. E. & Haddad，L. J.，1992，Are Estimates of Calorie-Income Elasticities Too High? in *Journal of Development Economics*，Vol. 39.

［8］Bourguignon，F. & Morrisson，C.，1998，Inequality and Development：the Role of Dualism，in *Journal of Development Economics*，Vol. 57.

［9］Case，A. & Lubotsky，D.，2001，*Economic Status and Health in Childhood：The Origins of the Gradient*，NBER Working Paper，No. 8344.

［10］Chenery，H. B.，1988，Structural Transformation：A Program of Research，in Rains，Gustav & Schultz，T. Paul（eds.），*The State of Development Economics-Progress and Perspectives*，Basil Blackwell.

［11］Chenery，H. B.，1975，The Structuralist Approach to Development Policy，in *The American Economic Review*，Vol. 65.

［12］Dasgupta，P. & Ray，D.，1986，Inequality as a Determinant of Malnutrition and Unemployment：Theory，in *Economic Journal*，97.

［13］Deaton，A. & Paxson，C.，1998，Economics of Scale，Household Size，and the Demand for Food，in *Journal of Political Economy*，Vol. 106.

［14］Deininger，K. & Squire，L.，1998，New Ways of Looking at Old Issues：Inequality and Growth，in *Journal of Development Economics*，Vol. 57.

［15］Dutt，A. K. & Jameson，P.，1992，*New Directions in Development Economics*，Edward Elgar Publishing Limited.

［16］Dutt，A. K. & Ros，J.，2003，*Development Economics and Structuralist Macroeconomics*，Edward Elgar.

［17］Fitzgerald，E. V. K.，2003，*Global Markets and the Developing Economy*，Palgrave，Macmillan.

［18］Glewwe，P. & Jacoby，H. G.，2004，Economic Growth and the Demand for Education：Is There a Wealth Effect? in *Journal of Development Economics*，74.

［19］Hirschman，A. O.，1981，The Rise and Decline of Development Economics，in *Essays in Trespassing Economics to Politics & Beyond*，Cambridge University Press.

［20］Karayalcin，C. & Mitra，D.，1999，Multiple Equilibria，Coordination，and Transitional

Growth, in *Journal of Development Economics*, Vol. 60.

[21] Lewis, W. A., 1984, The State of Development Theory, in *The American Economic Review*, Vol. 74.

[22] Mookherjee, D. & Ray D., 2000, Persistent Inequality and Endogenous Investment Thresholds, in *Mimeograph*, Department of Economics, Boston University.

[23] Murphy, K. A. Shleifer & Vishny R., 1989, Industrialization and the Big Push, in *Journal of Political Economy*, 97.

[24] Rains, G. & Schultz, T. P., 1988, *The State of Development Economics-Progress and Perspectives*, Basil Blackwell.

[25] Ray, D., 1998, History and Coordination Failure, in *Journal of Economic Growth*, 3.

[26] Ray, D., 2000, What's New in Development Economics? in *The American Economist*, Vol. 44, No. 2.

[27] Rosenstein_Rodan, P., 1943, Problems of Industrialization of Eastern and Southeastern Europe, in Economic Journal, Vol. 53.

[28] Stiglitz, J. E., 1973, Approaches to the Economics of Discrimination, in *American Economics Association*, Vol. 63.

[29] Strauss, J. & Thomas, D., 1998, Health, Nutrition, and Economic Development, in *Journal of Economic Literature*, Vol. 36.

[30] Subramanian, S. & Deaton, A., 1996, The Demand for Food and Calories, in *Journal of Political Economy*, Vol. 104.

（原载《国外社会科学》2006 年第 1 期）

发展经济学方法论初析

一、引言

在过去60年中，对于人类的发展目标，发展经济学做了非常努力的探讨，从最初强调国内生产总值、实际人均国内总值，到后来的非货币指标（人类发展指数）、减缓贫困，转向现在的权利与能力、自由、可持续发展等，与之相对应的是对宏观经济增长问题的研究也从哈罗德—多马模型、索罗模型，转向新增长理论，而对资本问题的研究也在不断深化，从有形资本、人力资本到知识资本，再进而转向社会资本。

尽管20世纪末的发展经济学较之20世纪中期有了极大的发展，但不管是理论研究，还是发展中国家的发展现实，仍然存在大量未解决的和需要解决的问题，如：发展经济学逻辑体系的构建，当前发展中国家的全球化问题、环境退化问题、人口结构变化、城市化问题等。所有这些问题的焦点，无疑都集中于发展经济学方法上，即：发展经济学究竟应该采用何种分析方法，才能够既较好地解决这些纷繁的现实问题，又可以较好地促进理论的发展，或者说使发展经济学本身更具有现实可操作性。

鉴于对以上问题的思考，本文试图从历史与现实角度对发展经济学方法作初步的探讨，希望对发展经济学研究有所裨益。文章第二部分是论证发展经济学方法的古典经济学基础，第三部分分析了发展经济学诞生后，其方法的建立与发展，第四部分是对当前发展经济学方法出现的几个新趋势的探讨，第五部分是简要评论。

二、发展经济学方法的古典基础

整个古典经济学关注的主要问题就是经济增长问题，或从一个发展的状态向一个静止状态的转变，把可能不合意的停滞状态看作经济发展史的必然结果，因此，古典经济学是基于少数简单的假设，由这些假设作出经济发展的全面的一般化分析。古典经济增长理论的基本论点遵循着简单的线索，即在一个扩展的经济中，投资和工资水平高且不断增长，资本积累过程不断加速。但是高工资导致人口增长，其结果形成对食品供给的压力——同固定的、现有的肥沃土地数量结合起来——导致农业中资本和劳动的收益递减，进而应用劣等土地以供给增长的人口的食品的必要性。其结果，生产成本提高了，利润下降了，下降的利润使积累和投资减少，经济自然就进入到静止状态，也可能由于一系列提高生产力的发明使静止状态的出现无限地推迟，这一过程可以发生在几十年甚至几个世纪或者更长。

亚当·斯密是第一个系统研究经济增长和经济发展问题的经济学家。斯密以"经济人"、自由市场机制和劳动价值论为方法论基础，把分工、人口变动、资本积累、对外贸易、经济政策和经济增长前景等问题的探讨融为一体，认为在天赋自由的体制下，在没有政府干预的自由市场中，个人的节俭或吝啬与能动性，只要在经济发展中得到充分贯彻，就可以转变为资本积累与社会经济发展。斯密将配第的经济归纳法和魁奈的演绎法结合起来，实现了发展经济学的理论分析和历史分析、逻辑演绎和经验归纳的综合，特别是在有关经济制度与政策的讨论中，他根据历史的发展进行叙述，而不求助于抽象的、绝对最佳条件与最大限度的逻辑方法。尽管斯密以后的古典经济学家，如李嘉图、萨伊、西斯蒙第、马尔萨斯等都或多或少地继承（或放弃）了斯密经济学的某些分析方法，但是，以经济增长和经济发展作为研究核心的主题并未发生改变。

在亚当·斯密的同辈及其后继者中，虽然没有人能有他那样广阔的才智，但他们都对后来的发展经济学做出了极有价值的贡献，每个人都从事与经济发展相关的某类问题的研究，其中有些问题的研究是出自个人的天赋，有些问题是源于当时特殊的历史事件。因此，有人甚至认为古典经济学其实就是发展经济学。经济学之于古典经济学绝不是一个单纯的经济学科，而是关于哲学、伦理、心理、历史、政治、法律、经济、宗教、文化、习俗和惯例等非经济因素所构成的制度的总体结构的社会科学。

作为经济分析，古典经济学确立了据以进行现代经济推理的方法论基础，或是演绎，或是归纳，或是历史，或兼而有之。虽然其假设比较简单，可能受到广泛或一般化的挑战，但古典经济学的目的却是对整个经济发展进行全盘的分析，其整个逻辑、方法论体系的经典性是毋庸置疑的。他们试图在宏观框架下尽可能更多地包容所要研究的制度内容，并且也初步建立了系统的观念，为后来的各种经济学分支、流派的细化以及发展理论的建立与发展提供了深厚的方法论基础。

新古典的奠基者马歇尔本人在分析影响经济增长的因素时，直接承袭了斯密的思想，特别突出资本积累和劳动力的数量与效率的作用。对于理论上从古典时代过渡到新古典时代，马歇尔赋予了合乎情理的描述：“这种变化也许可以看成是从经济学方法发展的初级阶段到高级阶段的过渡，在初级阶段，对自然运转的描摹照例是简单的，为的是能够使这些现象有简易的语句表述出来，而在高级阶段，对自然现象的研究却更加仔细，描摹的也更加原本，甚至牺牲一定程度的简明性和通俗性也在所不惜”。[1](411)

三、发展经济学方法的建立与发展

作为一门独立的学科，发展经济学诞生在“二战”后，从诞生至20世纪60年代中期，在其方法论中占据统治地位的是结构主义方法。结构主义方法强调发展中国家的经济具有结构上的特点，如刚性、滞后、短缺、过剩、低供求弹性等，强调经济体系内部的结构、技术和制度刚性通过某种机制对经济发展过程产生影响。结构主义方法认为二元结构特征根植于发展中国家的政治、经济、文化、制度与国际环境等多层面上，是发展中国家普遍存在的独特表象。由于结构上的差异，经济发展带来的收入的增加并不能够自动地、逐步而均匀地分配到各个地域和社会各阶层，发展过程往往伴随着收入分配不均等和利益冲突的加剧。

结构主义强调局部的功能应从系统和结构的整体特征上去认识，累积因果使经济系统具有不稳定特征，是一个复杂的非线性动态过程，发展中国家的经济变化典型地是非均衡过程，必须强调结构的转换和变迁，因此，结构主义方法倾向于提供一个不依靠市场力量和通过政府行为控制变化的理论基础，反对用一两个变量或几个变量，以简化形式构造一个模型分析、解释复杂的经济现象。在结构主义方法论中，世界是复杂的，几个简单等式拼起的模型是丝毫无用的，线性组合为可测与不可测变量建立了似是而非的联系。即使独立变量是合理构建的，结构主义无法接受用简化模型证实更复杂的现象，因为任何既定的变量都有可能被影响而改变，经济中没有一个变量可以独自决定另一个变量。

尽管一些发展中国家在结构主义政策的导向下取得了举世瞩目的成绩，但由此也引发了许多严重的问题，如农业停滞不前、工业效率低下、国际收支恶化、文化教育落后等。到了20世纪60年代中后期，新古典方法开始占据发展经济学方法的主流地位，并且一直持续到80年代初期。新古典方法的所有解释方式是基于个人最大化原则：任何不采用最大化的解释都是无效的解释，所有真实世界的“不完全”和“扭曲”被解释为是对模型一个或多个假设的偏离。它强调反映机会成本和消费者偏好的自由市场，从穷国经济有伸缩性的假设开始，认为经济的特征是理性经济行为，即存在使风险和时间贴现的利润或效用最大化的经济主体。在新古典体系中，要素是流动的、供给曲线是富有弹性的、制度影响是有限的，这些确保了产品和要素市场的特征是充满竞争。因此，新古典方法是研究市场与价格，并预期它们一般是能够很好运行的方法。

根据新古典发展观，交换关系不仅仅主宰或决定生产关系，而且也是阐释社会变迁的主要因素，而交换关系取决于市场中个人的偏好或选择，但最终取决于主观效用。因此，对生产关系的忽视使新古典方法导致了偏颇的政策结论和不可靠的预期，即使在模型分析中附加了显而易见的社会和政治问题，但它们只是作为未经检验的外部给定因素被加上的，而不是潜在生产结构下的直接结果。新古典方法不能够分析市场框架和交换关系之外的任何东西，只局限于供求分析，忽视了产生国际生产关系的历史动力，最终导致对发展中国家与发达国家之间本质区别的忽视，也即对不同社会制度差别的忽视。

正因如此，新古典方法论的核心依赖于对经济的逻辑演绎分析，把现实中存在的社会经济制度以及对人们经济行为起道义作用的种种因素置于既定存在的。即使在对市场所做的经济分析中，这一理论的主要兴趣也只是在几组同交换过程有联系的相关价格，以及这些价格反过来影响人们的经济行为的相互关系上，并且很少超出这一视界之外。这一局限性必然使新古典方法难以解释和说明发展中国家经济发展中的一些重要问题，如发展中国家的权力集中、市场机制不完善、寻租活动频繁等等。

另外不可忽视的是，与新古典和结构主义方法并行的激进主义方法。激进主义方法虽然也包含了经济结构分析，但激进主义强调结构约束和阶级的重要性，它的基本方法是解释建立在社会生产关系上的阶级斗争，它的所有论题都是围绕着社会阶级探讨的，包括不同社会阶级是如何相关的，他们的利益是如何对立的，他们是如何斗争的，以及这些又是如何影响经济行为的。[2] 激进主义认为对于人的经济行为，不能通过概括普遍性的倾向，并在形式上用最优化模式来进行分析，而必须研究具体的社会经济制度对人的行为的影响；在经济活动中，个人、家庭和企业都不是最主要的决策单位，决定经济成果的关键是形成相互冲突关系的人群或阶级所产生的集体力量；不能从基础结构以及各种经济运动趋于均衡的假设出发，制订反映一个社会的经济过程发展的模式，相反，应该在“社会—经济”阶级的相互冲突中考察基础结构的不断变化，并用动态的不均衡模式来探索经济发展过程中辩证的特点。因此，激进主义方法远远超出纯粹的经济学概念，而是包含有社会经济结构、国家的变迁，包含有经济条件、社会和宗教因素的相互影响。

20 世纪 80 年代初期以后，新制度经济学、新政治经济学的广泛传播，促使发展经济学方法进入了一个新的历史时代。

四、发展经济学方法的新趋势

20世纪80年代后的发展经济学在合理地继承前辈的研究成果基础上，吸收现代经济理论的最新进步，用更多的分析工具和模型去论证经济发展中的现实问题，更加丰富了发展经济学方法。其中最突出的方法有：

1. 多重均衡分析法。多重均衡分析法的核心思想是：经济不发达是大规模协作失灵的结果，导致协作失灵的两个原因是：产业联系和需求互补性。[3](537~564) 需求互补性的存在不仅仅意味着现实经济中的各种投资之间存在密切相关性，其包含有更进一步的含义：单独的投资项目具有很大风险，而广泛的互补性投资的风险却要小得多。其根源在于，在低收入国家，对大多数产品的需求是高度缺乏弹性的，低需求弹性使供给适应需求变得相当困难；在小规模市场上，因需求不能适应供给而带来的风险却大于一个大规模的正在形成的市场风险。换句话说，任何一个单个产业的任何一项单个投资所带来的风险往往很高，而不同产业的互补性投资反倒会降低风险。

除了协作失灵、互补性、预期等是构造多重均衡分析法的基点外，历史（初始条件）则决定着对哪种均衡的选择。当不发达是一种协作失灵时，它就是一个多重均衡的历史，也即是，经济代理人的信仰和预期成为均衡的支撑，而预期的形成是受历史制约的。历史（初始条件）不仅仅决定了预期的形成，还可以决定某种实质变量的水平，影响其发展，是历史在选择着社会处于何种均衡状态。在所有这些初始条件中，影响最大的是历史带来的不均等的资产所有权分配。因此，基础经济结构相同的经济，会由于初始条件的不同出现完全不一样的经济绩效（新的均衡）。[4](267~276)

2. 发展微观分析法。用大量经验事实，从动态的、发展的视角对发展中经济进行微观层面研究，特别是对具体国家、具体部门，以及具体项目的实证分析，是近年来发展经济学方法的一个新趋势。

有的经济学家从贫困和营养正相关出发，说明当收入很低时，个人很难给自己及其家庭成员供应充足的食物和营养消费，营养不良所引起的健康恶化反过来降低获取收入的工作能力。而有的发展经济学家并不完全赞同上述观点，认为收入增长并不是营养改善的充分条件，甚至也不一定是必要条件。布斯（H. E. Bouis）和赫达特（L. J. Haddad）的研究表明，营养改善不能够单独解决贫困地区的发病率等问题，但如果经济是持续增长，且增长部分能够以非常大的比例倾斜分配到穷人，那么收入对营养改善具有单独价值。[5](333~364) 丁童（A. Deaton）认为，收入不平等与健康状态没有直接联系，影响人们健康状况的主要因素是不公平、其他社会环境等。因此，有利于经济增长的经济政策并不一定能改善贫困人口的营养健康状况，改善不发达地区人口健康状况的有效政策是提供良好、公正、公平的社会环境，包括医疗保健等基础设施。[6](897~930)

卢波斯基（D. Lubotsky）和帕克森（C. Paxson）从儿童健康角度论证营养与家庭收入呈现正相关性；[7]巴丹（P. Bardhan）则把家庭作为一个企业，从生产、消费、资源配置、规模经济等方面来论证家庭的各种经济行为；曼瑟（M. Manser）和布朗（M. Brown）使用了一个纳什合作博弈模型来分析家庭内部资源配置问题；巴舒（K. Basu）和范（P. H. Van）、库珀—约翰（Cooper - John）等比较重视研究家庭人口、家庭生育决策、家庭劳动力问题等，还有的学者则通过采用信息、风险契约分析，考察劳动、土地和信用市场的组织和联系，从“家庭农场”最大化行为的角度，对农业家庭成员所做的决定做了深刻研究。[8]

3. 制度主义方法。20 世纪 80 年代，发展经济学家主要分析的是“新市场失灵”。但是，在 20 世纪 90 年代，人们把不发达看成是协作失灵的结果，更重视的是制度失灵而不是市场失灵，更加关注产生某种特定政策改革的制度地位。巴丹以一个讨价还价模型把既得利益集团对制度变迁的阻碍进行形式化分析，重点探讨了穷国制度失灵的持久性原因、作为分配冲突结果的制度障碍问题、加剧这些冲突的集体行动等，认为在许多发展中国家，地方社区层面的制度失灵比宏观层面的制度失灵还要更为严重。如果进行制度创新，可能使讨价还价边界向外扩展，弱小一方的回报可能会上升，原先强大的一方最终可能在新的讨价还价均衡中丧失优势。[9](192~206)

有的发展经济学家从“新政治经济学”理论角度来解释政府行为，而在分析过程中使用的分析概念、分析原则与新古典主义方法相类似，如，理性假设、自我利益或自我目标的选择、边际分析方法以及均衡结果等都被运用到政治市场和政治目标功能的分析中。有些学者从社会学角度强调政治行为根源于特殊性的环境，理论必须能够直接描述、解释和研究这种环境的特殊性和复杂性，即为什么相同的问题在不同的环境下产生不同的结果。要处理激励机制、组织结构、社会关系、或任何与经济和非经济变革有关的因素，对政策决策、政府行为、政治制度的研究都必须把眼光投向历史学、社会学和政治学。[9](247~271)

五、简要评论

从 20 世纪 40 年代末到 60 年代初，在发展经济学方法论中占据统治地位的是结构主义方法。结构主义试图构建宏大的理论与政策体系的方法，集中于发展中国家的特殊问题，强调发展中国家与发达国家的差异性，认为传统的新古典分析方法不适用于发展中国家，致使其忽视了微观经济的重要性，在逻辑体系上缺乏相应的微观理论基础，从而影响了发展经济学的完善性。对此，一些新古典主义的发展经济学家对结构主义方法展开了大势批驳，主张采用新古典方法指导发展中国家的经济发展。在新古典方法中，经济分析是超越时空的纯粹经济分析，历史、社会、政治、法律、制度等对经济的影响是不在其分析中的，这使得论证逻辑严密的新古典主义在尝试采用主流经济学方法时，抽象掉了发展中国家的异质性，只剩下一堆数学公式或回归参数，难以揭示发展中国家特殊的制度背景和发展路径。

通过前文分析，笔者认为发展经济学方法的变迁轨迹涵盖有如下理念：

第一，所有这些方法并不是相互排斥的，建立在这些方法之上的理论也并不完全是对立的。如把阶级冲突看成以最大化为目标的个人、或集体讨价还价的结果，这样，新古典主义与激进主义有了共同的切合点；结构主义则可以解释为是对新古典一般均衡模型中“扭曲”和“不完全”的最优化行为的分析；[10] 第二代发展经济学方法则完全可以看作对第一代方法的选择性综合，只是它更加突出了政治、法律、体制等因素的深刻、具有决定性意义的影响。

第二，这些方法仅仅是一种分析方式，不能看成对全部真实世界的描述。新古典主义以最大化行为假设观察世界，所有个人都是理性的，然而最大化与理性之间的联系是微妙的。如果单个代理人忽略重要的真实世界约束条件，以最大化为目标，或者如果他们的目标函数并不一致，很少有人认为这是理性行为。

第三，不能说哪种方法是对的或是错误的，是较好的或较坏的。因为：（1）没有任何理论能够解释每件事物、每种现象。（2）不能因为缺乏总量分析和忽视决定个人行为的社会因素，就否定新古典；不能认为理性人假设是不符合现实的，就批评新古典方法是绝对错误的。（3）不能因为大推进理论无法贴近发展中国家现实，而排斥对它的合理化建模。

第四，没有哪种方法占绝对优势，在对特定问题的分析中，可能因为内在特征使某种理论有比较优势。而且，以一定的方式被使用过的每种方法都具有历史性特征，用不同的方法对某特定事物的分析会导致不同的含义。以经验的或以数据为依据的数理方法与定性的理论分析法，在看待某个问题时，并非两种截然不同、互不相关的方法，而是一种方法的两个侧面。

发展是一个线性的、高度多面的、路径依赖的、动态过程，在这个过程中会出现互动方式的系统性转换，而这种转换要求政策和制度随时间的推移而变化。斯蒂格利茨说：“从很多方面看，发展经济学的理论与方法经历了一个完整的循环”。[9](305) 因此，在发展经济学方法中，也与在许多其他经济情况下一样，需要进行许多不熟悉的交替，打破传统的经济学界限，并考察历史、政治学、社会学、伦理学和制度等。

参考文献

[1] 马歇尔. 经济学原理 [M]. 北京：商务印书馆，1997.

[2] 安德列·冈德·弗兰克. 依附性积累与不发达 [M]. 南京：译林出版社，1999.

[3] K. , A. Murphy & Shleifer, and R. Vishn. Income Distribution, Market Size, and Industrialization, Quarterly Journal of Economics [J]. 1989 (104).

[4] D. Ray. History and Coordination Failure, Journal of Economic Growth [J]. 1998 (3): 267 - 276. D. Ray. What's New in Development Economics?. The American Economist [J]. 2000 (44): No. 2.

[5] H. E. Bouis and L. J. Haddad. Are Estimates of Calorie-Income Elasticities Too High?. Journal of Development Economics [J]. 1992 (39).

[6] A. Deaton & C. Paxson. Economies of Scale, Household Size, and the Demand for Food. Journal of Political Economy [J]. 1998 (106).

[7] A. Case & D. Lubotsky. Economic Status and Health in Childhood: The Origins of the Gradient. NBER Working Paper [J/OL]. 2001: No. 8344.

[8] P. Bardhan. Development Microeconomics [M]. Oxford University Press. 1999.

[9] 杰拉尔德·迈耶，约瑟夫·斯蒂格利茨主编. 发展经济学前沿——未来展望 [M]. 北京：中国财政经济出版社，2003.

[10] A. K. Dutt & P. Jameson. New Directions in Development Economics. Edward Elgar Publishing Limited, 1992.

（原载《财经科学》2006 年第 4 期）

发展经济学研究三十年回顾

发展经济学是研究发展中国家经济增长和经济发展问题的学科，是第二次世界大战后在西方经济学体系中逐渐形成的一门新兴学科。20 世纪 80 年代，发展经济学被引入中国以后，为中国近 30 年来的经济发展作出了突出的贡献，中国突飞猛进的现代化发展进程也为发展经济学这门学科注入了新的生机。

从对发展经济学一无所知到有所了解

“二战”后，亚非拉殖民地和附属国纷纷走向独立，在经济上各自选择不同的道路和方式谋求发展，出现了众多发展中国家。这些国家在国土、人口、资源、经济基础等方面各不相同，但原有的社会经济形态基本相似，殖民地和附属国的烙印基本相同，面临的国家环境也一致。因此，经济发展中存在许多共同的问题，有许多类似的经验教训。如何从中找出规律性的东西，使复杂的现象得到理论解释，使政策措施得到理论指导，需要经济学家创造性地参与进来。此外，两大阵营的冷战格局、世界银行等国际机构组织的运作、发达国家与发展中国家越来越紧密的国际经济关系等因素，也促使发达国家一些经济学家对发展中国家的经济发展问题产生兴趣，各种发展理论蔚然兴起，发展经济学成为西方大学的热门课程。

从“二战”结束至 1978 年，发展经济学理论经历了不同的发展阶段，其主流思想由结构主义演变为新古典主义，然而，在 1949 ~ 1980 年间，我国对发展经济学的这一切变化基本是一无所知。在当时，国人不知张培刚教授早年的著作《农业与工业化》是发展经济学的奠基性论著，在西方经济学界已广为流传了 30 多年；不知道刘易斯的“二元结构”理论和钱纳里的“两个缺口”理论；不知道有“拉尼斯—费景汉模型”，而费景汉也是中国人。1980 年，武汉大学教授谭崇台赴美访学，在与美国学者交谈中第一次听到“development economics”，才知道有个专门研究发展中国家经济问题的经济学分支，而中国作为世界上最大的发展中国家却对此学科浑然不知。谭崇台意识到这个学科对我国刚刚开始的改革开放有着十分重要的价值，便积极翻译、引进、推广发展经济学理论，成为第一位把发展经济学系统引进中国的学者。由其主编的《发展经济学》于1985年出版后，迅速成为国内各高校介绍发展经济学理论的奠基性教材；1988年由其翻译出版的《发展经济学的先驱》，让国人认识了西方发展经济学的经典著作，至今仍是研读发展经济学的必读之作。武汉大学也成为中国研究发展经济学的摇篮和基地。

从对发展经济学系统介绍到合理运用

20世纪40年代末至60年代中期是发展经济学的形成和兴盛时期，这一时期的发展经济学强调物质资本积累、工业化和计划化等少数几个问题在经济发展中的重要性，强调内向发展战略，重视发展中国家经济结构的僵硬、刚性特征，反对新古典主义静态的配置资源、边际调节和市场修补，不支持传统的国际贸易理论和自由贸易政策。这在一定程度上揭示了发展中国家经济现实的特点，其政策主张在发展中国家产生了较大影响。但实践表明，这些观点和主张并未获得显著成功，甚至还带来了很多问题，如经济增长缓慢甚至停滞不前，收入分配恶化，贫困问题更加严重，农业萎缩和粮食短缺等。与此相反，那些注重发挥市场机制作用和实行开放型发展战略的国家和地区，经济增长较快，收入分配日渐改善，贫困人口下降，农业发展较快。面对这些情况，发展经济学家不得不对20世纪50年代以来的理论和政策进行了重新评价和修正：重新评估计划经济的得失和市场机制的作用；纠正了对农业的偏见；强调对外贸易对经济发展的作用。这种转变被称为发展经济学的“新古典主义的复兴”。

20世纪80年代，国内经济学界主要是对发展经济学早期成果进行系统介绍，大量发展经济学经典文献被翻译成中文，如舒尔茨的《改造传统农业》(1987)、罗斯托的《从起飞到持续增长的经济学》(1988)、托达罗的《第三世界经济发展》(1988)、吉利斯的《发展经济学》(1989)、库兹涅茨的《现代经济增长》(1989)、刘易斯的《二元经济论》(1989)、杨叔进的《经济发展的理论与策略》(1983)、金德尔伯格的《经济发展》(1985)、耶鲁大学经济增长中心编的《发展经济学的新格局——进步与展望》(1987)、麦金农的《经济发展中的货币和资本》和肖的《经济发展中的金融深化》(1988)等，此后，几乎国外所有著名发展经济学家的作品都被陆续译成中文。谭崇台、陶文达、杨敬年、洪银兴等学者也先后出版了一系列发展经济学教材，发表了一系列关于进一步认识发展经济学的论文，这些成果加快了国内高校经济学系开设发展经济学课程的步伐，教育部1990年正式审定发展经济学作为财经类专业10门核心课程之一。时至今日，发展经济学已成为高校经济学专业的必修课，发展经济学研究机构也由武汉大学扩展到北京大学、华中科技大学、南开大学等国内多所高校。

发展经济学最初主要是由发达国家的经济学家创立，这些经济学家受西方主流经济学的熏陶，常常把研究发达国家的经济学基本原理和方法运用于分析发展中国家的经济发展问题，这导致了发展经济学的缺陷和不足：首先，西方发展经济学若明若暗地显现出殖民经济学的痕迹。一些西方发展经济学家在其论著中粉饰发展中国家继续处于不平等地位和受到不公正待遇的情况，为旧的国际经济秩序辩护，如淡化发展中国家贸易条件波动幅度大且长期趋于恶化，等等。其次，西方发展经济学受新古典主义的巨大影响，而新古典经济学是有其内在缺陷的，如渐进的、和谐的发展观不仅在理论上存在缺陷，而且与发展中国家的实际也不相符。再次，西方发展经济学家往往以发达国家往昔的历史经验来规范发展中国家的现实选择，这往往使他们的一些主张一触及发展中国家的实际就凿枘不入。因此，在大量介绍国外发展经济学理论的基础上，如何合理运用发展经济学思想一直是国内研究的主旋律，用发展经济学有价值的理论观点指导中国改革实践成为学者们孜孜以求的目标，如张培刚的著作《发展经济学与中国经济发展》(1996)、谭崇台的系列论文《发展经济学的两面观》(1990)、《西方发展经济学对农业重要性的再认识及借鉴意义》(1990)、《十年来我国对发展经济学的研究和应用》(1990)、《从经济发展理论的基本观点看我国的两个经济问题》(1991)，郭熙保的专著《农业发展论》(1995) 等等，就是这种研究趋势的代表性作品。这种科学看待发展经济学的态度使发展经济学在我国产生了巨大影响，发展经济学的一些基本术语如二元结构、增长点、农业剩余劳动等，不仅为学术界普遍接受，甚至成为普通百姓常用的词汇。

发展经济学对中国经济发展的贡献

1. 二元结构理论。早期发展经济学家刘易斯、拉尼斯、费景汉指出，发展中国家并存着两个部门：一个是传统的、落后的农业部门，一个是先进的、现代的工业部门。经济发展依赖现代工业部门的扩张，农业不仅为工业提供劳动力还为工业部门提供农业剩余，如果农业劳动力向城市转移受阻，工业扩张就会减缓甚至停滞。

从中华人民共和国成立到20世纪90年代末，我国农村为城市工业提供资金达2万多亿元，相当于同期社会资本存量的2/3。改革开放30年来，农村向城市输送了近2亿劳动力，为城市工业发展作出了不可磨灭的贡献，但也拉大了城乡差距。发展经济学的二元经济结构理论强调现代部门与传统部门的结构差异，把经济增长、工业化、人口流动与资本积累紧密联系起来，揭示了发展中国家经济发展过程中的结构变动规律，贴切地反映了发展中国家的这种城乡差别。

2. 重视农业发展的重要性。二元结构理论虽然揭示了发展中国家的城乡差距，但过于关注工业扩张，忽视了农业和农村的发展。以舒尔茨为代表的第二阶段发展经济学家抨击了牺牲农业发展工业的做法，强调在工业化过程中应重视农业的发展，通过对农业的投入和对农民的人力资本投资来提高农业生产率，把传统农业转变为现代农业。农业发展不仅具有工具价值而且本身就是发展的目标，发展农村经济、提高农民收入是消除贫困的重要途径。舒尔茨指出，技术停滞是传统农业落后和贫困的主要原因，不进行技术改造，传统农业就不能转变为现代农业。

我国农业发展一直滞后于城市工业，农业技术一直徘徊不前。1978 年以来，农村改革经历了最初的十年繁荣发展后陷入“三农”瓶颈。国家统计局数据显示，2006 年我国城镇居民人均可支配收入是农村的 3. 28 倍。发展经济学被引入中国后，对农业重要性的研究日渐深入人心，许多发展经济学研究者开始以解决“三农”问题为核心，做了大量的深入研究，为中国农业发展提出了非常有价值的理论指导。时至今日，国内的发展经济学研究者仍在对解决“三农”问题、建设社会主义新农村进行着孜孜不倦的研究与努力。

3. 重视资源节约和环境保护。发展中国家人口增长过快，过大的资源耗费使环境的承载压力与日俱增，如何有效节约资源保护环境一直都是发展经济学研究的课题之一。早在 1983 年，谭崇台就发表《正确处理经济增长和人口、资源与环境的关系，为实现新的发展战略目标而奋斗》一文，文章指出：“在制定经济计划时，把生产、人口、资源和环境四个因素作统一的考虑，在发展经济的同时，控制人口增长，注意资源节约，并作好环境保护，对我国来说，是势在必行的。”他提出要“进一步大大节约资源，节约能源”的观点。巴尼（Barney）在《公元 2000 年环境》（1986）中指出，不发达情形下的人口增长经常是世界上增长最快的，如果不加以控制，很快就会超过他们所依存的局部环境承受能力，使环境恶化，侵蚀和降低以前享有的生活质量，贫困往往是环境恶化和其他灾难的根源。拉尔夫的《我们的家园——地球》（1993）表明：“环境不可能在贫困的条件下得到改善，发展本身应当是对此的部分答案。”所有这些研究为中国也为所有发展中国家制定经济发展战略规划做了不可磨灭的贡献。

发展经济学推进了中国的发展进程，中国的快速发展也丰富繁荣了发展经济学这门学科。进入 21 世纪，世界经济全球化和一体化趋势日益深化，中国的发展问题越来越成为世界发展的聚焦点，中国面临的各种经济发展问题已成为发展经济学研究的核心主题，如中国的农民工问题、城镇化问题、失业与就业、金融风险、社会保障问题等。正如谭崇台所总结的：由于历史、文化、社会状况各有不同，发展中国家经济发展的初始制度不论与发达国家今昔状况相比，还是在发展中国家相互比较都具有极大的异质性和特殊性。尽管经济全球化是不可避免的趋势，但世界多极化又是必然的归宿，不同的发展中国家将提供丰富的发展经验，成为发展经济学永不枯竭的源泉，发展经济学是一门年轻而充满生命力的学科。

（原载《光明日报》理论周刊2008年10月7日）